JÖRG MAUTHE / DIE GROSSE HITZE

EDITION ATELIER

Jörg Mauthe

DIE GROSSE HITZE

oder
Die Errettung Österreichs
durch den
Legationsrat Dr. Tuzzi

Roman

EDITION ATELIER

Gestaltung des Schutzumschlages: Hans Schaumberger
Neuauflage 1994
Erstmals erschienen 1974 im Verlag Fritz Molden, Wien–München–Zürich
© by Wiener Journal Zeitschriftenverlag Ges. m. b. H.
Alle Rechte vorbehalten
Druck und Bindung: Wiener Verlag, Himberg bei Wien

ISBN 3-7008-0346-x

INHALT

ALS ANFANG: eine Vaterländische Ruhm- und Ehrentafel, zugleich Widmung an meine Freunde. *Seite 7*

DAS ERSTE HAUPTKAPITEL beginnt an Stelle einer Indisposition mit einer Exposition. *Seite 12*

EIN ERSTES ZWISCHENKAPITEL enthält Materialien zur Persönlichkeitsbildung eines österreichischen Legationsrates. *Seite 20*

ZWEITES HAUPTKAPITEL, in welchem Dr. Tuzzi Mithilfe bei der Verfertigung von Geschichte leistet. *Seite 32*

ZWEITES ZWISCHENKAPITEL, darstellend die Entstehungsgeschichte des Interministeriellen Komitees für Sonderfragen sowie seine Funktionen. *Seite 46*

BEGINN DES DRITTEN HAUPTKAPITELS, in dem sich das Interministerielle Komitee mit einer interessanten Aufgabe beschäftigt. *Seite 49*

IM DRITTEN ZWISCHENKAPITEL werden die Verantwortlichkeiten innerhalb des Komitees am Beispiel der dort verwendeten Grußformeln erläutert. *Seite 51*

FORTSETZUNG DES DRITTEN HAUPTKAPITELS und endliche Erwähnung des interessanten Auftrags, mit dem sich das Interministerielle Komitee beschäftigt. *Seite 55*

VIERTES HAUPTKAPITEL: Die schrecklichen Folgen langanhaltender Hitze. *Seite 69*

FÜNFTES HAUPTKAPITEL, das infolge einer nervlichen Indisposition des Legationsrates sowie der in ihm herrschenden Hitze leider etwas zu zerfließen droht; sowie eine Liste teilweise interessanter Persönlichkeiten. *Seite 83*

VIERTES ZWISCHENKAPITEL: Eine Fürbitte sowie eine Wegweisung in das Skurrile der österreichischen Literatur.
Seite 111

SECHSTES HAUPTKAPITEL: Die unglaubliche Twarochsche Hypothese. *Seite 115*

SIEBENTES HAUPTKAPITEL: Der Legationsrat begibt sich auf anstrengende Exkursionen in ziemlich unklare Verhältnisse. *Seite 137*

IN DER FORTSETZUNG DES SIEBENTEN HAUPTKAPITELS werden die Verhältnisse auf bedeutungsvolle Weise noch unklarer. *Seite 159*

ACHTES KAPITEL: Schwierige Wallfahrt nach Mariazell.
Seite 189

NEUNTES KAPITEL: Wir lernen mit Tuzzi die untere Seite der Dinge kennen. *Seite 203*

EINE WICHTIGE ZWISCHENBEMERKUNG, in welcher der Autor leider gezwungen ist, unter sein Niveau zu gehen, weil er sich selbst kommentieren muß. *Seite 242*

WEITERE FORTSETZUNG UND ENDE DES NEUNTEN KAPITELS, enthaltend die Chymische Hochzeit des Legationsrates Dr. Tuzzi. Oder: „Was unten ist, ist auch oben." *Seite 243*

DAS ZEHNTE UND FAST LETZTE KAPITEL: Die Verösterreicherung der Welt. *Seite 249*

NACHTRÄGE *Seite 254*

ALS ANFANG:
EINE VATERLÄNDISCHE RUHM- UND EHRENTAFEL,
ZUGLEICH WIDMUNG AN MEINE FREUNDE.

Der Anfang ist das Wichtigste an einem Buch, sagen meine Freunde, die sich auf das Schreiben von Büchern verstehen. Sorge dafür, sagen sie, daß der Anfang Vergnügen bereitet, und du wirst es leichter mit deinem Leser haben. Williger wird er dir in das schwierige Gestrüpp der nachfolgenden Exposition folgen, in der du ihm zu sagen versuchen wirst, was du ihm eigentlich sagen willst. Von einem gelungenen Anfang gerührt, erheitert und ein wenig neugierig gemacht auf das Kommende, wird er dir späterhin die eine oder andere Lücke oder Schwäche verzeihen, vor allem dann, wenn er aus dem guten Anfang auch auf ein ebensolches Ende hoffen darf.

Da ich diesen Rat hervorragend fand, dachte ich lange über einen wirklich guten Anfang nach und begann endlich dieses Buch mit den Worten: „Es gehört zu den Eigentümlichkeiten der Bewohner der Bundeshauptstadt Wien, sich vor neun Uhr morgens mies zu fühlen. Aber der Legationsrat Tuzzi fühlte sich an diesem Morgen besonders mies." – Dieser Satz schien mir geeignet, den Leser in leicht faßlicher Weise vom Allgemeinen ins Besondere zu führen und vielleicht sogar durch den diskreten Hinweis auf bevorstehend Unbehagliches in Spannung zu versetzen. Auch zeichnet er sich für jeden, der Wien kennt, durch große Wahrhaftigkeit aus.

Alsbald wich jedoch meine Selbstgefälligkeit dem Zweifel, ob dieser Anfang auf den unvoreingenommenen Leser wirklich wichtig genug wirken würde. Zwar ist der österreichische Legationsrat, der da soeben über den staubigen

Heldenplatz hinweg sich seinem Büro und einigen sehr merkwürdigen Ereignissen nähert, gewiß kein gewöhnlicher Mensch – so etwas kann wirklich nur jemand vermuten, der noch nie einem österreichischen Legationsrat Erster Klasse begegnet ist –, aber wichtiger als er werden die Dinge sein, mit denen er sich zu befassen haben wird. Und darauf weist der eben zitierte Anfangssatz leider nicht hin.

So dachte ich denn, mit etwas noch Allgemeinerem und Gewichtigerem anzufangen, und schrieb: „Seit nunmehr 32 Monaten waren keine Niederschläge zu verzeichnen gewesen", doch strich ich nach kurzer Überlegung auch diese Worte, denn mit dem schönen Satz: „Über dem Atlantik befand sich ein barometrisches Minimum, es wanderte ostwärts..." beginnt bekanntlich der Roman des hl. Robert Musil, und wenn ich auch nicht daran denke, meine oder des Legationsrates Tuzzi Beziehungen zu jenem zu leugnen, scheint es mir doch nicht gerade günstig, den Leser schon mit dem ersten Satz auf diese Relation aufmerksam zu machen; das könnte ihn zu falschen und mir doch ein wenig abträglichen Schlüssen verleiten.

Mit leiser Verzweiflung immer noch den Anfang suchend, der meinen Lesern wichtig genug erscheinen würde, um sie zu fortgesetzter Lektüre zu bewegen, geriet ich schließlich an die Frage, wer denn eigentlich die Leser seien, die ich mir und diesem Buche wünschte oder von denen ich mir vorstellen könnte, daß sie es mit einigem Genuß läsen. Und da entdeckte ich, daß ich mir ja doch nur meine Freunde und einige aus diesem oder jenem Grunde sonst verehrte Personen als Leser denken konnte, ja, daß ich diese verwickelte Biographie des Legationsrates Tuzzi eigentlich nur aufgezeichnet habe, um eben ihnen Vergnügen zu bereiten. Und da mir meine Freunde äußerst wichtig sind, gehören sie und nichts anderes an den Beginn dieses Buches.

Seinen Anfang bildet also eine Liste all derer, denen ich es widme:

Ich widme es dem bald nach dem Kriege verhungerten Journalisten Dr. Emil Mika, dem einzigen Soldaten der Deutschen Wehrmacht, der es je gewagt haben dürfte, zur Uniform einen Regenschirm zu tragen; ihm habe ich es zu verdanken, daß das Schreiben mein Beruf wurde.

Ich widme dieses Buch dem Andenken der Salzburger Malerin Agnes Muthspiel in Dankbarkeit für den Blumenstrauß, den sie als Trauzeugin meiner Hochzeit vor Jahrzehnten im morgengrauen Mirabellgarten gestohlen hat. Sie war die bedeutendste Frau, die mir in meinem Leben begegnet ist, und jeder, der die Ehre gehabt hat, Agnes Muthspiel zu kennen, wird mir beipflichten.

Ich nenne die Namen, wie sie mir so einfallen, jedoch muß ich eiligst den langsam in den Zustand der Verehrungswürdigkeit eintretenden Hans Weigel nennen, dem ich einmal versprochen habe, ein Buch zu schreiben; er möge mir nicht böse sein, daß er es erst 20 Jahre später kriegt.

Dem großen Paul Flora gilt die nächste Widmung, denn durch seine Lehre, daß Unernst das einzige ist, was man wirklich ernst nehmen muß, ist er zu einem wesentlichen Schrittmacher auf dem Wege zur totalen Austrifizierung der Welt geworden.

Mit bewegtem Herzen gedenke ich nun eines Unberühmten, des Hausmeisters Alfons Bierdimpfl nämlich (er hieß wirklich so), der schlichten und mürrischen Gemütes sein Amt versah, bitterlich weinte, als im März 1938 SA-Buben die jüdischen Mietparteien drangsalierten, und in den Apriltagen 1945 von russischen Marodeuren erschossen wurde, weil er die Frauen in seinem Haus vor Vergewaltigungen schützen wollte.

Ein anderer Toter kommt mir in den Sinn, Dr. Friedrich Funder, Herausgeber der „Furche", einer der letzten Großen der österreichischen Journalistik, dem ich, weil er es so wünschte und weil die älteren Redakteure vor diesem Auftrag zurückschreckten, den Bürstenabzug seines bereits gesetzten Nachrufs ans Sterbebett brachte; nie werde ich vergessen, wie er mit einem Bleistiftstümmelchen etliche Satzzeichen in seinem Nekrolog verbesserte und sodann, erleichtert und seine letzte Pflicht erledigt habend, den Kopf in die Polster zurücklegte und die Augen schloß.

Genug Tote, obwohl ich gerne noch des Judostaatsmeisters und Masseurs Prosper Bouchelle gedenken würde, der mir allwöchentlich, während er verrutschte Wirbel krachend ins Rückgrat zurückspringen ließ, unglaubliche, von Haß, Liebe und Leidenschaft erfüllte Geschichten aus den dunklen Peripherieslums erzählte, denen er entstammte; dieser Mann war einer von den 36 Gerechten, die, ohne es zu wissen, die Existenz der Menschheit vor dem Angesichte Gottes rechtfertigen.

Oder soll ich noch meinen Mitschüler Otto Müller erwähnen, der 1942 den unabänderlichen Entschluß faßte, spätestens 1970 österreichischer Bundeskanzler zu werden? Wenn sie diesen intelligenten und entschlossenen Burschen nicht bei der „Organisation Todt" zu Tode geschunden hätten (er war Halbjude und deshalb „wehrunwürdig"), hieße der österreichische Bundeskanzler heute vielleicht Otto Müller.

Zu viele Tote, genug der Toten.

Ich erlaube mir, dieses Buch Wolfgang Pfaundler zu widmen, der allein durch seine Existenz unwiderleglich beweist, daß Österreich nicht nur ein geographischer Begriff, sondern auch eine Wahrheit und ein Traum ist. Ferner Gerd Bacher, der zur Zeit dieser Niederschrift Generalintendant des ORF ist, am Tage ihres Erscheinens aber vielleicht nicht mehr sein wird, denn zu viele Hunde sind hinter diesem Hasen von Format her. Aber der, der ihn am Ende an der Kehle faßt, wird nicht viel Ehre davon haben.

Ich widme dieses Buch – ach, es gibt so viele, die ich noch zu nennen hätte, daß ich wohl noch ein anderes schreiben werde müssen, um alle Namen, derer ich in Freundschaft, Dankbarkeit und Verehrung zu gedenken habe, in gebührender Weise zu verzeichnen. Für diesmal muß es genügen, denn eben erreicht der Legationsrat Dr. Tuzzi die Mitte des Heldenplatzes und zieht unsere Aufmerksamkeit endgültig auf sich.

Mögen die in dieser Vaterländischen Ruhm- und Ehrentafel (denn dazu hat sich die Widmung nun ohnehin schon ausgewachsen) Erwähnten ihre Freude mit vorliegendem Werke haben; ebenso einige andere, die ich hier nicht genannt habe, weil sie im weiteren Verlaufe ohnehin deutlich in Erscheinung treten werden.

Mögen mir ferner alle jene, die sich mit geringerer Freundlichkeit und manchmal vielleicht auch mit Bosheit geschildert sehen, nicht allzu böse sein und Trost in dem Gedanken finden, daß auch sie unentbehrlich sind im unendlichen Kunterbunt des austriakischen Mikrokosmos.

Womit denn die Geschichte endlich dort beginnen kann, wo sie anfänglich wirklich begonnen hat.

DAS ERSTE HAUPTKAPITEL BEGINNT AN STELLE EINER EXPOSITION MIT EINER INDISPOSITION.

Es gehört zu den Eigentümlichkeiten der Bewohner der Bundeshauptstadt Wien, sich vor neun Uhr morgens ausgesprochen mies zu fühlen. Aber der dem Interministeriellen Komitee für Sonderfragen zugeteilte Legationsrat Dr. Tuzzi fühlte sich an diesem Aprilmorgen ganz besonders mies.

Das hatte zweierlei Gründe: Einesteils mußte er heute einen Stoß Akten übernehmen, den der tags zuvor von einem Kreislaufkollaps heimgesuchte Kollege Twaroch hinterlassen hatte – Akten, über deren Inhalt der Legationsrat überhaupt nichts wußte, denn der Kollege Twaroch, ein auch sonst nicht gerade redseliger Mann, hatte über die Materie, die er in letzter Zeit bearbeitete, nicht einmal andeutungsweise etwas verlauten lassen; das bedeutete, daß sie vermutlich besonders heikel war und die Vertiefung in sie viel zusätzliche Arbeit kosten würde.

Und andererseits stand Tuzzi ein abendliches Rendezvous bevor, das zwar zur Routine seiner Dienstage gehörte, aber in Anbetracht dessen, daß er sich durchaus nicht auf der Höhe seiner Leistungskraft fühlte, als voraussichtlich problematisches Fortsetzungskapitel in einer seit Jahren andauernden Liebschaft einzuschätzen war.

Mühsal war also da wie dort zu erwarten.

Und das bei dieser Hitze!

Seit nunmehr 32 Monaten hatte man in Österreich keinerlei Niederschläge mehr und nur in Höhen über 1500 Meter Temperaturen unter dem Nullpunkt registriert. Selbst in den Wintern zeigten die Thermometer selten weniger als 15°.

Unabhängig von der Jahreszeit war es warm bis heiß, die Luftfeuchtigkeit minimal, der Luftdruck tief unter dem hundertjährigen Durchschnitt, der Himmel meistens von Dunstschleiern bedeckt, der Unterschied zwischen Morgen- und Tagestemperaturen so unwesentlich, daß auch die taulosen Nächte schon lange keine Abkühlung mehr brachten.

Dieses abnorme Wetter suchte nicht nur unser Land heim, sondern zog, in freilich abgeschwächter Form, ganz Mitteleuropa in Mitleidenschaft. Jedoch lagen Österreich und die Grenzgebiete seiner Nachbarländer im Zentrum dieser sogenannten Großen Hitze und hatten daher unter ihr am meisten zu leiden.

Die Meteorologen boten zahlreiche Erklärungen dieses Phänomens an, die im großen und ganzen darauf hinausliefen, daß vielerlei mehr oder minder zufällig zusammentreffende Faktoren eine Pattsituation zwischen verschiedenen russischen, atlantischen und mittelmeerischen Tiefs oder Hochs bewirkt hatten, eine Verstrickung atmosphärischer Bewegungen und Rhythmen, die sich aus ihrer verhängnisvollen Etablierung nicht mehr lösen konnten. Diese Erklärungen mochten stimmen, wurden aber begreiflicherweise ebensowenig als befriedigend empfunden wie der Hinweis, daß ähnlich langdauernde Trockenzeiten in früheren Jahrhunderten nicht ungewöhnlich gewesen wären.

Als andere Ursachen der Großen Hitze wurden also von verschiedenen Seiten angeführt:

Ursachen kosmischer Natur: eine allmähliche Verschiebung der Erdachse; eine Erwärmung der Erde von innen her; eine Zunahme oder Abschwächung solarer Energien; das Herannahen einer neuen Eiszeit; und andere.

Ursachen, die im Verschulden der Menschheit selbst lägen: zum Beispiel eine zunehmende Erhitzung der Erde durch Überbevölkerung und die damit zusammenhängende Zerstörung des ökologischen etc. Gleichgewichts; oder die

Verschmutzung der Erdatmosphäre durch Atombomben, Überschallflugzeuge und und ähnliches.

Ursachen theologischer Art: die zunehmende Sündhaftigkeit größerer Bevölkerungsteile oder der Menschheit überhaupt.

Aber welche Erklärung man auch immer, je nach Wissen, Temperament und Weltanschauung, bevorzugte: heiß war's jedenfalls. Und heiß blieb es.

Über dem Heldenplatz lag dort, wo eigentlich der Himmel zu sein hatte, eine bläulichgraue Dunstplatte, die von einer unsichtbaren Sonne erbarmungslos aufgeheizt wurde. Gelegentlich fegten kleine Windstöße über den Platz, zu schwach, um den Dunst hinwegzufegen, genug stark, um Staub in entzündete Augen zu treiben, und so warm, daß es einem den Atem verschlug. Die Hitze hatte die Kastanien und den Flieder, soweit sie nicht ohnehin schon verdorrt waren, austreiben lassen und vorzeitig zu kümmerlicher Blüte gebracht; es war abzusehen, daß sie auch heuer wieder schon im Juni ihre Blätter verlieren würden.

Der Riesenkulisse der Hofburg freilich tat das fahle Licht gut. Es verwischte weich die Schatten in den Fensterlaibungen und zwischen den mächtigen Säulen, es überzog das imposante Halbrund mit flimmernden Schleiern, dunkelblauen an den Sockeln und Stiegen, hellblauen im Mittelgeschoß, fast weißen an den Attiken, auf denen Siegesgöttinnen den Lorbeer einer undeutlich werdenden, jedoch majestätisch gebliebenen Vergangenheit hochhielten. Die Hofburg schien in diesen Tagen größer und weiter geworden denn je und ihre ohnehin schon übertriebenen Perspektiven ins Unendliche auszudehnen.

In den Nischen des mächtigen Architekturtunnels zwischen Neuer und Alter Hofburg haben sich muschel- oder seeigelartig allerlei kleine Geschäfte eingenistet, unter dem Wasserspiegel der Geschichte sozusagen; in der dortigen Tabaktrafik kaufte der Legationsrat seine tägliche Zigarettenration ein, zwanzig Memphis und zwanzig Gitanes, die er abwechselnd rauchte, zwischen der faden Milde eines leidlich sauberen Orienttabaks und afrikanischer Schärfe hin- und herwechselnd, was jedem Zigarettenraucher einen Einblick in die keineswegs spannungsfreie Seele dieses Mannes gestattet. Wie immer warf er auch einen Blick auf die Schlagzeilen der Morgenzeitungen und entnahm ihnen, daß die Welt seit gestern nicht untergegangen war und das wohl auch heute noch nicht tun würde.

Beim Verlassen der Trafik und angesichts der gegenüberliegenden Telephonzelle erlitt Tuzzi die erste – und nicht die letzte – Anfechtung dieses Tages. Die Klimaanlage in seinem Büro fiel ihm ein, die nicht eingeschaltet werden durfte, denn auch die höheren Beamten waren „in Anbetracht der allgemeinen Wasserknappheit zu sparsamem Umgange mit öffentlichem Kraftstrom verhalten" (Wortlaut des betreffenden Internen Erlasses). Ferner dachte der Legationsrat an die leichte Migräne, die gegen Mittag mit Sicherheit zu erwarten war. Wenn er das linke Auge fest zuzwickte – er tat es probeweise –, dann konnte er jetzt schon hinter der Schläfe das fatale Pochen wahrnehmen.

Tuzzi war drauf und dran, das Telephon zu benützen und sich krank zu melden. Ein auch moralisches Recht darauf stand ihm dank vieler Überstunden und seines sonstigen Pflichteifers ohne weiteres zu; jeder andere würde es ohne Umstände in Anspruch nehmen und kein Kollege es ihm verübeln, wie die Dinge nun einmal lagen. Natürlich wäre es ein recht schulbubenhafter Einfall, Unannehmlichkeiten auf solche Weise hinauszuschieben, obwohl man ihnen ja doch nicht entgehen konnte. Wenn man aber hinwiederum bedachte, daß man sich mit einer so glaubhaften Ausrede wenigstens für heute die Twarochschen Akten und die zusätzliche Wärme von Ulrikes Bett ersparen könnte ...

Zweifelnd blickte der Legationsrat durch den Torbogen des Durchgangs hinein in den Inneren Burghof, und in sein Blickfeld trat die Figur eines, dessen Stehen am Scheidewege sprichwörtlich geworden ist.

Warum, dachte Tuzzi, haben die Bürokraten des österreichischen Barocks eigentlich eine solche Vorliebe ausgerechnet für den braven, aber doch in gar keiner Hinsicht scharfsinnigen Herkules gehabt, daß sie ihn in oder vor nahezu jedes größere Amtsgebäude gestellt haben? Weil er sich von jedem beliebigen die mühsamsten Arbeiten aufhalsen ließ? Da hätten sie gleich Sisyphus zur Symbolfigur machen können, der zweifellos geeigneter gewesen wäre als Herkules, das Wesen loyalen Beamtentums zu symbolisieren, obgleich er ein gewaltiger Trottel gewesen sein muß, denn irgendwann einmal hätte doch auch er begreifen müssen, daß – Fluch der Götter hin oder her – der bekannte Stein einfach nicht zu bewältigen war. Und mit diesem Begreifen wäre der Fluch ja wohl erloschen. Also, was tu' ich: Geh' ich heim? Oder ins Amt?

In diese Scheideweg-Überlegungen hinein tönte eine Stimme, die viel zu unbeschwert klang für diese noch frühe Stunde: „Servus, Tuzzi!"

Die Stimme gehörte dem Legationssekretär Trotta, der dem Legationsrat teils vom Außenministerium, teils vom Schicksal als Untergebener, Freund und Schützling zugewiesen worden und eine Quelle ständiger Komplikationen und Sorgen, aber auch der Erheiterung und Zuneigung, im ganzen also so etwas wie eine unentbehrliche Last war.

„Servus, Trotta."

„Du denkst nach, Tuzzi. Worüber?"

„Ich denke drüber nach, welche Gefühle Sisyphus bei seiner Arbeit wohl gehabt haben mag."

„Eine interessante Frage", sagte Trotta, „aber nicht für mich, für sowas bin ich um achte in der Früh zu blöd."

„Macht nichts, Trotta. – Wie geht's sonst?"

„Unter uns gesagt: miserabel. Ich sollt' mich eigentlich einmal untersuchen lassen."

„Das kann nie schaden."

„Dann hättest du also nichts dagegen, wenn ich gleich jetzt zum Arzt geh'?"

„Du legst mich schon wieder herein, Trotta."

„Wenn du natürlich darauf bestehst, daß ich in diesem Zustand ins Amt gehe..."

„Ich bestehe nicht darauf. Zieh hin mit Gott. Servus, Trotta."

„Servus, Tuzzi. Du bist ein Schatz, wirklich."

Und damit war die Entscheidung gefallen. Beschwingt entschwand Trotta in die Weite des Heldenplatzes, verdrossen beschritt der Legationsrat den Weg des Sisyphus.

Im Burghof hielt der gute Kaiser Franz seine schützende Hand über untreu gewordene Völker und verrichtete Herkules in vierfacher Ausführung ebenso viele Taten; aber das graue Licht, das den Bauten des Heldenplatzes so malerische Valeurs verlieh, bewirkte hier, im engeren Raum, das Gegenteil: Fade und häßlich wie Staub lag es über der schattenlosen Fassade der Reichskanzlei. Der Wachmann vor der Adlerstiege wischte das Schweißband seiner Kappe trocken. Tuzzi blickte zur Uhr im Türmchen des Amalientraktes auf: Erst Viertel nach acht.

Viertel neun an einem Aprilmorgen, und so heiß! Wenn dieses Wetter anhielt, kam es schon im Mai, spätestens im Juni, zu einer Katastrophe mit Endgültigkeitscharakter.

Er überquerte den Ballhausplatz und erinnerte sich, daß gestern im Bundeskanzleramt der Ministerrat getagt hatte und die Überarbeitung des Kabinettsitzungsprotokolls sein Arbeitspensum beträchtlich vergrößern würde. Also beschleunigte er seine Schritte, nicht allzu heftig natürlich, sondern nur so, daß er einen kleinen Schweißausbruch eben

noch vermied; solche Vorsicht war in diesen kreislaufgestörten Zeiten allgemeine Verhaltensweise geworden, auch vielfach ärztlich empfohlen. Doch nahm er sich auch heute die Zeit, ein paar Schritte von der schweigsamen Front des Haus-, Hof- und Staatsarchivs abzuweichen und einen kleinen Umweg durch die Spitzbogengalerie der Minoritenkirche zu machen. Dort nämlich, an der Südmauer dieser seit vielen Jahrhunderten von der italienischen Kolonie Wiens bevorzugten Kirche, sind Grabsteine aus einem aufgelassenen Friedhof angebracht, deren verwitterte Inschriften Tuzzi seit je in eigener Weise berührten:
THOMAE PVCCIO NOBILI FIORENTINO, der, als die Christen die Burg Gran angriffen, nach heftigem Kampf mit den Feinden die Seele Gott zurückgab, 40 Jahre alt im Jahre 1595 seit der Geburt des Herrn ... MARCO ANTONIO RECASOLO, der sehr vornehme Florentiner, der aus einzigartiger Frömmigkeit für die Sache der Christenheit in das Kaiserliche Lager und wider die Türken zog ... 21 Jahre, 10 Monate alt, starb er in Komorn am 1. November 1597 ... AENEAE PICCOLOMINI, Herr von Sticciano in der Toskana, wurde im böhmischen Kriege im Lager des Kaisers getroffen im 33. Jahre seines Lebens am 16. August im Jahre des Heils 1619 ... Seiner Gattin SUSANNA APOSSA ließ trauernd Johannus Paulus Fossatus aus Mailand dies Grabmal errichten im Jahre 1589 ...
Die Tuzzis waren schon seit vier oder fünf Generationen keine Italiener mehr und hatten sich wahrscheinlich ungeachtet ihres Namens, ihrer Sprache und Herkunft schon vorher niemals als solche betrachtet, sondern als Österreicher, als Leute des Kaisers, wenn man es genauer sagen will, oder, um es abstrakter und noch genauer zu sagen, als Menschen, die sich einem höheren Prinzip zu- und untergeordnet fühlten, wie es sich in der Idee des Kaisertums ausgeprägt hatte. Auch an Tuzzi selbst erinnerte außer der Dunkelheit seines Haares und einer gewissen sehnigen

Schlankheit nichts an die italienische Herkunft. Und doch bestätigten ihm diese Grabsteine stets irgendwie die eigene Existenz, und wenn er diese Namen las, fühlte er sich getröstet, falls er dessen gerade bedurfte, oder aufgeheitert, wenn kein Bedürfnis nach Trost vorlag. Heute fühlte er sich nicht aufgeheitert, wohl aber ein wenig getröstet.

Dann schritt der Legationsrat hinüber zum Eingang in die Büros des Interministeriellen Komitees, ergeben sich in sein Pflichtbewußtsein fügend, damit dem Prinzip Genüge leistend, dem schon seine Vorfahren gedient hatten. Er wußte nicht, daß er mit dieser Haltung in eine Folge von Ereignissen eintrat, die zuerst sein eigenes und dann das Schicksal der ganzen Republik entscheidend verändern sollten.

An diesem Punkte jedoch geraten wir – der Autor nämlich – mit unserem eigenen Gewissen in Konflikt. Einerseits nämlich sollten wir, die wir uns von Beginn an entschlossen haben, unseren Lesern anständig und mit einer Freundlichkeit zu begegnen, die sie aus der neuen deutschsprachigen Literatur nicht mehr gewohnt sind, kurzerhand weitererzählen und nicht so taktlos sein, sie in einer Neugier verharren zu lassen, die zu erzeugen uns (hoffentlich) bereits geglückt ist. Andererseits erheischen dieselben Gründe und übrigens eine derzeit herrschende Literaturideologie vom Autor, daß er dem Leser die sozialen und ideologischen Beweg- und Hintergründe seiner Figuren möglichst umgehend darlege und schön transparent mache.

Was also tun? Wie diesen Konflikt lösen?

Wofür sich entscheiden?

Wir entscheiden uns als guter Österreicher für einen Kompromiß, indem wir es, während der Legationsrat eben die Straße neben der Minoritenkirche kreuzt, dem Leser überlassen, das folgende Zwischenkapitel zu lesen oder zu überschlagen, um auf Seite 28 vor dem Eingang zum Interministeriellen Komitee Tuzzi wieder zu treffen.

Mehr können wir leider auch nicht tun.

EIN ERSTES ZWISCHENKAPITEL ENTHÄLT MATERIALIEN ZUR PERSÖNLICHKEITSBILDUNG EINES ÖSTERREICHISCHEN LEGATIONSRATS.

In den letzten Jahren der Ersten Republik – also vor 1938 – trafen einander täglich gegen 17.30 Uhr im „Café Ministerium" am Postsparkassenplatz drei hohe Offiziere aus dem nahen Kriegsministerium, um nach Dienstschluß eine Runde Preference zu spielen, ein Kartenspiel zu dritt, das sich besonders gut zur Entspannung eignet, weil es so langweilig ist. Die drei Herren kannten einander seit langer Zeit, zwei von ihnen waren sogar am selben Tage als Leutnants ausgemustert worden. Es verband sie eine innige und vielfach bewährte Freundschaft, an der jeder vor allem den Umstand schätzte, daß sie schweigsam war, weil man einander im Laufe der Zeit alles gesagt hatte, was zu sagen wichtig und notwendig gewesen war. So beschränkte sich denn das täglichen Gespräch auf knappe Fragen nach dem Befinden, die meist mit einem ebenso knappen „No ja" beantwortet wurden. Erst, wenn um Punkt dreiviertel sieben der Kellner an den Tisch trat und vom Generalmajor der Kavallerie S. und vom Feldmarschalleutnant L. die Kosten von je zwei Vierteln G'spritztem samt Trinkgeld in Empfang nahm, kam es zu einem kurzen, jedoch stets gleichbleibenden Dialog, den der General der Infanterie T. mit den Worten: „Warum gehts denn schon?" eröffnete, worauf der Generalmajor sagte: „Wir essen um halb acht, weißt?" und der Feldmarschalleutnant „Schließlich hat die Familie auch ein Recht, weißt?" hinzufügte. „Ehstandskrüppeln", sagte daraufhin verachtungsvoll der General. Wenn er besonders gut aufgelegt war, setzte er hinzu: „Hätt' ich mir nie denkt, daß solche Pantoffelhelden aus euch werden täten! Herr

Ober – mir noch einen G'spritzten!" – "Du hast es halt g'scheiter gemacht", sagte melancholisch der Generalmajor. "Servus." Und gemeinsam mit dem Feldmarschalleutnant spazierte er nach Hause, zurück unter das Joch des Ehestands, während der General T. noch ein Viertelstündchen sitzen blieb.

So ging das fünfzehn Jahre lang Tag um Tag, wenn nicht gerade ein Bürgerkrieg oder ein Putschversuch die Preference verhinderte.

Im sechzehnten Jahr erschien der General T. drei Tage hintereinander nicht zur Preference. Am vierten Tag erhielten seine beiden Freunde auf dem Dienstweg die Mitteilung, daß er an einem Herzstillstand gestorben sei.

Das Begräbnis erfolgte mit allen militärischen Ehren. Und ungeachtet ihrer ehrlichen Trauer waren der Feldmarschallleutnant und der Generalmajor voll des Zornes, denn auf der anderen Seite des Grabes standen eine gebrochene Witwe und ein reizendes vierjähriges Buberl.

Das Buberl war der spätere Legationsrat Dr. Tuzzi.

Die Generalswitwe, Tuzzis Mutter also, hatte ihren viel älteren Mann tief und treu geliebt (er sie übrigens auch). Nach seinem Tode fand sie am Leben keine Freude mehr, wurde eigensinnig und machte sich auf die Suche nach dem eigenen Tod. Sie begann damit, indem sie – es war nun 1938 und aus Österreich eine deutsche Provinz geworden – den Blockwart ihres Hauses ohrfeigte, weil sie ihn für schuldig hielt an der Austreibung einer jüdischen Familie. Der Blockwart hatte jedoch an diesem Geschehnis keinerlei Anteil gehabt, war aber gerade darum über die Ohrfeige der Generalin so empört, daß er im Gefühl gekränkter Unschuld unverzüglich dem Ortsgruppenleiter Meldung erstattete. Dieser Mann, ein sogenannter alter Illegaler, wollte die Sache gütlich beilegen (der verstorbene General war immerhin Maria-Theresien-Ritter gewesen und hatte überdies im Laufe der Piave-Schlacht das Eiserne Kreuz erhalten), suchte also mit einem Blumenstrauß in der Hand die Witwe auf, empfing jedoch bereits an der Wohnungstür zwei kräftige Watschen und trat den Rückzug an. Vielleicht hätte er die Sache auf sich beruhen lassen, wenn er nicht in voller Parteiuniform gewesen wäre und Nachbarn den geräuschvollen Vorgang beobachtet hätten; aber so war natürlich nicht nur seine Ehre, sondern auch die der NSDAP befleckt worden, weshalb er es für seine unabänderliche Pflicht hielt, die Geschichte dem Kreisleiter zu erzählen.

Im weiteren Verlauf der Ereignisse ohrfeigte die Generalin diesen Kreisleiter, dann einen Gestapo-Beamten, einen Obersturmbannführer in Zivil sowie dessen Sekretärin und schließlich den Gauleiter, einen gewissen Buerckel.

Als fromme Frau stiftete sie dem heiligen Antonius in der Alserkirche für jede geglückte Ohrfeige eine Kerze.

Und nachher pflegte sie sich an das Klavier zu setzen und bei weit geöffneten Fenstern laut und mit schöner Altstimme die verbotene Bundeshymne der Ersten Republik zu singen.

Tuzzi, klein und verwirrt, begriff von alledem nicht sehr viel. Aber er bewunderte seine Mutter maßlos, wenn er neben dem Klavier auf dem Teppich saß und zu ihr emporblickte, während sie die feierlich-langsame Haydn-Melodie anschlug und dazu etwas über eine wunderholde Heimaterde sang, die ohne Ende gesegnet sei. Er verstand wenig von diesem Text; aber die Wortfügung „... freundlich schmücket dein Gelände Tannengrün und Ährengold" überwältigte ihn; er konnte sich nichts Schöneres vorstellen als das, ja diese Worte wurden für ihn zu Synonymen des Schönen, Ergreifenden und Erhabenen überhaupt. Und sein Leben lang sollte Tuzzis Seele unausweichlich vom Duft, der Farbe und dem Klang von Tannengrün und Ährengold erfüllt sein, wenn er gerührt oder ergriffen war.

Die Generalin hätte sich mit ihren Ohrfeigen möglicherweise bis zum Führer und Reichskanzler hinaufgearbeitet, wäre sie nicht endlich im Stiegenhaus des Gestapo-Quartiers am Morzinplatz nach einer Vernehmung gestrauchelt und solcherart zu ihrem Tode gekommen.

Des Vaters älterer Bruder übernahm die Vormundschaft. Da dieser Onkel Tuzzi allein lebte – seine Ehe war kurz nach dem Krieg im gegenseitigen Einverständnis geschieden worden –, schickte er seinen Neffen in ein Schweizer Internat. Fünf oder sechs Jahre gingen an dem durch die Ereignisse betäubten Knaben vorbei wie ein unbegreiflicher Traum; immerhin lernte er leicht und willig ein perfektes Französisch und die schwere Kunst, auf sich selbst aufzupassen.

Nach 1945 trat der Onkel wieder in den diplomatischen Dienst, aus dem ihn die Deutschen hinausgeworfen hatten, holte alsbald seinen Neffen in der Schweiz ab und verpflanzte ihn in das wiedereröffnete Jesuitengymnasium in Kalksburg, wo man ihm, wie schon vielen anderen vor ihm, ausgezeichnetes Benehmen, ordentliches Denken und eine gründliche Abneigung gegen jede Art von Frömmigkeit anerzog.

Die Sommer- und Weihnachtsferien verbrachte der heranreifende Tuzzi in den oft wechselnden Auslandsresidenzen seines Onkels, der als Attaché, Botschaftsrat und in ähnlichen Funktionen einen nicht unbeträchtlichen Beitrag zu jener globalen Verösterreicherung leistete, von der noch ausführlich die Rede sein wird.

Der allmählich zum Jüngling sich Gestaltende lernte solchermaßen einige bedeutsame Ausschnitte der Welt und etwas von den vielfachen Mechanismen ihrer Verwaltung kennen. Der Onkel war nach anfänglicher Scheuheit zu einem liebe- und verständnisvollen Freund geworden; da er schon seit langer Zeit nicht mehr jung war, behandelte er den Jüngeren wie einen reifen Mann und erzog ihn damit ohne eigentliche Absicht zu jener Desinvolture, die Tuzzi später bei Kollegen wie bei Frauen so angenehm machte.

Was letztere betrifft, so lernte der Neffe auch an den je

nach dem Amtssitz wechselnden Freundinnen des diplomatischen Onkels manches Wichtige und Nützliche.

„Vor allem merke dir", pflegte der Onkel zu sagen, nachdem er dem Neffen eine neue Michelle, Michiko oder Micaela vorgestellt hatte, „wenn du, wie ich hoffe, ein guter Diplomat werden willst, daß man niemals zu tief in das Wesen der Dinge eindringen darf. Nimm die Dinge, mein Lieber, wie sie sind, und versuche nicht, sie zu verstehen. Ihre Ursachen sind stets verwirrend, unklar und manchmal gefährlich für den, der sie zu begreifen sucht. Das Geheimnis des wahren Diplomaten ist, daß er darauf verzichtet, irgend etwas wirklich verstehen zu wollen. Und dieser Satz, mein junger Freund, gilt auch für die Frauen. Liebe sie, denn sie verdienen es. Ehre sie, denn sie verdienen es, bete sie von mir aus an, denn manchmal verdienen sie sogar das, und jedenfalls werden sie dich dafür lieben. Aber unternimm nie den Versuch – nie! –, sie auch verstehen zu wollen, denn wenn sie das merken, werden sie unerträglich. Ich bin am näherrückenden Ende eines ziemlich langen Lebens zu der festen Überzeugung gelangt, daß alles Malheur dieser Welt nur aus dem Haß kommt, den sie uns entgegensetzt, wenn wir sie begreifen wollen. – Und nun, mein lieber Neffe, würde ich proponieren: Ein Besuch in diesem neuen türkischen Bad im Viertel Shinzasa wäre vielleicht ein hübscher Abschluß des heutigen Abends – stimmst du zu?"

Das war übrigens das letzte Mal, daß Tuzzi von seinem Onkel solche Worte hörte, denn nach seiner Botschaftszeit in Tokio ging der Onkel in Pension. Und wie so viele ehemalige Kalksburger vor ihm rekonvertierte er auf seine alten Tage zur Religion seiner Jugend, tat sich wieder mit seiner Frau zusammen – sie war einst eine gefeierte Schönheit der Wiener Salons gewesen, hatte nach ihrer Scheidung wieder geheiratet und war nun eine würdige Witwe – und unternahm mit ihr eine Wallfahrt zum heiligen Jakobus von Compostela, wo ihn der Schlag traf.

Möglicherweise hatte er einen verspäteten Versuch unternommen, die Dinge doch noch begreifen zu wollen. Es wird aus den bisherigen Angaben verständlich, warum die Beziehungen unseres Helden zur Welt – soweit sie nicht vom Prinzip des Dienstes an der Legitimität geprägt sind – vornehmlich erotischer Natur sein müssen und sich in den Kategorien der Hingabe, des Wartens auf Erfüllung, der Rücksichtnahme, des Taktes, der Liebe und der Treue bewegen. Infolgedessen scheint es uns, da wir noch ein wenig Zeit haben (denn noch hat Tuzzi, wie wir mit einem schnellen Seitenblick feststellen, die Gehsteigkante auf der anderen Seite des Minoritenplatzes nicht erreicht), sinnvoll, die Biographie des Legationsrates durch eine Liste seiner bisherigen Liebesbeziehungen zu erweitern und zu vervollständigen.

Wir schicken voraus, daß diese Liste nichts Sensationelles enthält, für einen Beamten aber doch recht beachtlich ist.

Mit 3 bis 6 Jahren bewundert Tuzzi seine Mutter. Wenn sie, nach verabreichter Ohrfeige, neben ihm vor dem Bildnis des hl. Antonius kniet oder am Klavier von Tannengrün und Ährengold singt, erscheint sie ihm im Licht der Opferkerzen oder des weit offenen Fensters überirdisch schön wie die Pallas Athene vor dem Parlament.

Mit 8 Jahren liebt Tuzzi ein kleines schwarzhaariges Mädchen, das manchmal in den Zweigen eines Kirschbaumes hinter der Mauer des Internatsgartens sitzt und so lange ernsthaft auf den Turnplatz der reichen Kinder blickt, bis es von einem Lehrer vertrieben wird. Tuzzi träumt, daß er über die Mauer klettern und das Mädchen suchen wird. Dann wird er mit ihm in den Wald laufen; es gibt in der Schweiz so große Wälder, daß man sich leicht in ihnen wird verstecken können. Aus Steinen und Moos werden sie sich ein kleines Haus bauen und am Feuer Pilze und Fische braten. Der

Lehrer hat erzählt, daß man zur Not auch von Wurzeln leben kann. Tuzzi sammelt Schnüre und Spagatreste und wird daraus ein Seil flechten. Denn das braucht man in den Bergen. – Eines Tages wird der Kirschbaum gefällt, und das Mädchen läßt sich nie mehr sehen.

Mit 14 Jahren verliebt sich Tuzzi in einen Internisten, der etwas jünger ist als er. Da der Geliebte eine andere Klasse besucht und in einem anderen Flügel des Konvikts untergebracht ist, sieht Tuzzi ihn nur selten und meist nur von weitem, doch fühlt er sich von diesem Anblick jedesmal zu Tränen gerührt. Noch nie hat er etwas so wunderbar Vollkommenes gesehen wie die eleganten Bewegungen, das engelhafte Gesicht und die schmalen Hände jenes Knaben, gegen den er sich selbst häßlich und unsauber vorkommt. Einmal steht Tuzzi vor dem Tor und kramt in seinen Taschen, ob er genug Geld bei sich hat, um sich unten im Ort ein Gefrorenes leisten zu können. Da sagt hinter ihm eine Stimme: „Du hast was verloren...!" Tuzzi fährt herum. Vor ihm steht der andere und hält ihm lächelnd ein Schillingstück hin. Tuzzi glaubt, in der nächsten Sekunde sterben zu müssen. Er wagt nicht, das Geldstück zu nehmen, er fürchtet den entsetzlichen Augenblick, in dem er die Hand und die Haut des anderen berühren wird. Der aber lacht unbetroffen, vielleicht auch verstehend, drückt Tuzzi die Münze in die schwitzende Hand und läuft davon. Tuzzi geht langsam in einen dunklen Winkel des Parks, wird plötzlich von einem hemmungslosen, ihn fast erstickenden Weinkrampf befallen und ist erstaunt, daß er nicht stirbt. Später bringt er den Mut auf, den Vorfall in der Beichte zu verschweigen, und ist von diesem Augenblick an Agnostiker. Erst nach vielen Jahren begreift Tuzzi, daß es nicht Liebe war, was ihn damals so erschüttert hat, sondern der plötzliche, unvorbereitete Anblick der Schönheit. – Im übrigen endete oder verlief sich diese Episode recht prosaisch: Während der Ferien raubte die Pubertät dem anderen durch einen Wachstumsschub und viele Pickel jede Anmut. Und Tuzzi verliebte sich in ein Mädchen.

15 Jahre: Das Mädchen heißt Sylvia, und Tuzzi lernt es im Eisgeschäft des Ortes kennen. Gemeinsam wandern sie nun täglich den Weg zum Eissalon hin und her. Mehr als eine gelegentliche flüchtige Berührung der Hände oder Ellbogen ereignet sich nicht. Dennoch ist es eine große und tiefe Liebe. Noch einmal erlebt Tuzzi, doch diesmal ohne Schmerz, die Erfahrung dessen, was schön ist: Schön ist der sanfte Schimmer ihres dicken, braunroten Haares, schön ist die bräunliche Haut ihres Gesichtes, schön sind die kleinen goldenen Härchen darauf, alles ist schön, alles.

Im Alter von 15½ Jahren verbringt Tuzzi eine Ferienwoche im Landhaus eines Schulfreundes. In der Nacht von Pfingstsonntag auf Pfingstmontag betritt dessen Mutter das Zimmer, in dem Tuzzi untergebracht ist, setzt sich an sein Bett, sagt: „Du bist ein hübscher Bub, weißt du das?" und verführt ihn ohne weitere Umstände. Tuzzi lernt nach dem Schrecken und dem Zauber der Liebe auch ihre Erfüllung kennen. Es bleibt übrigens bei dieser einzigen Begegnung, doch gedenkt Tuzzi bis ins reife Mannesalter hinein jener Dame mit Rührung und Dankbarkeit. (O widerführe doch jedem heranwachsenden Jüngling ähnliches!)

Mit 16 Jahren liebt Tuzzi weiterhin die rotbraune Sylvia, vermeidet jedoch unter dem Eindruck des Pfingstnachtereignisses jede weitere Begegnung – nicht so sehr aus schlechtem Gewissen, sondern weil er in intensives Nachdenken über die Vereinbarkeit von Liebe, Bewunderung und Sexus verfällt und die daraus resultierende Verwirrung ihm jede vernünftige Beziehung zu dem Mädchen unmöglich macht. Ein solches Maß an Skrupeln spricht für Tuzzis Charakter, die Tatsache jedoch, daß er den Fronleichnamstag dazu benützt, um an der Mutter eines anderen Schulfreundes seinerseits einen erfolgreichen Verführungsversuch vorzunehmen, für sein Talent, erworbenes Wissen zu praktischer Anwendung zu bringen.

Mit 17 Jahren unterbinden gewisse Schwierigkeiten in den Unterrichtsfächern Mathematik, Chemie und Physik die Verfolgung anderweitiger Interessen. Jedoch wird Tuzzi für diese Abstinenz durch einen Sommeraufenthalt bei seinem Onkel, der gerade sein letztes Diplomatenjahr in Tokio hinter sich bringt, glanzvoll entschädigt. Der liberale Onkel läßt es sich angelegen sein, den Neffen mit den Bequemlichkeiten fernöstlicher Liebeskunst bekannt zu machen*, wobei Tuzzi den angstlosen Eros kennenlernt.

Mit 18 Jahren wird Tuzzi von einem verspäteten und darum um so heftigeren Rilke-Infekt befallen und vermeidet infolgedessen auch weiterhin jede Begegnung mit der immer noch geliebten Sylvia, weil er nun wiederum seine Tokioter Erlebnisse nicht in Kongruenz mit ihr zu bringen vermag. – Dann jedoch wird es Mai, und die Matura wird bestanden, und im Festsaal des Konvikts findet der Abschlußball statt. Und plötzlich, unerwartet, aber heimlich ja doch immer herbeigesehnt, steht in weißem Kleid und hochgesteckten rotbraunen Haares das Mädchen Sylvia da, und es geschieht das, was sonst nur in Jünglingsträumen geschieht: Sie geht geradeaus auf Tuzzi zu und macht einen kleinen Knicks vor ihm,

---

* Dem Verfasser dieser Biographie bleibt der verehrungswürdige Diplomat gleichfalls unvergeßlich – oder wenigstens seine in schönster Ballhausplatz-Nasalität vorgebrachte Mitteilung: „... mir is' meine Frau davong'laufen, wissen S'!" *(Pause.)* „Ich leb' schon lang als Junggeselle, wissen S'!" *(Längere Pause.)* „Aber, wissen Sie: In Tokio g'spürt man das net so stark..."

und die kleine Musikergruppe hebt zu spielen an, und wenn sie auch keine Sarabande spielen, sondern den Blacksmith-Boogie und Tuzzi kein besonders guter Tänzer ist – an diesem Abend hat er Flügel und schwebt wie auf Wolken dahin. Im Park unten küßt er sie dann. Und sie hat überraschenderweise ganz kühle Lippen.

19–22jährig: Tuzzi und Sylvia besuchen gemeinsam die juridische Fakultät der Universität Wien. Es vergehen drei Jahre einer ebenso totalen wie verwirrten Glückseligkeit, in der die Begriffe der Rechtswissenschaft und die Worte der Liebe ganz und gar durcheinandergeraten; Bett und Hörsaal, Rigorosum und Liebkosung, Kelsen und van de Velde, die Paragraphen des ABGB und des Kamasutra, römisches Recht und Eros purzeln bunt und leidenschaftlich durcheinander. Tuzzi ist schwindlig vor Glück.

Als er 22½ Jahre alt ist, teilt ihm Sylvia mit, daß sie einen von Tuzzi bisher nur als wesenlosen Schatten im Hintergrund seines Glücks wahrgenommenen Tierarzt aus Kaltenleutgeben heiraten wird. – Tuzzi macht die Erfahrung, daß die alte Redewendung vom Herzen, das zu zerbrechen droht, eine Realität beschreibt. Sein Herz tut ihm tatsächlich zum Zerreißen weh. Die Welt wird von einem Tag zum anderen ein Hades, in dem sich Schatten stumm von ihm abwenden. Zwei volle Jahre lang leidet er sehr, um so mehr, als er nach dem Tode seines Onkels keinen Menschen hat, dem er sich mitteilen könnte, denn natürlich hat er in den Tagen der Verliebtheit keine Freunde gesucht. Diese Einsamkeit kommt jedoch dem Studium zugute, mit dem er sich zu betäuben sucht.

Mit 25 Jahren steht Tuzzi schon vor der Promotion. Er findet Freunde, unter anderen auch den jungen, seinem Studium mit geringerem Erfolg, aber nobler Lässigkeit obliegenden Trotta, und wird mit ihm lange verbunden bleiben. Der Anblick hübscher Kolleginnen schmerzt ihn allmählich nicht mehr, und endlich bemerkt er sogar, daß zwischen diesen Kolleginnen ein eifriger und mit viel Bosheit geführter Wettstreit um seine Gunst im Gange ist – durchaus verständlich, denn Tuzzi sieht nicht nur gut aus, sondern kann sich als Erbe eines wenn auch nicht übermäßigen Vermögens Maßanzüge und sogar ein Auto leisten. Da ihn seine bitteren Erfahrungen zu einem interimistischen Zyniker gemacht haben, wählt er aus diesem Angebot schließlich eine gewisse Elise, ein ausgekochtes, aber recht attraktives Luder, die vermöge ihres Esprits zu anderer Zeit als Mätresse eines großen Herrn ganz gut Karriere gemacht hätte. Das Verhältnis mit ihr ist libertinös und lustig, und es stört Tuzzi nicht einmal, daß sie im weiteren Verlaufe einen bekannten Staatsanwalt heiratet, von dessen hoffnungsloser Leidenschaft sie sehr amüsante Geschichtchen erzählen kann. Diese Beziehung löst sich erst, als Elise sich von einem dritten, einem Jazz-Klarinettisten, schwängern läßt und ihrem glückseligen Staatsanwalt einen Sohn schenkt. Sie würde ihr Verhältnis zu Tuzzi trotzdem ohne weiteres aufrechterhalten, aber der findet die Sache nun doch etwas unappetitlich und verzichtet höflich.

Mit 26 Jahren macht Tuzzi seinen Doktor und beginnt seine Laufbahn im Außendienst der Republik, wie es seinem Namen, seiner Neigung und seiner Erziehung entspricht. Von nun an bis zu seinem vierzigsten Lebensjahr hat er mehrere Liebschaften, Amouren und Verhältnisse, von denen sich jedoch keine als besonders dauerhaft erweist, sehr zu seinem Leidwesen, denn Tuzzi ist ein Mensch mit einer starken, wahrscheinlich durch seine einsame Kindheit bedingten Neigung zu dauerhaften und soliden Beziehungen. Aber er ist auch vorsichtig geworden und stellt unabsichtlich mehr

Ansprüche, als die meisten Frauen zu erfüllen bereit oder imstande sind. Die häufigen Auslandsaufenthalte, die der Dienst erfordert, sind dauerhaften Relationen auch nicht gerade günstig; mehr als einmal findet sich der künftige Legationsrat, wenn er von einem Außendienstposten nach Wien zurückkehrt, betrogen oder schon verlassen.

Als Vierzigjähriger, kurz vor dem Beginn dieser Aufzeichnungen, ist Tuzzi Legationsrat Erster Klasse und ein noch junger Mann, den seine Freunde und Kollegen hochschätzen, ein Mensch, der zwar etliche Neider, aber keine Feinde besitzt. Wir haben bereits bemerkt, daß er einem Prinzip, dem der Legitimität und der Kontinuität nämlich, treu und der Welt in einer gewissen erotisch gefärbten Weise zugetan ist, woran keine Erfahrung mehr etwas ändern kann. Die mentalen Zwänge seiner großbürgerlich-elitären Herkunft sowie die Repressionen des herrschenden kapitalistisch-bourgeoisen Klassengeistes hat Tuzzi in einem Ausmaß verinnerlicht, das vielleicht nicht den Beifall jener unserer Leser wecken wird, die sich auf der Höhe des augenblicklichen Zeitgeistes befinden, das wir aber sehr hochachten müssen, denn eben dies wird den Legationsrat Tuzzi in die Lage versetzen, eine für sein Land und also auch uns äußerst bedeutsame, wenn nicht sogar lebenswichtige Leistung zu erbringen.

Es bleibt nachzutragen, daß Tuzzi seit mehr als zwei Jahren in ein zum erstenmal wieder dauerhaftes Liebesverhältnis zu einer jungen Dame namens Ulrike hineingeraten ist.

Aber davon später. Wir müssen schleunigst auf den Minoritenplatz zurück, denn länger können wir den Schritt unmöglich verzögern, mit dem der Legationsrat das alte Palais betritt, in dem die Arbeit eines heißen Tages auf ihn wartet.

ZWEITES HAUPTKAPITEL, IN WELCHEM DR. TUZZI MITHILFE BEI DER VERFERTIGUNG VON GESCHICHTE LEISTET.

„Meine Ergebenheit, Herr Legationsrat", sagte der Portier Karneval und legte grüßend die Hand an die Kappe mit dem breiten Silberband, das ihn als einen den höheren Türsteherrängen der Republik angehörenden Beamten auswies. Herr Karneval war ein Ernster Bibelforscher und vertrat als solcher sehr entschieden die Meinung, daß die herrschende Große Hitze in unmittelbarem Zusammenhang mit der Schlechtigkeit und dem verworfenen Treiben der Menschen im allgemeinen, insonderheit aber der Politiker, hoher Beamter, Journalisten und überhaupt in irgendeiner Weise vorgesetzter Personen stehe; daß die Große Hitze ein nahes Armageddon ankündigte, lag für Herrn Karneval, der täglich die Aussagen des Wetterberichtes mit denen der Apokalypse verglich, auf der Hand, und der Gedanke, daß alle Herrschenden dieser Welt, Legationsräte eingeschlossen, zum Höllenpfuhl verdammt waren, er selbst aber als Gerechter ins Paradies aufsteigen würde, erfüllte ihn mit stiller Zufriedenheit. Aber auch unter dem Entsetzensschall der Gerichtsposaunen würde Herr Karneval Tuzzi nicht anders als in „Ergebenheit" grüßen, und wenn die göttliche Gerechtigkeit ihn dazu verpflichtete, die Glut unter dem Kessel eines zu ewiger Pein verdammten Tuzzi kräftiger anzuheizen – was durchaus in seinem Vorstellungsbereich lag –, würde er auch das nicht ohne ein submisses „Gestatten ergebenst" tun, denn das ist nun einmal die Anrede, die ein Portier einem Legationsrat Erster Klasse schuldig ist.

Der Mensch kann sich offenbar auch die Hölle nicht ganz ohne Regeln und Regulation vorstellen – vom Paradiese ganz zu schweigen. Und solcherart bietet der Portier Karneval einen schönen Beweis dafür, daß das in uns tief verwurzelte Ordnungsbedürfnis bis zu den Letzten Dingen hinein und hinüber reicht.

„Kompliment, Herr Doktor", sagte hingegen der Ministerialrat Haberditzl, der stets als erster im Amte war, die Morgenpost bereits gelesen hatte und sich nun, die amtliche „Wiener Zeitung mit dem Amtsblatt" in der Hand, auf dem Wege zur Toilette befand. Er war im Range dem Legationsrat gleichgestellt und überdies der Ältere, hätte also ohne weiteres den Gruß Tuzzis abwarten und sich dann mit einem freundlichen „Grüß' Sie Gott, Herr Kollege" revanchieren können; daß er dies nicht tat, sondern als erster und noch dazu mit einer verhältnismäßig subalternen Formel grüßte, hatte seine Ursache darin, daß er Tuzzi erstens mochte und ihm zweitens im Hinblick auf dessen höheren Intellekt und akademischen Grad freiwillig eine gewisse Überlegenheit einräumte. Der Legationsrat, der seinerseits den Ministerialrat Haberditzl sehr schätzte, bedankte sich infolgedessen, wie allmorgendlich, mit einem solennen „Respekt, Herr Ministerialrat!", obwohl an sich ein „Kompliment meinerseits!" auch genügt hätte.

„Ich habe die Ehre!" sagte sodann der Amtsgehilfe Brauneis, beflissen die Tür zu Tuzzis Büroräumen offen haltend, wo er eben die interne Morgenpost abgelegt hatte.

„Morgen, Herr Brauneis!" antwortete Tuzzi und trat ein. Und obwohl er dicht an Brauneis vorüberschritt, bewegte er sich dabei doch in einem Abstand von geradezu interstellarer Dimension an ihm vorbei, denn jenes „Habe die Ehre!" und dieser schmucklose „Morgen!" markierten die äußersten Positionen der bis ans Unendliche heranreichenden Stufenleiter bürokratisch-hierarchischen Denkens*.

---

* Soviel an dieser Stelle über die domestizierende und ordnende Macht des Grüßens. Man erfährt mehr darüber auf Seite 51.

„Die Akten vom Herrn Ministerialrat bring' ich dann herüber, wenn's recht ist", sagte Brauneis.

„Ist schon recht", sagte Tuzzi, der es mit der Vertiefung in die Twarochschen Agenden wirklich nicht eilig hatte.

Um Punkt halb neun also betrat der Legationsrat das kleine Vorzimmer seines Amtsraumes, stellte enttäuscht fest, daß seine Bürodame auch heute nicht erschienen war (weil sie sich einen Urlaubstag oder Ausgleichsfreizeit genommen hatte oder weil sie an einer der vielen derzeit grassierenden Hitzemaladien litt oder aus irgendeinem anderen zutreffenden oder schwer widerlegbaren Grund; die Arbeitsmoral des Büropersonals ließ in letzter Zeit erschreckend nach), öffnete sodann die gepolsterten Türen zum Arbeitszimmer und sah auf seinem Schreibtisch tatsächlich schon das gelbe, zweifach versiegelte und mit den roten „Vertraulich!"- und „Persönlich!"-Klebemarken versehene Kuvert, in dem zweifellos die stenographische Mitschrift der gestrigen Ministerratssitzung steckte.

Tuzzis Stimmung pendelte sich, besänftigt von den ruhigen Gesetzmäßigkeiten des Hauses und beruhigt durch das vertraute Ambiente seines Zimmers, rasch auf das Normalmaß der bedächtigen Selbstverständlichkeit ein. Der moralische Schwächeanfall, den er vorhin im Hofburgdurchgang gehabt hatte, erschien ihm jetzt unbegreiflich, und der Gedanke daran beschämte ihn so sehr, daß er beschloß, eine kleine Buße dafür auf sich zu nehmen und sein Tagwerk nicht wie sonst mit der ersten Zigarette, sondern mit der sofortigen Übertragung des Ministerratsprotokolls zu beginnen.

Diese Arbeit gehörte zu den wichtigsten Pflichten, die der Legationsrat im Rahmen des Interministeriellen Komitees für Sonderfragen übernommen hatte, denn natürlich war hier nicht einfach eine stenographische Niederschrift in allgemein lesbare Schreibmaschinzeilen zu transponieren, sondern in der Tat eine wahre Übersetzung vorzunehmen, indem man das Protokoll von allen Zufälligkeiten, Subjektivitäten und Aktualitätsbezügen aufs gründlichste reinigte und das Übrigbleibende so lange einem veredelnden Abstraktionsprozeß unterzog, daß es am Ende, von allen menschlichen Schlacken gereinigt, unbesorgt veröffentlicht beziehungsweise im Haus-, Hof- und Staatsarchiv zum Nutzen späterer Geschichtsschreibung abgelegt werden konnte.

Eine schwierige und außerordentlich verantwortungsvolle Aufgabe also, die jedoch dem mit ihr Befaßten den Respekt seiner Kollegen und selbst Vorgesetzten sicherte.

Tuzzi spannte einen Bogen ein und schrieb in großen Lettern

„PROTOKOLL DER MINISTERRATSSITZUNG"

als Titel an den oberen Rand, setzte das Datum des Tages hinzu und machte sich an die Entzifferung der Kürzel des (ihm übrigens unbekannten) Bundeskanzleramtsstenographen.

„Begrüße Sie, Damen und Herren", sagte der Kanzler munter. Er führte wie üblich den Vorsitz und war das einzige Regierungsmitglied, dem die Hitze offenbar bisher nichts anhaben konnte; gegen seine schon leicht verwelkten Minister wirkte er wie eine frische, wenn auch bereits bis zum Platzen angeschwollene Rosenknospe. „Ist wieder eine Mordshitz' heut'. Alsdern, Herrschaften – was gibt's schlechts Neues?"

(Der Legationsrat übersetzte routiniert: *„Der Herr Bundeskanzler begrüßte die vollzählig erschienenen Mitglieder des Kabinetts und gab sodann einen kurzen Überblick über die Lage aus seiner Sicht. Hierauf ersuchte er die Ressortchefs, sich zu anstehenden Problemen zu äußern."*)

„Alsdern, Herr Außenminister – wie war's denn in Brüssel?"

„Kühl und regnerisch", sagte der Außenminister. „Ausgesprochen erholsam."

Die anderen Minister blickten genauso neidisch, wie der Außenminister es sich erhofft hatte. Er war Karrierediplomat, katholisch bis in die Knochen und verachtete seine sozialistischen Ministerkollegen zutiefst.

„Und was tut sich in der Ewege?" fragte der Kanzler.

„Das Übliche", sagte der Außenminister, „die Franzosen mögen die Deutschen nicht und die Engländer schon gar nicht. Die Engländer mögen die Franzosen nicht und die Deutschen auch nicht. Die Italiener kümmern sich um gar nichts, mögen aber weder die Deutschen noch alle anderen."

„Und die Holländer und die Belgier?"

„Weiter nichts, außer daß sie die Deutschen nicht mögen."

„Hm, hm", sagte der Kanzler. „Und die Deutschen?"

„Sind unglücklich, weil sie nicht und nicht dahinterkommen, warum keiner sie mag."

„Hm, hm", sagte der Kanzler. „Und wir?"

„Gott", sagte der Außenminister, „was interessieren uns die Franzosen oder die Engländer? Wir lieben halt alle und damit habeat."

„Auch die Deutschen?" fragte der Kanzler.

„Da gibt es in den gegenseitigen Beziehungen keinerlei Probleme", sagte der Außenminister, der wirklich ein Diplomat von hohem Range war.

„Möcht' wissen, warum wir damals in diese Ewege-G'schicht' überhaupt hineingetreten sind!" sagte der Bundeskanzler grübelnd. „Wir hätten denen einen aktiv-neutralen Präsidenten anbieten sollen oder sowas, das hätt' vielleicht auch genügt. Warum sind wir wirklich nach Brüssel gegangen?"

„Wegen der Mehrwertsteuer", erinnerte der Finanzminister so kühl, als es ihm unter den gegebenen Wetterbedingungen eben möglich war; kühl zu antworten gehörte ja zu seinem Image. „... Anpassung an europäische Maßstäbe und so."

„Die Steuer hätten wir anderswie auch zusammengebracht", knurrte der Kanzler, „wegen dem ...?!"

„Ich darf daran erinnern", schaltete sich der Außenminister verbindlich ein, „daß du, verehrter Herr Kanzler, dazumals auf der Ewege-Assoziierung hauptsächlich deswegen bestanden hast, weil die Russen gar so dagegen waren."

„Ach ja, richtig", sagte der Kanzler versöhnt. „Mein Gott, die Zeit vergeht. Na ja, man konnt' sich von denen auch nicht alles bieten lassen, nicht wahr? Man hat ja eine Würde, schließlich, eine nationale, mein' ich."

(Die führende Schweizer Zeitung hat schon recht gehabt, dachte der Legationsrat Tuzzi, als sie den Kanzler den „Doyen der europäischen Realpolitik" nannte. Diese scharfe, ja geradezu dynamische Erfassung der Wirklichkeit! Diese bewunderungswerte Souveränität! Wie lautete doch die Antwort auf die populäre Scherzfrage, was wohl geschehen würde, wenn man diesen Kanzler in die Wüste schickte? – „Eine Weile g'schähert gar nix. Und dann würdert der Sand teurer!" In der Tat, das Volk hatte ein gutes Gefühl für die Größe dieses Mannes! Schade, daß man solche Dinge nicht wenigstens als illustrative Anmerkung ins Protokoll nehmen konnte; aber vom Standpunkt ernsthafter Historienschreibung aus waren sie natürlich belanglos. Und also schrieb er: *Der Herr Außenminister gab einen kurzen, fundierten Bericht über die internationale Lage unter besonderer Berücksichtigung der Stellung Österreichs im Rahmen der europäischen Gemeinschaften. Der Bericht wurde vom Ministerrat zur Kenntnis genommen.*")

„Frau Wissenschaftsminister", sagte der Kanzler, „darf ich dich um die Liebenswürdigkeit bitten, die Situation in deinem Ressort..."

„Mich laß in Ruh", sagte die Ministerin, „ich hab' Kopfweh. Ich vertrag' diese Hitz' nicht. Ich hab' seit Tagen nicht geschlafen. Und nächste Woche fahr' ich nach Schweden."

„Zu was?" wollte der Unterrichtsminister wissen, der ressortbedingt auf die Aktivitäten des Wissenschaftsministeriums etwas eifersüchtig war.

„Um die kulturellen Beziehungen zu vertiefen", sagte die Wissenschaftsministerin. „Vielleicht schaut ein Kulturaustauschabkommen dabei heraus oder so."

„Seit wann haben wir denn mit denen kulturelle Beziehungen?" erkundigte sich der Bautenminister interessiert, obwohl ihn das gar nichts anging.

„Mindestens seit dem Dreißigjährigen Krieg", sagte die Ministerin belehrend. „In der Wachau singen sie heute noch ,Bet, Kinderl, bet, morgen kommt der Schwed', morgen kommt der Oxenstern, wird das Kinderl beten lehr'n.' Mit Oxenstern ist natürlich Graf Oxenstjerna gemeint; der Kanzler Gustav Adolfs war bekanntlich . . ."

„Komisch", sagte der Unterrichtsminister, „bei uns im Burgenland singt man das anders. So: ,. . . san die Türken kumma, ham die Fenster zerschoss'n, ham Blei draus goss'n . . .' "

„Interessant. Die Frau Wissenschaftsminister sollte das erforschen lassen", sagte der Kanzler, der den Unterrichtsminister nicht leiden konnte, weil er in ihm einen Konkurrenten witterte – fälschlicherweise, denn der Unterrichtsminister wollte gar nicht Kanzler werden, sondern so bald wie möglich wieder hinaus aus den pompösen Räumen am Minoritenplatz und zurück in die rauchigen Wirtshäuser des Burgenlandes und ihre vom Rotwein erhitzten Streitereien, die so schnell vom Deutschen ins Ungarische oder Kroatische oder einen der unergründlichen sonstigen Dialekte dieses Landes wechselten. Nur der erhebende Gedanke, daß durch seine Person endlich auch einmal das so lange vernachlässigte östlichste Bundesland über gesamtösterreichische Kulturbelange entscheidend mitreden konnte, hielt den tüchtigen und redlichen Mann vorderhand noch in Wien fest.

„Liebe Frau Minister", sagte der Kanzler, „... das ist ja sehr interessant, diese Schwedengeschicht', aber ich möcht' dich doch höflich bitten: Verschieb deine Reise, gelt ja? Wir müssen dem Volk schließlich Vorbild sein, du verstehst – wenn wir alle Dienstreisen in kühlere Gegenden machen täten, während unsere Arbeiter und Angestellten in der Hitz' daheimbleiben müssen..."

(Dr. Tuzzi: *„Mit Befriedigung nahm das Kabinett den vom Wissenschaftsministerium vorgelegten Bericht über die Vertiefung der kulturellen Beziehungen zwischen Österreich und dem skandinavischen wie südosteuropäischen Raum zur Kenntnis."*)

Wieder einmal unergiebig, dieser Ministerrat, dachte er, man wundert sich manchmal, daß das Staatswerkel überhaupt weiterrennt; aber vermutlich ist es meistens ziemlich Wurscht, was die Regierenden machen, solange in allen Sektionen Leute wie ich sitzen, die geduldig dafür sorgen, daß der alltägliche Kleinkram durch bürokratische Abstraktion emporgeläutert wird zur Haus-, Hof- uns Staatsarchivgültigkeit, bis er sich vor den gestrengen Augen der Geschichte sehen lassen kann oder diesen wenigstens nicht auffällt.

Jedoch irrte der Legationsrat mit diesen am Rande des geradezu Aufsässigen hinschwebenden Gedanken, denn das Ministerratsprotokoll begann sich plötzlich in unerwarteten Zickzackwendungen zum Bedeutenden, ja geradezu Dramatischen hin zu entwickeln.

Zunächst brachte der Unterrichtsminister die letzten Wetterberichte zur Kenntnis (aus unerforschlichen Gründen untersteht nämlich die bundeseigene Meteorologische Zentralanstalt dem Unterrichtsministerium, das diese wichtige

Schlüsselposition natürlich eifersüchtig gegen Kompetenzübergriffe aus anderen Ressorts hütet). Der Minister ließ die erfreuliche Nachricht verlauten, daß es seinen Wetterwissenschaftlern gelungen sei, die ohnehin schon hohe Erfolgsrate ihrer Prognosen – sie hatte bis vor dem Eintritt der Großen Hitze immerhin bei 50 Prozent gelegen! – entscheidend zu steigern. Nach Auskunft der Bundesmeteorologen sei mit nunmehr 90(!)prozentiger Sicherheit zu erwarten, daß das heiße Wetter weiterhin anhalten werde.

Diese Mitteilung rief leider nicht den verdienten Beifall hervor, sondern Empörung. Die hitzebleichen Gesichter der Kabinettsmitglieder liefen zornrot an, der Schweiß begann heftiger zu quellen, und die ohnehin schon gereizte Stimmung entlud sich grollend. Die Wissenschaftsministerin schien geneigt, die Wettervorhersage ihres Kollegen als persönlichen Affront zu betrachten, und ließ ein mickymausartiges Quieken hören. Ihre Kollegin vom Gesundheits- und Umweltschutzministerium – eine Frau, die nicht nur in der Ministerrunde, sondern auch in der Bevölkerung hohe Popularität genoß, weil sie im unpassendsten Augenblick verläßlich etwas Falsches zu äußern pflegte – fragte schrill, was man wohl glaube, daß sie den mächtigen Initiatoren der „Bürgerinitiative zur Erhaltung des Donauwassers" sagen solle. Und die Staatssekretärin für Familienfragen sah endlich die Chance, auch einmal den Mund aufmachen zu können, und rief, sie pfeife auf eine solche Prognosenverbesserung, und früher wäre das ja doch besser eingerichtet gewesen, und da hätte man doch, wenn die Meteorologen für den nächsten Tag Sonne voraussagten, wenigstens zu fünfzig Prozent Regen und Kälte erwarten dürfen, und das Volk wäre ganz zufrieden gewesen, zu wissen, daß das Erscheinen des Doktor Kletter in der abendlichen Fernseh-Wettervorhersage stets Regen bedeutete und der Auftritt des Doktor Reutter immer Schönwetter, unabhängig von allen Tiefs über Südrußland und allen

Hochs über dem Atlantik. Und das Kabinett möge gefälligst begreifen, daß der Geburtenrückgang ein beängstigender sei, weil die Hitze auf die Zeugungsbereitschaft vor allem der männlichen Bevölkerung außerordentlich nachhaltig einwirke („Hört, hört!" rief die Gesundheitsministerin, während die Frau Wissenschaftsminister höhnisch lächelte), und wenn das nicht aufhöre, würde nicht nur sie selbst, sondern auch der Herr Unterrichtsminister bald in Pension gehen können. Aber anstatt endlich Wasser herbeizuschaffen, denn ohne Wasser sei ein ordentliches und geregeltes Liebes- und Eheleben wie auch eine anständige Kinderaufzucht nicht möglich, anstatt dessen verschärfe man die ohnehin schon unerträglichen Wasser-Rationalisierungsvorschriften noch mehr, und zum Schluß bezeichne man das ganze Hitzemalheur womöglich noch als großen Erfolg der Regierung, und ob die Anwesenden wirklich glaubten, daß die Wähler so blöd sein würden, das auch noch zu fressen?

Diese in gellendem Ton vorgetragene Philippika eines Regierungsmitgliedes, das im Kabinett noch niemals zuvor auch nur ein Wort geäußert hatte, erzielte um so nachhaltigeren Eindruck, als die mitgeteilten Tatbestände ihrem Wesen nach ziemlich richtig getroffen waren. Die anhaltende Wasserknappheit mit allen ihren Folgen – mangelnde Sauberkeit, austrocknende Landschaften, sinkende Industrieproduktion undsoweiter – versetzte, wie die Minister sehr wohl wußten, das Volk allmählich wirklich in Erregung; daß diese Erregung nicht bereits in Demonstrationen oder gar Tätlichkeiten umschlug, war eigentlich wiederum nur der Hitze zu verdanken, die auch ihre Ursache war.

„... wer is denn fürs Wasser eigentlich zuständig?" fragte der Kanzler, der als routinierter Taktiker den Zeitpunkt gekommen sah, Verantwortungen zu delegieren beziehungsweise einen Sündenbock zu finden.

Es entstand Unsicherheit. Einige Augenpaare wanderten zum Bauten-, andere zum Handelsminister, und auch die

Gesundheitsministerin, der die Umweltschutzagenden zustanden, wurde von diesen und jenen nachdenklich gemustert. Doch vermochten diese drei Ressortleiter, indem sie gemeinsam ihre Blicke fest auf das langsam fahl werdende Antlitz des Landwirtschaftsministers richteten, die allgemeine Aufmerksamkeit auf diesen unglücklichen Mann umzulenken. Der Verteidigungsminister, froh, einmal nicht als das schwarze Schaf des Kabinetts dazustehen*, sagte schließlich laut in die verhängnisvolle Stille hinein: Schlußendlich ist ja wohl der Kollege von der Landwirtschaft zuständig. Wasser, net wahr – es fließt ja doch durch die Landschaft, im allgemeinen."

Der Landwirtschaftsminister, nicht eben ein überaus schneller Denker (langsam senkt sich der Keim in die Erde, in Ruhe reift die Frucht, ehe Ernte gehalten wird!), suchte krampfhaft nach einer passenden Antwort, doch schnitt ihm der Kanzler das Wort sozusagen schon im Munde ab:

„Natürlich. Also, Herr Kollege, sei so gut und tu was, ja?"

„Aber was?" fragte hilflos der Minister. „Bitte, was?"

„Zum Kuckuck", sagte der Kanzler, „bin ich Landwirtschaftsminister? Oder bist du es?"

„Aber ich . . . ich kann's doch net regnen lassen, Himmelherrgott noch amal!"

Die Wissenschaftsministerin gackerte höhnisch, und der Verteidigungsminister sah aus wie ein Frankenstein-Monster, das sich ausnahmsweise wohl fühlt. Dann trat eine Pause ein.

---

* Der Kanzler selbst erzählte einmal in einer gemütlichen Fernsehsendung, man erzähle sich im Volke, daß ihm, dem Kanzler also, einmal fälschlich der Selbstmord dieses erfolglosen Ministers gemeldet worden sei; er, der Kanzler, habe jedoch nur aufgeblickt und gütig gemeint: „No ja . . ., wenn er sich's verbessern kann . . .?"

„Erstens", sagte nach dieser Pause der Kanzler, „wollen wir, bitte schön, die Formen wahren. Wir sind ja hier schließlich nicht im Kuhstall."

Die Minister zogen die Köpfe ein, denn jetzt setzte der Kanzler, ein Meister des psychologischen Kleinkriegs, seine berühmte und gefürchtete Terrorwelle in Bewegung. Hilflos und leichenblaß starrte der Landwirtschaftsminister auf das Bild des jungen Kaisers Franz Joseph, der ihn über den Kanzler hinweg mit großer Güte anblickte.

„Zweitens ersuche ich dich höflich, lieber Freund", fuhr der Kanzler fort, „uns spätestens am übernächsten Montag über die von dir getroffenen beziehungsweise in Kürze zu treffenden Maßnahmen Bericht zu erstatten."

Tiefe Stille herrschte nach diesen Worten.

Noch einmal versuchte der Mann der Landwirtschaft schwachen Widerstand.

„Aber was ... ja, bitte schön: Was soll ich denn eigentlich tun?"

„Etwas Zweckdienliches", sagte in kalter Wut der Kanzler. „Zu was sitzt du denn schließlich da?"

An dieser Stelle brach das Stenogramm ab. Offenbar hatte der Stenograph bis dahin halb schlafend mitgeschrieben und erst jetzt bemerkt, daß sich hier Emotionen entluden, die wahrhaft die Grundfesten des Staates zu erschüttern drohten, Emotionen, die nicht einmal in Einheitskurzschrift hätten verzeichnet werden dürfen.

Tuzzi schüttelte nervös den Kopf und strich sorgfältig mit schwarzem Filzstift die letzten Zeilen durch. Zwar würde er das stenographische Protokoll ohnehin gleich selber in den Akten-Reißwolf hineingeben, aber allergrößte Diskretion war hier ernstlich geboten.

Diese verdammte Hitze, dachte der Legationsrat – sie wirkt demoralisierend bis ins Innerste des Staates.

Tuzzis Übersetzung in die geschichtswürdige Abstraktion: *„Abschließend beauftragte der Ministerrat den Herrn*

Landwirtschaftsminister, umgehend Maßnahmen zur Erleichterung der klimatischen Situation zu ergreifen."

Nun, da er seine Morgensünde abgebüßt hatte, nahm Tuzzi endlich seinen normalen Arbeitsrhythmus auf. Er entzündete den Spirituskocher hinter dem Tisch seiner Sekretärin – der Strommangel hatte solch altmodische Geräte wieder zu Ehren gebracht –, füllte die kleine Espressomaschine mit Mineralwasser aus einer Zweiliterflasche sowie Kaffee und setzte sie auf. Mit dem restlichen Preblauer Heilquellenwasser befeuchtete er, jeden Tropfen achtend, seine Zimmerpflanzen. Er besaß deren eine ganze Menge, nicht nur die ordinären Philodendren und Monsterae, wie sie üblicherweise in der trockenen Wüstenvegetation zentralgeheizter Büroräume dahinvegetieren, sondern auch Anspruchsvolleres: Campanulae, Farne und zierliche Judenbärte, und als Rarität sogar eine Stanhopea, eine Orchidee, die den eindrucksvollen indianischen Spezifikationsnamen *„Coazonte coxoahitl bednar."* trug und wenn sie blühte, was sie freilich schon lange nicht getan hatte, nach Zimt, Schokolade, Vanille und Blume an sich duftete. Tuzzi war fest entschlossen, sie über die Große Hitze hinwegzuretten, obwohl das bei den schnell steigenden Preisen für Mineralwasser ziemlich teuer sein würde. (Im Hause selbst durfte nur ein einziger Wasserhahn und auch dieser nur zur Trinkwasserentnahme benutzt werden.) Dann goß er den brodelnden Kaffee in eine Tasse, setzte sich an den Schreibtisch, brannte die in ihrem Genußwert beträchtlich erhöhte erste Zigarette an, lehnte sich in seinen Biedermeierarmstuhl zurück, streckte die Füße unter dem Schreibtisch aus und holte Atem für die Bewältigung des Kommenden.

Er hatte jenen Rang der Ministerialbürokratie erreicht, in dem der Beamte nicht mehr mit nüchternen Zweckgeräten, sondern bereits mit Möbeln aus dem ehemals kaiserlichen

Hofmobiliendepot umgeben wird, mit rötlich gemasertem Kirschholz zum Beispiel und graziös geschwungenen Sesselbeinen, noblen und soliden Dingen also, die in aller Bescheidenheit Legitimität und Kontinuität bezeugen. Ein glücklicher Zufall hatte überdies bewirkt, daß die Tapeten und die Bezüge der Sitzgarnitur in Tuzzis Lieblingsfarben Goldgelb und Dunkelgrün beziehungsweise Tannengrün und Ährengold gehalten waren, was insgesamt ein Inventar ergab, das sehr wohl geeignet war, einen Menschen von Geschmack positiv zu stimmen.

Der Legationsrat entzündete seine zweite Zigarette, straffte den Rücken und nahm endlich Einblick in die Schriftstücke, die der Amtsgehilfe Brauneis kurz zuvor auf seinem Schreibtisch deponiert hatte.

Es war sehr ruhig im ganzen Haus. Die letzten Spuren morgendlicher Mißstimmung entschwebten in den stillen Büroräumen des Interministeriellen Komitees für Sonderfragen wie der Rauch der Zigaretten. Ohne Hast wanderten die Gedanken höherer Beamtengehirne auf verschlungenen Aktenpfaden den geheimen Punkten zu, an denen der tägliche Gang der Dinge mit dem Ablauf des Weltganzen zu annähernder Deckungsgleichheit gelangt. Nur manchmal ratterte gedämpft eine Schreibmaschine los wie das Maschinengewehr eines weit entfernten Vorpostens, der sich verzweifelt gegen den Einfall chaotischer Kräfte zur Wehr setzt.

Und natürlich konnte der Legationsrat auch jetzt noch nicht einmal ahnen, daß in der Ministerratssitzung, deren Protokoll er eben säuberlich faltete und kuvertierte, ein neues Glied an jene Kette von Ursachen und Wirkungen geflochten worden war, die sich wenig später schon würgend um seinen Hals schlingen würde.

ZWEITES ZWISCHENKAPITEL, DARSTELLEND DIE ENTSTEHUNGSGESCHICHTE DES INTERMINISTERIELLEN KOMITEES FÜR SONDERFRAGEN SOWIE SEINE FUNKTIONEN.

Wir müssen spätestens an dieser Stelle kurz auf die Entstehungsgeschichte jener Institution zu sprechen kommen, in deren Rahmen der Legationsrat Tuzzi seiner wichtigen Tätigkeit obliegt. Solche Rückblicke in die Vergangenheit sind natürlich ärgerlich, weil sie den glatten Lauf der Erzählung hemmen – und außerdem widersprechen sie aufs lästigste den Forderungen, die man an einen zeitgenössischen Roman mit Recht stellen darf. Aber wie soll man etwas Österreichisches beschreiben, und sei es etwas noch so Gegenwärtiges, ohne dauernd auf die besonderen Ursachen zu verweisen, die es hervorgebracht haben? Dies ist ein Ding der Unmöglichkeit, denn in allem Österreichischen ist der Anteil der Vergangenheit mindestens ebenso groß wie der der Gegenwart. Man kann ihr nicht aus dem Wege gehen.

Wann das Interministerielle Komitee für Sonderfragen eigentlich gegründet wurde, weiß man nicht. Eine große Wahrscheinlichkeit spricht dafür, daß es überhaupt nie gegründet wurde, sondern einfach entstanden ist. Man könnte sich vorstellen, daß irgendwann einmal, vielleicht schon vor Jahrhunderten, Beamte zweier Ministerien zusammengetroffen sind, um ein beide Ressorts berührendes Problem zu besprechen. Vielleicht ist im Verlaufe dieser Besprechung ein drittes Ministerium involviert worden, das dann ebenfalls einen für die betreffende Sachfrage zuständigen Beamten entsandte. Nach der Lösung des Problems (oder dem Entschluß, es als unlösbar zu betrachten) mag einer der drei Räte ausgeschieden sein, während die anderen unter Hinzuziehung eines anderen Ministerialen ein neu auftauchendes (oder aus dem alten herausgewachsenes) Problem in Angriff nahmen.

So ungefähr muß man sich die Entstehung des Interministeriellen Sonderkomitees denken. Obwohl es niemals wirklich institutionalisiert wurde, ist es in den Dämmerzonen zwischen den ministeriellen Kompetenzbereichen prächtig und durchaus organisch zu seinem heutigen Umfang herangewachsen, zu einer im Sinne Musils vorläufig definitiv provisorischen oder provisorisch definitiven Einrichtung, die sich in gewissem Sinne selbst als eigentlich nicht existent empfindet – insofern nämlich, als seine zahlreichen Beamten auch nach langer Tätigkeit nach wie vor dem Personalstande jener Ministerien angehören, von denen sie in das Sonderkomitee delegiert worden sind.

Die Arbeit zwischen den Ressortgrenzen und in den Kompetenzlücken verlangt natürlich besondere Fähigkeiten, etwa eine ausgeprägte Kombinationsgabe und einen sicheren Instinkt für das eben noch Mögliche; auch sind hochentwickeltes Taktgefühl, vielseitige Bildung und unbegrenzte Diskretion geradezu Voraussetzung, weshalb es sich denn fast von selbst versteht, daß die Ministerien nur hervorragende Beamte dem Komitee zuweisen.

Ihm, dem eigentlich nicht existenten und in keinem Amtskalender ausgewiesenen, anzugehören ist somit für jeden *Zugeteilten* eine besondere Ehre, denn er darf sich initiiert in den höchsten Grad der österreichischen Bürokratie und als ein Eingeweihter fühlen.

Außerdem hat er's dort viel bequemer als in seinem Ministerium. Nicht weil er nun weniger Arbeit hätte – das Komitee leistet, wie wir noch sehen werden, vorzügliche Arbeit –, sondern weil das „Interministerielle" kaum von bürokratischen Zwängen geplagt wird: es gibt in ihm keine autorisierten Vorgesetzten und, vom Büropersonal abgesehen, also auch keine Untergebenen, denn kein Ministerium ließe zu, daß andere Ressorts eine führende Rolle beanspruchten. Somit sind die dem Komitee Zugeteilten auf die Kollegialität als Grundlage ihrer Zusammenarbeit angewiesen. Die Minister respektieren diese Arbeitsform, verzichten ihrerseits auf Anweisungen oder Direktiven und sind zufrieden, sich von ihren Zugeteilten gelegentlich Bericht erstatten zu lassen. Lediglich der Bundeskanzler gestattet es sich manchmal, jedoch nur in Übereinstimmung mit dem Ministerrat, dem Komitee Aufträge zu erteilen, die freilich auch er in die Form von höflichen Anregungen kleidet.

Die fundierte Arbeit, die in dem alten Palais im Schatten der Minoritenkirche geleistet wird, bleibt niemals ohne Folgen. Zwar setzt sie sich selten in unmittelbare oder gar spektakuläre Wirkungen um, aber man kann guten Gewissens behaupten, daß die österreichische Politik in zunehmendem Maße von den Überlegungen, Folgerungen, Hinweisen, Empfehlungen und Erkenntnissen des Interministeriellen Komitees für Sonderfragen durchsickert wird.

BEGINN DES DRITTEN HAUPTKAPITELS, IN DEM SICH DAS INTERMINISTERIELLE KOMITEE MIT EINER INTERESSANTEN AUFGABE BESCHÄFTIGT.

Tuzzi hatte die grünen Jalousien heruntergelassen, nicht so sehr der ohnehin kaum sichtbaren Sonne wegen, sondern weil das solcherart gefilterte Licht die Illusion der Kühle erweckte; die Post war erledigt, teils mit Notizen für ein späteres Diktat versehen (hoffentlich tauchte die Schreibdame auf, ehe der Briefstoß zu groß wurde), teils in den Papierkorb gewandert.

Eben als der Legationsrat auf die Uhr sehen wollte, klopfte es diskret an der Tür. Herein trat der Amtsgehilfe Brauneis und legte ein Aktenpaket, das fast so hoch wie lang war, auf Tuzzis Schreibtisch.

„Die Akten von Herrn Ministerialrat Twaroch, bitte schön."

„Na dank' schön", murmelte Tuzzi und blickte erschrokken auf diesen Berg Twarochschen Arbeitseifers, der noch umfangreicher war, als er ohnehin befürchtet hatte.

„Der Herr Legationsrat müssen in die Kleine Sitzung", sagte Brauneis mit sanfter Mahnung. „Es ist halber elfe."

Tuzzi erhob sich. In der sogenannten Kleinen Sitzung – „klein" deshalb, weil an ihr ausschließlich die Spitzenbeamten des Interministeriellen Komitees teilnahmen – kulminierte der Tagesablauf. Ihr beizuwohnen war unumgänglich und somit ein hinreichender Grund, die Twarochschen Akten bis auf weiteres liegenzulassen.

„Wenn's dem Herrn Legationsrat recht ist", sagte der Amtsgehilfe Brauneis, „räum' ich derweil dem Herrn Legationsrat sein Zimmer ein bißl auf. Die Bedienerin ist nämlich schon wieder im Krankenstand."

Tuzzi, der seine Mitmenschen im allgemeinen eher hoch- als geringschätzte, mochte den untersetzten älteren Mann nicht besonders, ja verspürte sogar einen leichten Widerwillen gegen ihn, obwohl er nicht recht hätte sagen können, was an Brauneis ihm eigentlich so unangenehm war – die überaus hellen Augen vielleicht und ihr etwas starrer Blick oder diese etwas übertriebene, für einen Beamten so niederen Ranges fast schon unnatürliche Beflissenheit. Aber obwohl er sogar den leisen Verdacht hatte, daß Brauneis gelegentlich in den Akten herumstöberte, deren Inhalt ihn nichts anging, genierte sich der Legationsrat doch auch wieder wegen seiner Abneigung, weshalb er dem Amtsgehilfen Brauneis für die gezeigte Bereitwilligkeit herzlich dankte, ehe er seinen Schreibtisch verließ.

Im sogenannten Kleinen Sitzungssaal – einen größeren gab es übrigens im Hause nicht – waren zwischen josephinischen Möbeln, rosa Seidentapeten und unter dem Ölbild einer leicht irrsinnig wirkenden Kaiserin Elisabeth (von Anton Romako) bereits versammelt: der Ministerialrat Haberditzl, dem Komitee zugeteilt vom Innenministerium; der Ministerialsekretär Skalnitzky (Unterrichtsministerium); der Sektionsrat Tuppy (Sozialministerium); der Ministerialkommissär Dr. Benkö (Bundesministerium für Wissenschaft und Forschung); und der Ministerialoberkommissär Goldemund (Verkehrsministerium).

Der Legationsrat Erster Klasse Dr. Tuzzi (zugeteilt vom Bundesministerium für Auswärtige Angelegenheiten) begrüßte die anwesenden Herren, bedauerte die durch Krankheit verursachte Abwesenheit des Ministerialrats Twaroch (Ministerium für Gesundheit und Umweltschutz), was mitfühlendes Kopfnicken hervorrief, sowie die durch die gleiche Ursache verschuldete Absenz des Legationssekretärs Trotta, was allgemeines Lächeln bewirkte.

Sodann erklärte Dr. Tuzzi die heutige Sitzung des Interministeriellen Komitees für Sonderfragen für eröffnet.

IM DRITTEN ZWISCHENKAPITEL, WERDEN DIE VERANTWORTLICHKEITEN INNERHALB DES KOMITEES AM BEISPIEL DER DORT VERWENDETEN GRUSSFORMELN ERLÄUTERT. – ÖSTERREICHISCHE LESER KÖNNEN DIESES ZWISCHENKAPITEL ÜBERBLÄTTERN, WEIL SIE AUS IHM NICHTS WESENTLICH NEUES ERFAHREN WERDEN; NICHTÖSTERREICHISCHE LESER SOLLTEN DIE LEKTÜRE ZWAR WAGEN, ABER NICHT HOFFEN, SIE AUCH ZU BEGREIFEN.

Selbstverständlich darf das, was wir vorher über Struktur und Arbeitsweise des Interministeriellen Komitees für Sonderfragen ausführten, nicht so verstanden werden, als ob in ihm ein anarchisches Durcheinander herrsche und jeder der zugeteilten Herren für sich allein arbeitend (oder nicht arbeitend) das täte, was ihm gerade ein- oder zufiele. Dem ist nicht so. Beamte haben es dort mit Beamten zu tun und infolgedessen Dienstränge mit Dienststrängen, Arbeitsbereiche mit Arbeitsbereichen – und da stellen sich denn sehr bald die entsprechenden Ein-, Zu- und Unterordnungen ein, ohne die ordentliche Beamtenarbeit schwerlich geleistet werden kann.

Freilich handelt es sich hier um eine Ordnung der Nuancen und scheinbaren Unwägbarkeiten, in der, anders als in den meisten Ämtern, auch Persönlichkeit eine unklare, aber bedeutende Rolle spielt.

Ihren Ausdruck und ihre dauernde Bestätigung findet diese Ordnung in der Art und Weise, wie die Beamten einander grüßen.

In Österreich (und in dessen Ämtern ganz besonders) ist nämlich im Laufe der Jahrhunderte das Grüßen und Gruß-

erwidern zu einer Methode entwickelt worden, deren
äußerst verfeinerte Anwendung es zwei einander begegnenden Individuen erlaubt, die gesellschaftliche, ökonomische, soziale und private Position des einen in bezug auf den jeweils anderen genauestens festzulegen. So gleicht jede Begegnung zweier Persönlichkeiten dem Anfang eines Florettgefechts, in dem die Gegner einander mit ein paar schnellen Attacken, Finten und Paraden auf ihre Stärke und Wertigkeit hin prüfen. Wie auf jedem anderen Gebiet tummeln sich auch auf diesem Pfuscher, solide Handwerker und wahre Könner. Und da es im Interministeriellen Komitee hauptsächlich Könner gibt, kann man dessen innere Struktur in der Tat an den Begrüßungen, die zum Beispiel eben jetzt am Beginn der Kleinen Sitzung zahlreich geäußert wurden, mit geradezu kristallischer Klarheit ablesen.

Die Tendenz, den Legationsrat Tuzzi zu begrüßen, ehe man von ihm begrüßt wurde, war allgemein vorherrschend (vgl. auch die bereits stattgehabten Begrüßungen durch den Portier Karneval, den Ministerialrat Haberditzl und den Amtsgehilfen Brauneis).

Der Ministerialsekretär Skalnitzky zum Beispiel grüßte Tuzzi mit *„Meine Reverenz, Herr Legationsrat"*, einer etwas ausgefallenen, aber sehr ausgewogenen Formel, die der persönlichen Manieriertheit sowie dem Arbeitsbereich Skalnitzkys („Die österreichische Literatur und ihr Einfluß auf das Seiende") jedoch durchaus angepaßt war. Dr. Tuzzi würdigte diese Anrede mit einem korrekten *„Guten Morgen, Dr. Skalnitzky, wie geht es Ihnen?"* und wandte sich dann dem Sektionsrat Tuppy mit einem *„Grüß dich Gott, Herr Sektionsrat"* zu, ehe noch Tuppy sein übliches *„Respekt, Herr Legationsrat, du schaust ja blendend aus heute!"* anbringen konnte; diese beiden Anreden hielten ebenfalls maximale Balance, denn privat waren die beiden Herren ziemlich befreundet, dienstlich aber rangierte der Sektionsrat eine Stufe tiefer als der allerdings etwas jüngere

Legationsrat. Tuzzi schätzte ihn unter allen Kollegen am meisten, wiewohl Tuppy leider aus jener Denkschule der österreichischen Sozialdemokratie stammte, die sich die Abschaffung des Schicksals durch administrative Maßnahmen zum Ziel gesetzt hatte, also einer Richtung angehörte, die Tuzzi zutiefst zuwider war. Doch wurde diese grundsätzliche Gegnerschaft zum Weltbild Tuppys durch kollegiales Mitleid überlagert, denn Tuppy war durch den Kanzlerwunsch nach Anfertigung einer Studie über „Die Glücksbefindlichkeit der österreichischen Bevölkerung" in eine Situation geraten, in der selbst Sisyphus verzweifelt wäre. Überdies hatte der arme, weil sensible Mensch sehr unter dem Ministerialkommissär Dr. Benkö zu leiden, einem allzu karrieresüchtigen jungen Menschen, der eine verdächtige Neigung zeigte, sich mit seiner Arbeit über „Psychische Koordinationssysteme des österreichischen Staatsbürgers" in alle übrigen Arbeitsbereiche hineinzudrängen. Dr. Benkös übertriebenes *„Meine besondere Verehrung, Herr Legationsrat, spezielle Hochachtung allerseits!"* wurde denn auch von Tuzzi mit einem kühlen *„Guten Morgen, Doktor Benkö"*, von Tuppy mit einem geradezu beleidigenden *„Morgen!"*, von allen anderen aber mit einem bloßen verächtlichen *„Grüß Sie Gott"* oder *„Grüße Sie!"* beantwortet, je nachdem, ob der Grußerwidernde eher der konservativen oder der sozialistischen Partei nahestand. Der Ministerialoberkommissär Goldemund schließlich, Neuling in diesem Kreise und schwer unter dem Makel leidend, aus einem „jungen" Ministerium, nämlich dem für Verkehr, zu kommen, sorgte heute für eine kleine Sensation insofern, als er sich zum ersten Mal nicht mit allseitigen stummen und ziemlich angemessenen Verbeugungen begnügte, sondern Tuzzi mit einem überraschenden *„Meine Verehrung, Herr Doktor!"* begrüßte. Hier deutete sich durch die Weglassung des amtlichen Titels der Versuch an, persönliche Beziehungen aufnehmen zu wollen. Tuzzi erstickte diese Absicht im

Keime, indem er *"Begrüße Sie, begrüße Sie, Herr Kollege"* murmelte; das „Begrüße Sie" enthielt Herablassung, während das „Kollege" angesichts des Umstandes, daß ein Ministerialoberkommissär mindestens zwei Rangstufen unter dem Legationsrat steht, an blanken Hohn grenzte. Die Verdoppelung des eigentlichen Grußes deutete Zerstreutheit und flüchtiges Desinteresse an. Der Ministerialoberkommissär sah in den nächsten Stunden recht verstört drein.

Wir könnten nun natürlich auch die übrigen Grüße aufzählen, die zwischen den einzelnen Herren – Tuppy, Haberditzl, Benkö etc. – ausgetauscht wurden (insgesamt weitere 36, wenn wir richtig gezählt haben), um die Rangordnung innerhalb des Komitees einigermaßen vollständig darzustellen, verzichten aber im Interesse des Lesers auf solch übertriebene Genauigkeit; die bisher angeführten Begrüßungen haben ja wohl genug deutlich gemacht, daß der Legationsrat Dr. Tuzzi in diesem Beamtenrudel eine unangefochtene Leitposition innehatte.

FORTSETZUNG DES DRITTEN HAUPTKAPITELS UND ENDLICHE ERWÄHNUNG DES INTERESSANTEN AUFTRAGS, MIT DEM SICH DAS INTERMINISTERIELLE KOMITEE BESCHÄFTIGT.

Diese führende und unangefochtene Stellung des Legationsrates war auf seine Persönlichkeit, seinen im vornehmen Außenministerium erworbenen Dienstrang, vor allem aber auf den Umstand zurückzuführen, daß er den in der langen Geschichte des Interministeriellen Komitees bisher wichtigsten Bearbeitungsauftrag eingebracht hatte, einen absolut vorrangigen Auftrag, der alle in diesem Kreise sonst behandelten Themen und Aufgaben überlagerte oder sogar einschloß.

„Servus, Tuzzi", hatte der Außenminister vor mehr als zwei Jahren gesagt. „Bin direkt entzückt, daß du einmal bei mir vorbeischaust!" (Das war eine mehr als blumige Umschreibung der Tatsache gewesen, daß er den Legationsrat ausdrücklich zu diesem Besuch aufgefordert, um nicht zu sagen: kommandiert hatte.) „Wie geht's denn allerweil? Gut, ja? Hast recht – so schön wie damals in Kalksburg wird 's Leben nimmer. Rauchst? Fein, da sind echte Ägyptische. Aus der Kurierpost. Einen Türkischen kriegst gleich. Heiß ist es, was? Ein Gewitter müßt endlich herunterdonnern, ist ja abnorm, dieses Wetter." (Man hatte damals natürlich noch nicht im geringsten vermuten können, daß die Große Hitze erst an ihrem Beginn stand.)

„Also, paß auf, mein Lieber: Der Ministerrat hat mich da ersucht – unter uns: Natürlich war's eigentlich der Herr Bundeskanzler selbst, der Mann hört und hört ja nicht auf mit seinen interessanten Ideen, aber diese Idee ist wirklich nicht schlecht, viel besser sogar, als er wahrscheinlich selber weiß –, also wie gesagt, ich möcht' oder vielmehr ich soll da an dein Interministerielles eine Art Anregung herantragen."

„Wir stehen dir selbstverständlich ganz zur Verfügung, verehrter Herr Minister", hatte Tuzzi geantwortet, sofort begreifend, daß der Minister an seinen Korpsgeist (sowohl den aaus Kalksburg wie auch den des diplomatischen Dienstes) appellierte und offenbar eine noch in der Luft schwebende Angelegenheit in die Kompetenz des Außenministeriums einzubeziehen gedachte.

„Fein. Ich weiß ja, daß man sich auf euch verlassen kann. Komm, kost den Türkischen – dank Ihnen schön, Frau Steiner – du wirst sehen, er ist wirklich gut, na ja, in unserem Haus herrscht halt noch Tradition. Du weißt ja – daß ich auf den springenden Punkt komm' – bitt' dich, bedien dich doch, das sind noch Zigaretten aus echtem Orienttabak, ohne diesen grauslichen chemischen Sirup à l'americaine – also: Du erinnerst dich, was Seine Heiligkeit da vor einiger Zeit g'sagt hat?"

„Ja und nein", hatte Tuzzi unsicher geantwortet. „Der Papst* red't ja zu jeder Gelegenheit. Und meistens ziemlich viel... Der Kaffee ist wirklich ein Genuß."

„Gelt ja? – Hast natürlich recht. Man kommt kaum nach, seine Aussprüche zu registrieren, geschweige denn, sie ernst zu nehmen. Aber du brauchst keine Angst haben, daß du oder daß ihr vielleicht die ganzen Enzykliken undsoweiter

---

* Die unterschiedliche Titulierung des Papstes durch die beiden Herren verdient einige Beachtung. Daß der Außenminister von „Seiner Heiligkeit" spricht, kann nämlich einerseits darauf zurückgeführt werden, daß dies der offizielle, im diplomatischen Sprachgebrauch übliche Titel ist, kann aber auch darauf hindeuten, daß der Außenminister sich jenem Alter näherte, in dem der Kalksburger bisweilen wieder gut katholisch wird, während der jüngere Tuzzi sich durch das legere „der Papst" wiederum als der Agnostiker erweist, der er dieses ganze Buch hindurch ist und bleibt.

nachlesen müßts, das täten wir euch gewiß nicht zumuten, wozu denn auch, für sowas haben wir ja ein paar ganz gute Leute in Rom sitzen, die streichen mir schon alles rot an, was ich lesen muß. Ich bemerke, daß du erleichtert aus dem Auge blickst. Ich kann's verstehen. Nein, nein, es geht nur um ganze sechs Wörter, die er, ist übrigens schon eine ganze Weile her, daß er sie ausgesprochen hat, aber manchmal braucht's halt seine Zeit, bis man draufkommt, wie wichtig sowas sein kann, und der Ministerrat – beziehungsweise der Herr Bundeskanzler und ich selbst – also, wir bitten dich oder halt das Interministerielle, diese sechs Wörter einmal so richtig auf ihren Gehalt hin abzuklopfen und sozusagen unter dem Gesichtspunkt einer etwaigen theoretischen Verwendbarkeit zu prüfen. Es könnt' was herausschauen dabei, ich denk' da, noch ganz entfernt natürlich, aber immerhin, fast an sowas wie eine Staatsdoktrin. Nicht daß wir nicht schon einen ganzen Haufen von Doktrinen hätten, aber die meisten, weißt eh, sind ja, wie das in Österreich so ist, kaum zu formulieren und eigentlich unaussprechbar – hier hingegen, es sind nur ganze sechs Wörter, aber es liegt entschieden was drin, mit dem sich innen- wie außenpolitisch arbeiten ließe. Er hat schon ein Köpferl, der Herr Bundeskanzler, und eine Nasen, da kann man sagen, was man will, also ganz unter uns: Wenn den heut einer umbrächt', wär' er ab morgen ein gar nicht abzuschätzender Segen für Österreich gewesen. – Tja, also, dadrum tät' ich dich bitten, daß ihr euch dadranmachen möchterts. Willst noch ein Schluckerl? Tu dir nichts an, der Türkische ist bekanntlich viel gesünder als ein Espresso, unten in Belgrad haben wir bis zu zwanzig Tasserln im Tag getrunken und nicht einmal Herzflattern danach g'habt."

„Danke schön, gern." Tuzzi war zu diesem Zeitpunkt bereits von schlimmen Vermutungen geplagt. „Und um welche sechs Wörter handelt es sich denn, wenn ich ergebenst fragen darf?"

„Es handelt sich um folgende Wörter", hatte der Minister langsam geantwortet:

„ÖSTERREICH IST EINE INSEL DER GLÜCKLICHEN!"

Daraufhin war eine lange Pause entstanden, und dann hatte Tuzzi geflüstert:
„Jesusmaria!"
Der Minister hatte mitfühlend genickt und gemurmelt:
„Ja, ja. Da schaust, gelt?"
„Aber das ist ja Irrsinn! Du verzeihst, ergebenst, Herr Minister, aber das ist Irrsinn!"
„Ich hoff', du meinst nicht Seine Heiligkeit oder so, nicht wahr?"
„Natürlich nicht, sondern... ‚Österreich ist eine Insel der Glücklichen', das ist doch... wie soll man denn so was verifizieren? Das ist doch eine Gleichung mit mindestens drei Unbekannten!"
„Ich weiß, lieber Tuzzi, ich weiß."
„... wer ist zum Beispiel schon ein *Glücklicher*? Erste Unbekannte, noch dazu eine Relative. *Insel* – in dem Zusammenhang ditto ein völlig ungeklärter Begriff, weil eine Metapher, von der man erst feststellen muß, auf was sie sich eigentlich bezieht. Und *Österreich* – das ist ja überhaupt was Unerfaßbares, weil ebenfalls nur in bezug auf irgendwas anderes und häufig, weißt ja, Herr Minister, nur ex negativo zu definieren. – Na dank' schön!"
„Ich weiß", hatte der Minister mitfühlend, jedoch mit dem Unterton des Endgültiggesagthabens erwidert. „Ich weiß. Aber ich bin überzeugt davon – und der Herr Bundeskanzler respektive der Ministerrat ist es mit mir –, daß du und deine geschätzten Kollegen das Maximum aus dieser Geschichte herausholen werdets. – Schau nicht so unglücklich drein, Tuzzi, das ist ja das reinste Desavoue-

ment der Worte Seiner Heiligkeit. Übrigens müßts ihr das zwar vorrangig behandeln, versteht sich, absolute Priorität gegenüber allen anderen Vorgängen in eurem Komitee, denn schließlich geht's um eine Staatsdoktrin; aber ihr könnts euch beliebig Zeit lassen, es steht ja da immerhin Dezenniales, wenn nicht sogar Säkulares auf dem Spiel. Du verstehst. Lieb von dir, daß du mich besucht hast, laß alle Kalksburger schön von mir grüßen, wenn du welche triffst. Und schau wieder vorbei bei mir, wann immer es dich freut. Servus, Servus und viele Handküsse – ah so, richtig, du bist ja immer noch Junggeselle. Servus, mein Lieber!"

Die Stunden nach diesem Gespräch hatte Tuzzi mit dem Versuch verbracht, sich zu betrinken – ein albernes Unternehmen, denn einem Menschen wie dem Legationsrat wird auch nach hoher Alkoholzufuhr kein gnädiger Rausch, sondern nur ein heftiges Erbrechen bei vollem Bewußtsein zuteil. Aber das alles war nun schon länger als zwei Jahre her und die Untersuchung der Frage, ob Österreich eine Insel der Glücklichen sei bzw. sich diese Formulierung zur Grundlage einer (neuen) Staatsdoktrin eigne, inzwischen zur täglichen Routineplackerei geworden – mit der für Tuzzi nicht unerfreulichen Konsequenz, seither als unbestrittener Primus inter pares zu gelten, weil er ja den bis dahin bedeutungsvollsten Auftrag in die Kleine Sitzung eingebracht hatte. Freilich war er klug genug, aus dieser Position nicht mehr an Autorität herauszuholen, als für die zügige Erledigung der Aufgabe notwendig war. Das entsprach der am Ballhausplatz sorglich gepflegten Metternichschen Maxime, nicht Macht, sondern Einfluß habe das Mittel (und zugleich Ziel) einer wohlverstandenen und vernünftig gehandhabten Politik zu sein.

Und es ist recht bezeichnend für die Vorsicht, mit der Tuzzi von seiner Autorität Gebrauch machte, daß er nach der Eröffnung der Kleinen Sitzung das Wort sofort an den Kollegen Haberditzl als den Älteren mit der Bitte abgab, die Ergebnisse der bisher angestellten Überlegungen kurz zusammenzufassen und vorzutragen.

„Danke schön", sagte der MinR Haberditzl, „ich werd' mein Möglichstes tun. Ich erinnere die Herren Kollegen an unsere Annahme, daß der Satz *Österreich ist eine Insel der Glücklichen* drei Unbekannte enthält, nämlich die Begriffe *Österreich*, *Insel* und das Wort *glücklich*. Die Wörter *ist*, *eine* sowie *der* haben wir als unerheblich von der Untersuchung ausgenommen."

„Ich bitte höflichst", unterbrach MinSekr Skalnitzky, der ein Pedant war, „noch einmal darauf hinweisen zu dürfen, daß das Wörtchen *ist* in diesem Kontext gar nicht so unwesentlich ist."

„Bitte Sie, Kollege", versuchte Tuzzi zu unterbrechen, denn die in diesem Punkt mehrmals bewiesene Hartnäckigkeit Skalnitzkys drohte die Sitzung denn doch in einem sehr frühen Stadium schon langweilig zu machen, „wir haben diesbezüglich bereits ausführlich ..."

„Ich möchte es trotzdem neuerlich bemerken!" insistierte Skalnitzky. „Man muß, ich betone das, beachten, daß es der Papst war, der diesen gewissen Satz ausgesprochen hat. Und infolgedessen muß man, bitte sehr, in Rechnung stellen, daß alles, was dieser Papst, nämlich Paul VI., je gesagt hat, auch immer etwas ausgesprochen Mahnendes war. Aber wenn er schon immer mahnt, dann liegt doch der Verdacht zumindest nahe, daß er auch in diesem Fall etwas Mahnendes hat sagen wollen. Und in solcher Beleuchtung, bitte schön, hat dieses *ist* gewissermaßen etwas Schillerndes an sich, und man muß sich da doch ernstlich fragen, ob es nicht vielleicht einen imperativen Unterton besitzt und eigentlich als *sei* verstanden werden sollte – analog zu einer Behauptung wie *Die christliche Jungfrau ist keusch*, was ja auch weniger als Feststellung eines Faktums denn als Aufforderung oder eben

Mahnung zu verstehen ist. In diesem Fall müßte also der Satz *Österreich ist eine Insel der Glücklichen* eher im Sinne von *Österreich sei eine Insel* etcetera begriffen werden. Wir sollten aber auch die weitere Möglichkeit nicht ganz ausschließen, dieses *ist* als eine Art von aus politischen Gründen oder aus Taktgefühl unterdrücktem Konjunktiv zu hören, was wiederum dem Satz die Bedeutung von *Österreich wäre* oder *Österreich könnte sein* verliehe. Wenn die Herren wünschen, bin ich gern bereit, diese Möglichkeit mit hinreichenden Beispielen aus der Literatur zu belegen ..."

Auf den Gesichtern der Anwesenden zeigte sich Erschrecken. Man wußte in diesem Kreise, was es bedeutete, wenn Skalnitzky zu zitieren begann. Tuzzi griff also autoritärer ein als sonst:

„Hochinteressant, Kollege. Bedarf sicherlich – ich hab' das, glaube ich, übrigens schon gesagt – zu einem späteren Zeitpunkt noch genauerer Überlegung. Bis dahin haben wir uns an den vorliegenden Text zu halten, und in dem steht nun einmal ein klares *ist*. Kollege Haberditzl, ich darf bitten."

Skalnitzky zog einen beleidigten Schmollmund und gab durch betontes Schweigen kund, daß man ihn sowohl gekränkt als auch mißverstanden habe. Dieses nahmen alle anderen Anwesenden mit Gelassenheit zur Kenntnis.

MinR Haberditzl: Von den drei genannten Unbekannten habe man sich zunächst, weil es der einfachste schien, den Begriff *Insel* zur Bearbeitung vorgenommen. Das wäre, wie man nun guten Gewissens feststellen könne, die rechte Wahl gewesen, denn dank der kollegialen Zusammenarbeit aller Herren des Interministeriellen Komitees für Sonderfragen sei es in der Tat gelungen (Haberditzl, ein seiner Natur nach verbindlicher Mensch, brachte es fertig, diesen Dank an die Kollegen durch eine aus seiner an sich dazu ungeeigneten Sitzposition heraus mustergültig ausgeführte dreidimensionale – nämlich sowohl vertikal durch Senkung des Kopfes als auch horizontal-zirkulär durch eine graziöse Schwenkung des Oberkörpers in der Hüfte durchgeführte – Verneigung abzustatten), den *Insel*-Begriff ungeachtet der Schwierigkeit, die ein auf allen Seiten von Erdreich umgebenes Territorium einer solchen Bezeichnung entgegensetze, nicht nur seines unter anderem ja auch als metaphorisch zu verstehenden oder mißzuverstehenden Charakters zu entkleiden, sondern – ein eigentlich nicht ohneweiters zu erhoffendes Resultat – auch in wenn schon nicht geographischer, so doch wenigstens geopsychischer Hinsicht zu verifizieren.

MinKmsr Dr. Benkö (um den Nachweis der Notwendigkeit seiner Existenz besorgt): Das sei in der Tat ein nicht zu erwartendes Ergebnis.

MinR Haberditzl (nach einem vernichtenden Blick auf MinKmsr Dr. Benkö): Er bitte, in seinen Ausführungen fortfahren zu dürfen.

LegR Dr. Tuzzi: Er bitte ebenfalls darum, doch würde, da die Fakten im großen und ganzen ja bekannt seien, ein grober Umriß im Augenblick genügen.

MinR Haberditzl: Gewiß. Eine *Insel*, so habe man sich gefragt, bestimme sich vor allem durch was? Durch ihre Isolierung und Abgegrenztheit natürlich. Diese Kennzeichen oder Eigenschaften seien entscheidend; der mehrfach vorgebrachte Einwand, daß eine *Insel* in der Regel als von Wasser umgeben gedacht werden müsse, sei insofern unerheblich, als das Wasser ja nur das Medium sei, durch das jene Abgegrenztheit und Isolierung zustande komme, und in dieser Funktion durch andere Gegebenheiten ersetzt werden könne, wovon alsbald zu sprechen sein werde. Im übrigen dürfe ja auch dem Papst bekannt sein, daß Österreich nicht mitten im Ozean liege.

SektR Tuppy stellte die etwas melancholisch getönte Zwischenfrage, ob man da ganz sicher sei?

Der listige MinKmsr Dr. Benkö, maliziös: Ob da nicht wieder einer „Austria" mit „Australia" verwechselt habe?

MinR Haberditzl negierte Dr. Benkö und wandte sich zu SektR Tuppy: Man könne doch wohl sicher sein, daß der Heilige Vater seine Worte mit reiflicher Überlegung und sicherlich nicht ohne vorhergegangene Abstimmung mit dem österreichischen Botschafter beim Heiligen Stuhl gewählt habe.

(Hoppla! dachte Tuzzi, das ist ein mir neuer Aspekt! Da hat ja der gute Haberditzl in aller Unschuld ein goldenes Körndl gefunden! Sowas ließe ja die hochinteressante Vermutung zu, daß mein AM wieder einmal eine Sache auf mehreren Ebenen gleichzeitig laufen läßt! Stammt am Ende diese Glückliche-Insel-Formel wirklich nicht aus dem Vatikan selbst, sondern ist sie dem Papst nur zugespielt worden, damit er ihr kraft seines Amtes globale Legitimation verleiht? Irgendsowas wird's schon sein, dachte Tuzzi, ganz entzückt, hier plötzlich seinem von ihm so bewunderten Ministerium möglicherweise auf feine Schliche gekommen zu sein. Aber wenn dem so ist, schloß er weiter, was spielen diese unsere Untersuchungen für eine Rolle? Da steckt dann wohl ein bisserl mehr dahinter als die Suche nach einer neuen oder zusätzlichen Staatsdoktrin? Der Minister, dieser geriebene alte Fuchs, muß mich ja für einen rechten Trottel von der Nützlichen-Idioten-Gattung halten! Na warte ...! Tuzzi riß sich aus diesen ihn übrigens durchaus erheiternden Gedankengängen und wandte sich mit neuem Interesse dem laufenden Vortrag zu, hatte aber bereits einige wichtige Ausführungen versäumt.)

MinR Haberditzl: ... dürfe man also die Isolierung gegenüber der Schweiz als eine endgültige betrachten, seitdem die seit der Schlacht von Morgarten (1315) ohnehin schon aufs minimalste reduzierten Verbindungswege dorthin durch Autos vollends verstopft worden seien.

MinOkmsr Goldemund gestattete sich an dieser Stelle des Vortrags ein unsicheres Lächeln, weil er nicht recht wußte, ob diese Diagnose des MinR Haberditzl einen Vorwurf oder aber ein Lob für sein Verkehrsministerium beinhaltete. Tuzzi war der einzige, der Notiz von diesem Lächeln nahm.

MinR Haberditzl (fortfahrend): Die Position des Bundeslandes Vorarlberg gäbe allerdings in diesem Zusammenhang gewisse definitorische Rätsel auf, die bei der späteren Auslotung des Begriffs *Österreich* noch einiges Kopfzerbrechen verursachen würden. Im Gegenwärtigen dürfe man sich nach übereinstimmender Meinung vielleicht damit begnügen, Vorarlberg als eine dem eigentlichen Österreich vorgelagerte Halbinsel anzusehen oder vielleicht besser als eine Art von österreichischer Lagune, die gleichsam nur in Abständen auftauche. Freilich müsse bereits hier, vorwegnehmend, angedeutet werden, daß die Frage nach dem eigentlichen Österreich noch äußerst diffizile Untersuchungen der Sonderstellung auch des an das Bundesland Vorarlberg anschließenden Bundeslandes Tirol unvermeidbar machen werde. Denn wenn Vorarlberg eigentlich noch Österreich sei, könne Tirol ohne weiteres als eigentlich schon österreichisch bezeichnet werden, wiewohl es zugleich wiederum ein Land sui generis sei, während andererseits ein noch eigentlicheres Österreich die Bundesländer Oberösterreich, Niederösterreich und die Steiermark umfasse. Aber das vorderhand nur nebenbei.

Keinerlei Sorgen habe ferner die Betrachtung des Südens und Südostens verursacht. Was dort an Österreich angrenze, sei in dieser oder jener Weise vom Austriakischen, wenn er so sagen dürfe, so durchdrungen oder präformiert, daß es nahezu nicht mehr oder nur als matte, leicht verzerrte Spiegelung des Eigenen wahrgenommen werden könne; zwar hätten jene Gegenden als sommerliches Urlaubsziel in österreichischem Gesamtzusammenhang eine gewisse Bedeutung, doch sei es ja wohl bezeichnend genug, daß fast jeder, der in jenen Gegenden seinen Urlaub verbracht habe, mit der Erkenntnis heimkehre, daß er das alles ebensogut oder sogar besser zu Hause auch hätte haben können. Dies allein beweise die Wesenlosigkeit jener scheinbar angrenzenden, de facto aber durch eine enorme Wirklichkeitskluft von uns abgesonderten Länder.

Hier schaltete sich unerwarteterweise der vorher so gekränkte MinSekr Skalnitzky ein, um wieder einmal eine etwas skurrile Lieblingsidee vorzutragen, daß man nämlich der summarischen Bezeichnung jener Gebiete als „tarockanische und maghrebinische Gefilde" vorderhand wenigstens halboffizielle Geltung verschaffen sollte. Dieser Vorschlag entsprach natürlich dem ressortbedingten Bedürfnis des MinSekr Skalnitzky, Literatur und Realität auf gleiche Nenner zu bringen, war aber wie alle Vorschläge dieses Beamten nur dazu geeignet, die im Augenblick behandelte Thematik derart durcheinanderzuwursteln, daß Tuzzi neuerlich bitten mußte, in der Hauptsache fortzufahren. Diese Bitte trieb den MinSekr Skalnitzky noch tiefer in seinen Schmollwinkel hinein. Von nun an äußerte er bis zum Ende der Sitzung zur großen Erleichterung der anderen wirklich keine Silbe mehr.

MinR Haberditzl: Man könne also den insularen Charakter Österreichs in Richtung auf die Schweiz, Liechtenstein, Italien und Jugoslawien als einwandfrei gegeben akzeptieren. Noch leichter falle diese Feststellung angesichts der Ungarischen und Tschechoslowakischen Volksrepubliken (Haberditzl verwendete hier die offiziellen Staatstitel, um den grundsätzlichen Unterschied von vornherein zu unterstreichen), hinter deren Grenzen Völker lebten, mit denen man insbesondere hier in Wien und im Ostösterreichischen ziemlich verwandt sei, die sich aber vermöge und infolge bekannter Umstände so weit von uns zu ihrem eigenen Schicksal hin entfernt hätten, daß wahrhaftig mehr als ein Ozean zwischen ihnen und uns liege.

„G'schieht ihnen ganz recht" (SektR Tuppy, halblaut).

MinKmsr Dr. Benkö rutschte bei diesen Ausführungen nervös auf seinem Sessel hin und her und überlegte, ob sein ungarischer Familienname ihm eine Möglichkeit erschließe, sich mit einer passenden Bemerkung in Erinnerung zu rufen. Es fiel ihm jedoch keine ein.

LegR Dr. Tuzzi: Er fühle sich verpflichtet, zwischendurch einmal dem MinR Haberditzl für seine so prägnanten Formulierungen zu danken. Jedoch mache er darauf aufmerksam, daß sich die Ergebnisse der bisherigen Überlegungen nur auf einer einzigen Ebene des Denkens bewegten, eben auf der geopsychologischen; es sei keineswegs auszuschließen, daß eine Diskussion desselben Themas etwa auf geokultureller oder geotraditioneller Ebene ganz andere Ergebnisse zutage fördern könnte; die Herren mögen – dies müsse als streng vertrauliche Anmerkung verstanden werden – stets im Auge behalten, daß diese ganze so ungeheuer wichtige Arbeit unter Umständen nur Teil einer auf mehreren, jawohl: mehreren! Ebenen spielenden Neudefinition des Österreichischen schlechthin sein werde.

Tuzzi war recht stolz auf diese diskrete Andeutung seines höheren Wissens (das doch nur auf der beiläufigen Bemerkung des MinR Haberditzl von vorhin beruhte) und wäre sicher noch ein Weilchen in diesem Tone fortgefahren, hätte nicht in diesem Augenblick das Telephon geläutet. Da die Telephonistin strikten Auftrag hatte, nicht in die Kleine Sitzung zu verbinden, konnte dieses Läuten nur eine dringliche Anfrage von, zumindest, einem Minister ankündigen oder aber – Tuzzi erblaßte leicht, als er an die zweite Möglichkeit dachte ...

Und natürlich war es der unsympathische Benkö, der, weil er dem Telephon am nächsten saß, den Hörer abhob, hineinhorchte und mit unverschämtem Lächeln weiterreichte.

„Für Sie, Herr Legationsrat."
„Sagen Sie, ich rufe zurück."
„Aber es ist, bitte schön, eine Dame."
Selbst der liebenswürdigste Mann hat es nicht gern, wenn

ein liebendes Weib ausgerechnet zu Zeiten, da er im Kreis bedeutender Geister Dinge von hoher Wichtigkeit bespricht, von dem dringenden Wunsche gepackt wird, sich auf fernmündlichem Wege die Gewißheit zu verschaffen, daß sie von ihm noch in dem von ihr erwünschten, also in einem an das Unendliche grenzenden Maße geliebt wird. Er sieht sich in solchen Situationen nämlich gezwungen, einen Gesichtsausdruck sachlichen Interesses aufzusetzen, obwohl er sich innerlich in rotglühender Scham windet, und muß außerdem vor den plötzlich viel aufmerksameren Ohren und Augen der anderen Männer einen von Pausen durchwirkten Monolog von einsilbiger Blödheit halten, der sich etwa so anhört: „Oh, küss' d... grüß dich Gott. Ja, sehr gut... Nein, wirklich gut. Du, ich bin jetzt... aber ja. Ja!! Ich bitte dich... Du, ich bin jetzt... Ja... Bestimmt! Geht nicht, nein. Ich bin jetzt... ganz bestimmt. Nein, später. Weiß ich noch nicht. Ich ruf' dich noch an. Aber ja. Ja!! Ich bin jetzt... also Servus."

Immerhin gelang es dem Legationsrat nach dieser rhetorisch nicht befriedigenden Leistung, sich so weit zu beherrschen, daß er den Hörer sanft in die Gabel legte und sodann, ohne die anderen anzublicken, Haberditzl bat, seinen Vortrag fortzusetzen.

Der Ministerialrat hatte die Pause gut genützt und sich so etwas wie eine Zusammenfassung der bisherigen Zusammenfassung zurechtgelegt, die er nun mit großer Bedächtigkeit vortrug, um die so glücklich gefundene Verifizierung des Begriffs *Insel* in den bisher aufgezählten Windrichtungen noch einmal nachdrücklich zu untermauern.

Dr. Tuzzi fand leider nicht mehr zu der Konzentration zurück, mit der er den Haberditzlschen Definitionen und Konklusionen bisher gefolgt war. Das überflüssige Telephongespräch hatte die nervöse Verdrossenheit des Morgens wieder aufgerührt, und die von den normalen physiologischen Verbrennungsprozessen der Sitzungsteilnehmer aufgeheizte Atmosphäre des Raumes legte sich erstickend auf ihn.

Man müßte ein paar Tage weg aus Wien, dachte Tuzzi, aufs Land hinaus und in einen Gebirgswald hinein; ein bißchen kühler würde es unter den Bäumen doch auch jetzt noch sein – ob man in einem solchen Wald würde schlafen können, unter Bäumen, die in sanftem Gleichmaß Sauerstoff verströmten? Und man wäre, so dachte Tuzzi sehnsüchtig, allein ... weit und breit keine Telephonapparate, Benkös und Sonderfragen ...

Neuerliches Telephongeratsche riß den Legationsrat aus dem Heidelbeerkraut, in das sein Tagtraum ihn schlafen gelegt hatte.

„Ich bin keinesfalls hier!" sagte Tuzzi barsch zu dem widerlichen Benkö hinüber, der natürlich schon wieder den Hörer geschnappt hatte.

Aber Benkö kam gar nicht dazu, etwas zu dem erregten Unsichtbaren am anderen Ende der Leitung zu sagen, sondern legte auf und wandte sich mit den merkbar enttäuschten Worten an Dr. Tuzzi:

„... der Herr Landwirtschaftsminister ersucht den Herrn Legationsrat im Auftrage des Ministerrates dringlichst um sofortigen Besuch."

VIERTES HAUPTKAPITEL: DIE SCHRECKLICHEN FOLGEN LANG ANHALTENDER HITZE.

Bäche, Flüsse, Ströme und die meisten Seen waren im ganzen Bundesgebiet ausgetrocknet. Nur auf dem Grund tiefer Alpenseen hielt sich eine dickliche Lake fauligen Schlamms, die jedoch infolge ihres hohen Giftgehalts nicht einmal zu Industriezwecken verwendbar war, weil sie Rohre und Maschinen zerfraß.

Vom Süden her eingewanderte Mücken der Gattung Anopheles fanden diese Tümpel dennoch bewohnbar, so daß da und dort, insbesondere aber im Salzkammergut, Malaria zu grassieren begann.

Die vornehmlich auf Wasserkraft angewiesene heimische Elektrizitätswirtschaft war bereits im ersten Jahr der Großen Hitze gänzlich zusammengebrochen. Der winzige Stromertrag aus den kalorischen Kraftwerken und Elektrizitätsimporte aus dem durch die Klimakatastrophe ebenfalls in Mitleidenschaft gezogenen Ausland reichten gerade aus, um die lebenswichtigsten Betriebe (Spitäler, lebensmittelerzeugende Industrien und dergleichen) in Gang zu halten. Privaten Zwecken stand Elektrizität nicht mehr zur Verfügung.

Am schlimmsten war natürlich die Landwirtschaft betroffen, die zwei totale Mißernten hinter sich hatte und nun vor der dritten stand. Da selbst die tiefsten Brunnen versiegt waren, mußte überall das Vieh geschlachtet werden. Lediglich am Rande einzelner Gletscher wäre ein allfälliger Wanderer noch vereinzelter Kühe ansichtig geworden. Aber wer wanderte schon bei dieser Hitze? Der Wald widerstand im allgemeinen besser, als man hätte glauben mögen, wurde jedoch von ausgedehnten Bränden heimgesucht; Flächenbrände führten übrigens auch in den vordem so fruchtbaren Ebenen – z. B. im Marchfeld, Tullner Feld, der Welser Heide – zur Vernichtung mehrerer Dörfer.

Unter der riesigen Hitzeglocke bildeten sich heimtückische Winde, die in Sekundenschnelle aufwirbelten und den zu Staub gewordenen Ackerboden in ungeheuren Wolken quer durchs Land jagten. Ganze Bezirkshauptmannschaften standen plötzlich auf Kieswüsten oder nacktem Fels, während ihre Erde sich Hunderte Kilometer weiter an Bergabhängen dünengleich niederließ.

Das Problem der Trinkwasserversorgung konnte, dank österreichischem Improvisationstalent, wenigstens einigermaßen gemeistert werden. Schnell gelegte Rohrleitungen und ähnliche Einrichtungen schafften aus dem Ausland und von den rascher denn je schmelzenden Gletschern doch so viel Wasser herbei, daß jeder Österreicher pro Tag mit etwa vier bis fünf Litern beteilt werden konnte. Das erforderte zwar einen riesigen technischen und administrativen Verteilungs- und Kontrollapparat, aber Arbeitskräfte waren infolge der mißlichen Situation in Industrie und Landwirtschaft genügend vorhanden.

Tatsächlich blieb, wie man im nachhinein feststellen darf, die Zahl der Verdursteten während der ganzen Zeit der Großen Hitze ziemlich niedrig.

Die tägliche Wasserzuteilung war selbstverständlich viel zu gering, als daß man sie für andere Zwecke als zum Trinken und Kochen hätte verwenden dürfen. Man konnte zwar diese Flüssigkeitsration durch Zukäufe (es gab so etwas wie einen schwarzen Wassermarkt, der Wein war jedoch ebenfalls bevorratet und wurde nur in kleinen Mengen gegen Bezugsscheine abgegeben) etwas erhöhen, aber das reichte natürlich nicht aus, um auch nur eines von den wasserverarbeitenden Aggregaten eines modernen Haushalts – Waschmaschinen, Geschirrspülmaschinen, Badewannen – in Gebrauch zu halten. Daraus ergab sich das zwar nicht schlimmste, wohl aber lästigste und niederdrückendste Alltagsproblem, nämlich eine weitverbreitete Unsauberkeit, die infolge der hitzebedingten Lethargie weiter Bevölkerungskreise noch schlimmer wurde, als sie eigentlich hätte sein müssen. Die Städte, die Häuser, die Wohnungen, die Kleider, der eigene Körper, dies alles sah staubig aus, roch ungewaschen, wirkte grau und fleckig.

Die Bevölkerung litt unter zahlreichen Krankheiten, die von der Hitze teils hervorgerufen, teils verschärft wurden. Kaum einer, der nicht das eine oder andere Mal von Hitzekoller, Hitzekollaps oder Hitzschlag getroffen worden wäre; Kreislaufversagen mit erstaunlich vielfältigen Folgeerscheinungen waren häufig. Und die rund 2000 bisher von der Wissenschaft registrierten Arten des Hautpilzes (und einige neue dazu) erlebten, wenn man so sagen darf, eine ungeahnte Blütezeit. Zu ihnen gesellten sich allerlei mehr oder minder harmlose, gelegentlich auch recht gefährliche Sorten von Pusteln, Ausschlägen, Wimmerln, Furunkeln und Atheromen, die auf der von ständigem Schweiß verätzten und verschmutzten Menschenhaut ebenfalls außerordentlich gut gediehen.

Sich ungewöhnlich vermehrendes Ungeziefer vertausendfachte die Widerwärtigkeiten jener Jahre. Zwar war man an einem gespenstischen Tag im zweiten Hitzejahr die Ratten losgeworden (sie waren damals, irrsinnig vor Durst, mit einem Schlag aus ihren Schlupfwinkeln und Kanälen hervorgekommen, hatten zu Millionen die Straßen und Plätze überschwemmt, in toller Wut alles Lebendige angefallen – es gab an diesem Tag allein in Wien 113 Tote! – und waren dann, einem unbegreiflichen Instinkt folgend, zum nächstgelegenen trockenen Flußbett gezogen, wo sie, ineinander sich verbeißend, in der Sonne krepierten. Aber anderes Ungeziefer, Ohrwürmer, Fliegen und leider auch Wanzen, tauchte plötzlich in Myriadenzahlen auf und konnte durch Insektizide nicht wirklich in Schach gehalten werden; hinzu kamen hierzulande bisher noch unbekannte Insektenplagen, wie die bereits erwähnten Anopheles oder die Termiten, die vor allem in Kärnten und der Südsteiermark kleinere Lokalkatastrophen verursachten und sich anschickten, von dort aus auch die anderen Bundesländer zu erobern. In ihren heißen Schlupfwinkeln brüteten die Schädlinge in Massen vor sich hin, um so ungestörter, als ihre natürlichen Feinde verschwunden waren: die Vögel waren verdurstet oder geflohen, die Lurche, ihrer Laichgelegenheiten beraubt, eingetrocknet; die Schlangen allerdings vermehrten sich mit geradezu unnatürlicher Schnelligkeit.

Und dennoch darf man sich nicht vorstellen, daß die Folgeerscheinungen der Großen Hitze, die uns in dieser gedrängten Darstellung so überaus schlimm erscheinen (und es ja tatsächlich auch waren), von den Menschen, die sie am eigenen Leib erduldeten, als ebenso fürchterlich empfunden wurden. Die geschilderten Vorgänge und Ereignisse vollzogen sich ja nicht blitzartig, sondern im Verlaufe mehrerer Jahre, so daß jedenfalls ein gewisser Spielraum da war, in dem man sich ihnen anpassen konnte. Und der Mensch ist ja ein außerordentlich adaptionsfähiges Wesen, vor allem, wenn er ein Österreicher ist und als solcher dank seiner ruhmreichen und miserablen Geschichte über ein besonders hohes Überlebenspotential verfügt.

So veränderte sich das gesellschaftliche und das Leben des einzelnen im Grundsätzlichen eigentlich kaum, wenn man davon absieht, daß es sich, weil es halt dauernd schwül oder heiß war, gewissermaßen verlangsamte. Man ging des Strommangels wegen früher schlafen als vordem, stand infolgedessen aber auch früher auf. Man wusch sich mit einem angefeuchteten Handtuch oder nahm sich die alten Griechen zum Vorbild, die den Schmutz mit Öl vom Leibe schabten. Die Hausfrauen lernten, das Geschirr mit Hilfe alter Zeitungen oder Sand zu säubern. Mit der Wäsche und der Kleidung hatten sie es schwerer, aber das ließ sich wenigstens teilweise auf chemischem Weg erledigen. Ein Alltagsproblem freilich konnte bis zum Ende der Großen Hitze wirklich nicht befriedigend gelöst werden – das Problem der Wasserklosetts nämlich. An diesem Punkt zeigte es sich, wie hilflos die überzüchtete Zivilisation einer unvorhergesehenen Naturkatastrophe gegenübersteht.

Da Industrie und Landwirtschaft nicht funktionierten, herrschte weitverbreitete Arbeitslosigkeit, die aber in Anbetracht dessen, daß es zum Arbeiten ohnehin zu heiß war, nicht als besonders drückend empfunden wurde. Auch muß man bedenken, daß das Leben in der Großen Hitze einen sozusagen provisorischen Charakter hatte, weil man, wenn schon nicht von Tag zu Tag, so doch von Woche zu Woche mit einer Wetteränderung rechnete, die mit einem einzigen ausgiebigen Wolkenbruch die Normalverhältnisse wiederherstellen würde, weshalb man denn alle Unannehmlichkeiten und Besonderheiten als ohnehin bald vorübergehend einschätzte – eine Auffassung, die erst im dritten Jahr der allerdings langsam wachsenden Furcht wich, die Große Hitze werde überhaupt nie mehr aufhören. Aber auch jetzt noch war die größere Zahl der Arbeitslosen im Grunde der Meinung, daß sie nicht eigentlich arbeitslos, sondern in eine Art von verlängertem Hitzeurlaub hineingeraten wären, woraus vielleicht zu erklären ist, daß sie diesen Zustand zwar nicht gerade genossen – das wäre denn doch übertrieben –, aber auch nicht allzusehr unter ihm litten. Glücklicherweise war der Staat, wie sich nun zeigte, in den Jahren seit dem Zweiten Weltkrieg reich genug geworden, um durch Subventionen, Unterstützungen, Steuernachlässe und ähnliche Methoden seine Bürger halbwegs vor der Verelendung bewahren zu können. Diese Aufgabe wurde ihm paradoxerweise durch die Große Hitze selbst erleichtert, weil diese die Bevölkerung auf natürliche Weise zu weitgehendem Konsumverzicht bewog: Man aß wenig, man bewegte sich wenig, man enthielt sich überflüssiger Rendezvous und Einladungen, man brauchte weniger Bekleidungsstücke; das Autofahren hatte man wegen der steigenden Luftvergiftung stark reduzieren müssen, das Häuschenbauen war durch Wassermangel ohnehin unmöglich geworden. Die öffentlichen Dienste funktionierten weiterhin einigermaßen, freilich noch langsamer arbeitend als in der Zeit vor der Großen Hitze.

Und so mag die Große Hitze, wenn man sie – wie wir – aus weiterem Abstand betrachtet, vielleicht sogar das eine oder andere Gute für das Land hinterlassen haben: Die überraschenden Veränderungen in der heimischen Landschaft hatten viele bisher verborgene Kräfte geweckt, die zur praktischen und seelischen Verarbeitung der katastrophalen Folgen gebraucht wurden; andererseits blieb so manches Stück Landschaft und manches schöne alte Stadtbild von Apartmenthäusern und Betonklötzen verschont, die unweigerlich gebaut worden wären, hätte es nur genug Wasser gegeben. Und schließlich darf als nicht geringer Gewinn eingeschätzt werden, daß Österreich in diesen drei Jahren der Großen Hitze von einigen Modeideologien verschont blieb, die zum Beispiel in der Bundesrepublik Deutschland während derselben Zeit weit größere Verheerungen anrichteten als die Wanzen, Malariafliegen und die Fichtenschwärmer in Österreich.

Aber nun begannen die Dinge – wir kehren auf die Zeitebene unserer Erzählung zurück – sich dem kritischen Punkte zu nähern. Die Staatskassen waren am Ausbluten, die ökologischen und ökonomischen Verwüstungen derart umfangreich, daß man auch für die Zeit nach der Großen Hitze schwerste Sorgen hegen mußte, und die öffentliche Meinung zeigte trotz aller Hitzeschläfrigkeit die deutliche Tendenz, sich zu der Aufforderung zusammenzuballen, daß nun endlich etwas geschehen müsse und daß dieses, was immer es auch sei, rasch zu geschehen habe.

Wenn die öffentliche Meinung sich in eine solche Richtung wendet, erfaßt die Regierenden gewöhnlich alsbald gleichfalls das Gefühl, daß schleunigst etwas zu geschehen habe und dringende Maßnahmen ergriffen werden müßten. Und also erteilen sie den nachgeordneten Stellen den Auftrag, dafür zu sorgen, daß solche Maßnahmen eilends eingeleitet und Schritte unternommen würden. Und die nachgeordneten Stellen ergreifen diese Maßnahmen, indem sie einen ersten wichtigen Schritt einleiten zur Auffindung eines, der am Ende schuld sein wird, wenn die Sache schiefgeht, oder unbedankt bleiben wird, wenn alles sein gutes Ende findet.

Im vorliegenden Fall war der Gefundene der Legationsrat Erster Klasse Dr. Tuzzi, der soeben, nichtsahnend und noch von der Sorge um die Herstellung einer neuen Staatsdoktrin beherrscht, vor dem Landwirtschaftsminister jene genau bemessene Verbeugung machte, die ein hoher Beamter des altehrwürdigen Außenministeriums dem ranghöheren Minister eines zwar ebenfalls alten, aber doch weniger bedeutenden Ressorts gerade noch eben schuldig ist, wozu Dr. Tuzzi ein ebenfalls gut überlegtes *„Mein besonderer Respekt, Herr Minister"* murmelte und in dem eher ungebräuchlichen *„besonderen"* ein rein persönliches Mitgefühl für den grambebeugten Mann mitschwingen ließ, wenn das auch von diesem vermutlich kaum zur Kenntnis genommen wurde, wiewohl doch der Minister für Landwirtschaft Mitgefühl in sozusagen kosmischem Ausmaße dringend notwendig hatte.

Die Chinesen, die bekanntlich ein altes Kulturvolk sind, haben viele Tausende von Jahren in der sicheren Überzeugung gelebt, daß Glück und Unglück ihrer Welt hauptsächlich vom guten oder schlechten Benehmen ihres Kaisers abhingen. Solange der Sohn des Himmels seine etwas komplizierten Pflichten getreulich erfüllte, konnte man mit einiger Sicherheit auf gute Ernten, satte Bäuche und schwangere Frauen hoffen; umgekehrt ließen Überschwemmungen, Erdbeben und Mißernten den dringenden Verdacht aufkommen, der Kaiser habe seine Gebete an den fünf Himmelsaltären schlampigerweise nicht in der herkömmlichen Reihenfolge oder am Ende gar nicht verrichtet. In diesem Falle pflegte der Kaiser – wenigstens in den wirklich guten alten chinesischen Zeiten! – seinen Himmelskopf zu verlieren und ein anderer Ehrgeizling sich daranzumachen, die Beziehungen zwischen Makro- und Mikrokosmos durch gesittete Manieren wieder in Ordnung zu bringen.

Es ist dies eine in ihrer Schlichtheit überzeugende Anschauung vom Walten des Schicksals und hat sicherlich dazu getaugt, die Leute auf dem Drachenthron vor allzu großer Selbstgefälligkeit zu bewahren.

Die Bauern im sanften Kärntner Rosentale pflegen diese Anschauung, die zum uralten Kulturgut fast der ganzen Menschheit gehört, in aller Unschuld heute noch. Und daher wandten sie keine Mühe darauf, irgendwelche nordatlantischen Hochs oder mittelmeerischen Tiefs für die herrschende Wetterlage verantwortlich zu machen, sondern entschlossen sich zu der auch für gelernte Neomarxisten gewiß plausiblen Ansicht, daß die herrschende Wetterlage eine Wetterlage der Herrschenden und deshalb so miserabel sei.

Im speziellen hatten sie dabei den Landwirtschaftsminister im Auge. Zwar waren die Landwirtschaftsminister für die Bauern schon immer die eigentlich Schuldigen an dem gewesen, was die hart arbeitenden Landwirte an steuerlichem oder agrarpreislichem Ungemach je getroffen hatte, denn es ist leicht zu begreifen, daß einer, der nach Wien geht, um dort mitzuregieren, entweder ein Narr oder ein Verräter sein muß. Aber nie zuvor war ein Landwirtschaftsminister vorgekommen, der überdies auch noch widernatürlicherweise ein Sozialist gewesen war; und niemals zuvor hatte es so etwas wie eine Große Hitze und drei aufeinanderfolgende Mißernten gegeben: daß da ein Zusammenhang bestand, nein, bestehen mußte, das war doch wohl jedem Manne klar, der am Sonntag nach der Zehnermesse im Kreise anderer erfahrener Männer seine drei, vier Krügel Bier trinkt, ehe er zur Familie und an den häuslichen Elektroherd heimkehrt.

Es ist somit ganz gewiß einzusehen, daß sich im Rosental, in der engeren Nachbarschaft des Hofes, der dem Minister gehörte, die öffentliche Meinung langsam dahingehend artikulierte, daß es ja wohl kein Wunder sein würde, fiele dieser stattliche Hof eines Tages den Flammen zum Opfer. Bei dieser Hitze?

Fast so schlimm wie die Sorge um seinen Hof bedrückte den Minister ein zunehmendes Maß an Selbstverachtung. Was, zum Teufel, hatte ihn denn damals eigentlich veranlaßt, dieses hoffnungs- und ruhmlose Amt zu übernehmen? Nichts als die Aussicht, so gestand er sich jetzt ein, eines Tages, wenn er von schwerer Verantwortung befreit, jedoch zum Charakterkopf geformt, auf seinen Hof zurückgekehrt sein würde, von seinen Nachbarn mit einem vertraulich-respektvollen „Griaß Good, Hea Minista!" angeredet zu werden. Aber wie war der Gehalt dieser Vison seither durch die Große Hitze zusammengeschmolzen!

„Olso – wos is?" fragte der Minister ungeduldig, ohne Tuzzis Gruß auch nur zu erwidern. „Hom S' wos ausakriagt?"

Der arme Mann hatte, als das Schicksal ihn nach Wien berufen hatte, die ihm angeborene Mundart mit eiserner Hartnäckigkeit aus sich herausgetilgt und war vor das Volk und den Ministerrat mit einem peinlich genauen Schriftdeutsch getreten; durch die jüngste Anstrengung im Kabinett erschöpft, verfiel er wieder in seinen unterkärntnerischen Dialekt, der sich für jeden anderen Österreicher unweigerlich so anhört, als spräche da einer lauter Druckfehler*.

„Herr Minister verzeihen", sagte Tuzzi höflich erstaunt. „... aber ich verstehe nicht, was Herr Minister meinen?"

„Vaschtehd nix ... vaschtehd nix ..." stöhnte der Minister gereizt. „Ees Weana ... ees Weana ...!"

Tuzzi schwieg gekränkt, während der Minister in stummer Verzweiflung in sich hineinblickte. Da er dort jedoch offenbar nichts Förderliches entdeckte, hob er wieder an:

* Gerade diese vokalische Besonderheit der Kärntner Sprache – oder auch vielleicht das Bedürfnis, sie zu verschwindeln – hat jedoch zweifellos zur Entwicklung und Blüte des „*Kärntner Volksliedes*" wesentlich beigetragen. Das „*Kärntner Volkslied*" übertrifft an Beliebtheit das sogenannte „*Wienerlied*", aber auch das „*steirische Volkslied*" bei weitem, ja es wird vielfach mit dem „*österreichischen Volkslied*" schlechthin identifiziert. Lediglich die Tiroler setzen, eigen wie Tiroler eben sind, dem „*Kärntner Volkslied*" heftigen Widerstand entgegen, wobei sie sich des allerdings nicht leicht zu widerlegenden Arguments bedienen, daß die Kärntner Volkslieder in Wirklichkeit nur ein einziges Volkslied seien, das von einem gewissen Thomas Koschat erfunden und hinfort durch das Austauschen alpiner Blumennamen („Enzian" statt „Almrausch", „Speick" statt „Enzian", „Edelweiß" statt „Speick" usf.) zu nur scheinbar anderen Kärntner Volksliedern variiert worden sei.

Die Kärntner wehren sich empört gegen diese Blasphemie heimatlicher Schöpfungsgabe und bemerken spitz, daß die sogenannten Tiroler Volkslieder ebenfalls von einem einzigen Mann, von Herrn Josef Pöll nämlich, komponiert worden seien und Tirol schon deswegen keinen wirklich anmutigen Volksgesang hervorbringen könne, weil der Tiroler Dialekt einer wirklich volkskünstlerischen Vertonung a priori unzugänglich sei. – Wir, die wir als Wiener den schönsten und unzweifelbar musikalischsten aller österreichischen Dialekte sprechen, begnügen uns mit der unparteiischen Wiedergabe dieser Argumentationen und enthalten uns des Urteils darüber.

„Dos Wosa schtehd ma bis zan Hols – und der vaschtehd nix...!"

„Ach so. Ich verstehe. Natürlich", sagte Dr. Tuzzi steif. „Wir leiden alle unter den gegenwärtigen Zuständen."

„Nit a so ols wia i", sagte der Minister. „Wenn ana zan leidn hod, bin's i."

„Ich verstehe vollkommen", sagte Tuzzi und versuchte neuerlich, Mitgefühl in seine Worte zu legen, wiewohl ihn die vokalischen Spezifismen seines Gesprächspartners einigermaßen nervös machten und er mit dem geschulten Spürsinn des Diplomaten etwas noch undefinierbar Komplikationsreiches auf sich zukommen sah.

Der Minister rang nach Fassung, was sich vermöge seiner ausgeprägten Gesichtsmuskulatur zu einem beachtlichen Schauspiel gestaltete. Dann preßte er hervor:

„Olso: Hom S' an g'funden?"

„Bitte was, Herr Minister?"

„Jo... a Zwergale, ob S' des hom!?"

„Bitte wie?"

Der Minister bäumte sich auf, öffnete den Mund weit, wie um zu brüllen – und blieb unbeweglich mit halb vom Sitz gelüpftem Gesäß wie erstarrt stehen, während sein Gesicht von zorniger Röte ins eher Purpurne hinüberspielte. Shakespeare hat diesen Zustand sehr schön mit den Worten beschrieben: „Parteilos zwischen Kraft und Willen schwankend, so stand er, ein gemalter Wüthrich, da."

Der Anblick machte auch Tuzzi erstarren. Dann sank die rechte Hand des versteinerten und allmählich ins ziemlich Violette geratenden Ministers langsam herunter, fiel wie zufällig auf den Knopf einer batteriegespeisten Alarmklingel – und drei Sekunden später wimmelte das Zimmer von zwei Sekretärinnen und einem Präsidialisten, die mit merklicher Routine den Minister unter den Armen faßten und in ein dämmriges Nebenzimmer abschleppten, während eine dritte Bürodame ihnen mit einem nassen Handtuch nachfolgte.

Nach einer Weile tauchte der Präsidialist auf.

„Ich bedaure unendlich", sagte Tuzzi etwas benommen; er hatte ein schlechtes Gewissen, obgleich er nicht recht wußte, warum er es eigentlich hätte haben sollen.

„... keine Ursache, keine Ursache...", seufzte der Präsidialist, „... er hat das jetzt leider öfter, der Herr Minister. Zunehmend öfter, leider. Aufregungen tun ihm halt nicht gut bei der Hitze. Warum hat er sich denn aufgeregt, Herr Ministerialrat?"

„Ich weiß nicht. Ich verstehe nicht..., ich weiß wirklich nicht."

„Schlimm, sehr schlimm!" sagte der Präsidialist mit der verlogenen Loyalität eines Subalternen, der einem von der anderen Partei berufenen Minister dienen muß. „... und noch zwei Jahre bis zur nächsten Legislaturperiode! – Ich darf einen neuen Termin ausmachen, Herr Ministerialrat?"

„Natürlich. Aber ich bin Legationsrat, gelt?"

„Legationsrat? Pardon, Pardon! Dabei hab' ich extra noch im Amtskalender nachg'schaut..."

„Dort steh' ich natürlich als Legationsrat drin."

„Unbegreiflich. Unbegreiflich. Hab' ich gar nicht gewußt, daß es im Gesundheitsministerium Legationsräte gibt."

„... Gesundheitsministerium? Lieber Herr Kollege" – Tuzzi fühlte sich da denn doch etwas berührt –, „ich komm' aus dem Außenministerium, bittschön."

Der geschniegelte kleine Präsidialist zog die Schultern hoch, zwickte die Augen zusammen und schüttelte heftig den Kopf, wie um innen drin irgend etwas Durcheinandergeratenes wieder in Gang zu setzen – ein Verfahren, das den normalen gedanklichen Kombinationsweg an Effektivität und Schnelligkeit sichtlich übertraf und das Resultat ergab:

„Tausendmal um Verzeihung. Da liegt ein Mißverständnis vor. Herr Legationsrat sind gar nicht der Herr Ministerialrat Twaroch?"

„Nein. Ich heiß' Tuzzi."

„Oh. – Dr. Tappeiner mein Name, Kommissär."
„Tuzzi, wie gesagt. Den armen Twaroch hat nämlich auch die Hitz' getroffen. Und so kümmere ich mich halt um seine Agenden – einer muß es ja tun, nicht wahr. Und vielleicht sind Sie so nett und klären mich ein bissel auf."
„Tja. Ich weiß nicht, ob der Herr Minister, nicht wahr..."
„Ach was", sagte Tuzzi, „der muß sich sowieso erst erholen – und wenn er mich dann sieht, kriegt er am Ende noch einen Kollaps. Und außerdem weiß ein guter Präsidialist meistens besser Bescheid als der Minister selbst – erzählen S' mir diesbezüglich nichts. Oder vielmehr: Erzählen S' mir, was er von mir, daß heißt vom Twaroch eigentlich hat haben wollen?"
„... hm", sagte der Präsidialist, „also Herr Legationsrat wissen vermutlich..."
„Ich weiß eben gar nichts", knurrte Tuzzi. „Das ist ja offenbar der Grund für dieses Malheur. Ich hab' heute die Twarochschen Akten übernommen – aber einfach keine Zeit gehabt, hineinzuschauen. Und dann habt ihr – oder Sie!? – mich herüberholen lassen, und statt ihm bin ich jetzt da. Eine Verwechslung – aber auch wieder eine richtige, denn ich bin halt einmal quasi in seiner Vertretung da. Und jetzt will ich wissen: Um was geht es?"
Ein in Kalksburg erzogener, in der Tradition des Außenbeamten aufgewachsener und zudem mit einem luxuriösen Intelligenzquotienten ausgestatteter Legationsrat vermag, wenn's drauf ankommt, durchaus Autorität auszustrahlen, um die Auskunft zu erlangen, die er haben will.
„Na ja. Um die Zwergerln halt", sagte der Präsidialist in nervösem Flüsterton.
„Bitte...?"
„Zwergerln. Der Herr Minister hat doch nichts anderes mehr im Kopf. Entweder sie retten ihn, oder er gibt sich die Kugel, sagt er."

„Einen Augenblick", sagte Tuzzi beherrscht. „Einen kleinen Augenblick, bitte. Haben Sie ‚Zwergerln' gesagt?"

„Aber ja." Der Präsidialist wurde ungeduldig. „Herr Legationsrat wissen doch, was Zwergerln sind – diese kleinen Manderln, nicht wahr? Gnome, wie man so sagt."

„Natürlich. Gnome, wie man so sagt. Kleine Männchen. Ich verstehe. Und was, bitte, hat der Herr Minister ... was will er von ihnen?"

„Wasser. Was sonst?"

„Eben. Was sonst."

„Schließlich sitzen die tief unten, wo es vermutlich noch Wasser genug gibt. In des Berges dunklen Grüften, gewissermaßen, wo die Quellen entspringen."

„Irgendwer ist da verrückt geworden. Entweder Sie oder ich."

„Entschuldigen, Herr Legationsrat", sagte der Präsidialist pikiert, „... aber da muß ich doch sehr höflich bitten ..."

„Keine Ursache, keine Ursache! Wahrscheinlich hat mich da diese entsetzliche Hitze halt auch ... Eine einzige Frage, wenn Sie mir noch beantworten ..."

„Bitte."

„... was hat denn mein Kollege Twaroch in dem Zusammenhang eigentlich zu suchen?"

„Der Herr Ministerialrat hat ... Herr Legationsrat sind offenbar wirklich nicht ganz im Bilde ...?"

„Nein, zum Kuckuck!"

„Der Herr Ministerialrat Twaroch bemüht sich seit geraumer Zeit, mit der heimischen Zwergenschaft den bedauerlicherweise seit längerer Zeit unterbrochenen Kontakt im Sinne gegenseitiger Achtung und Toleranz ... ist Ihnen nicht gut, Herr Legationsrat?"

FÜNFTES HAUPTKAPITEL, DAS INFOLGE EINER NERVLICHEN INDISPOSITION DES LEGATIONSRATES SOWIE DER IN IHM HERRSCHENDEN HITZE LEIDER ETWAS ZU ZERFLIESSEN DROHT.

Es ist nicht ganz leicht, den Zustand zu schildern, in dem sich der Legationsrat nach diesem sonderbaren Gespräch befand. Am ehesten treffen wir ihn vielleicht, indem wir sagen, daß Tuzzi an einen jener im Leben eines gescheiten Menschen nicht seltenen toten Punkte gelangt war, an dem man sich fragt, ob denn nun die ganze Welt närrisch geworden und man selber der einzige noch Vernünftige oder ob man umgekehrt selbst verrückt geworden und die übrige Welt so normal wie immer geblieben ist.

Da unsere Leser zum übergroßen Teil gescheite Menschen sind – denn sonst hätten sie die Lektüre nicht bis hierher durchgehalten –, werden sie mitfühlend wissen, daß sich der Legationsrat in einer ziemlich grauslichen seelischen Verfassung befand.

Man befreit sich aus einer solchen entweder durch exzessives Benehmen (etwa durch einen Krach, den man seiner Sekretärin oder einem Kollegen macht) oder durch intensive Betrachtung und Meditation der Sachlage. Beides war dem Legationsrat jedoch durch die Umstände verwehrt, denn kaum saß er wieder auf seinem gelb-grün gestreiften Sessel, brach auch schon eine Flut von Plagen über ihn herein:

Der Minister für Auswärtige Angelegenheiten erkundigte sich nach dem Fortgang der Papstwort-Verifikation;

entsetzt entdeckte Tuzzi, daß er vergessen hatte, das Ministerrats-Stenogramm in den Papierwolf zu tragen; um seinen Fehler gutzumachen, verbrannte er es im Aschenbecher und erzeugte damit nicht nur einen atembeklemmenden

Gestank, sondern auch ein Brandloch in den schönen Intarsien seines Hofmobilien-Schreibtisches;

der unsympathische Brauneis brachte eine dicke Mappe von internen Laufzetteln, die wenigstens flüchtig gelesen und sodann abgezeichnet werden mußten;

nachdem Tuzzi die Kleine Sitzung verlassen hatte, war zwischen dem Ministerialsekretär Skalnitzky und dem Ministerialkommissär Dr. Benkö aus undurchschaubaren Gründen ein hysterischer Streit ausgebrochen, dessen der bekümmerte Ministerialrat nicht Herr geworden war und der damit geendet hatte, daß beide Herren androhten, sie würden um Rückversetzung in ihr Stamm-Ministerium ansuchen. Tuzzi ließ die Streithähne zu sich bitten und verschwendete den letzten Rest seiner Geduld und eine geschlagene Stunde darauf, sie wieder einigermaßen miteinander zu versöhnen;

dann rief Trotta an und teilte mit heiterer Stimme mit, daß man ihm in der Klinik eine mehrtägige Ruhepause geraten habe;

hierauf erschien noch einmal Ministerialrat Haberditzl, der, weil er den Streit zwischen Skalnitzky und Benkö nicht hatte verhindern können, trostbedürftig war;

dazwischen meldete sich abermals Ulrike, um mitzuteilen, wie sehr sie sich auf den heutigen Abend freue;

hämmerte ein debil dreinblickendes Organ der Hausverwaltung an einer Aktenablage herum, die seit vier Monaten als reparaturbedürftig gemeldet war;

verursachte die Nachricht, daß Ministerialrat Twaroch auf Wochen hinaus seinen Dienst nicht werde ausüben können, einige Umorganisationskomplikationen;

und um sechs war dem Legationsrat Dr. Tuzzi, der seit einem hastig genossenem Frühstück nichts zu sich genommen hatte als den Rauch von vierzig Zigaretten, noch viel mieser zumute als am Morgen.

Die Twarochschen Akten lagen um diese Zeit noch unberührt dort, wo der Amtsgehilfe Brauneis sie hingelegt hatte. Tuzzi sah sie mißvergnügt an und fand sich außerstande, heute noch an diesem Umstand etwas zu ändern.

Am liebsten wäre er geradewegs in seine Junggesellenwohnung hinter der Ulrichskirche geflüchtet, hätte dort aus dem kleinen, mit Spiritus betriebenen Eisschrank irgend etwas Eßbares herausgeholt, sich sodann von Kopf bis Fuß mit Franzbranntwein abgerieben (ach, wie schön wäre ein Bad! Ein Bad!) und sodann, bewegungslos auf dem Leintuch liegend, gewartet, bis das Schlafpulver die aus dem Büro nachhängenden Gedanken wolkenhaft auflösen würde. Mit dieser allmählich entwickelten und dauernd verfeinerten Methode war es dem Legationsrat immerhin schon mehrere Male gelungen, den Qualen einer schlaflos-heißen Nacht zu entgehen.

Aber das Pflichtbewußtsein war stärker. Tuzzi wandte sich zum zweiten Male an diesem Tage von der Verlockung des Nichtstuns ab und zur Inneren Stadt. Anders als am Morgen freilich, da der Anblick baukünstlerischer Höhepunkte seine Stimmung wenigstens vorübergehend gebessert hatte, drückte ein architektonischer Nullpunkt sie jetzt erst recht nieder – jene Baulücke gegenüber der östlichen Ecke des Bundeskanzleramtes nämlich, die der Legationsrat umgehen mußte, um in die Schauflergasse zu gelangen. Über diesem leeren Grundstück scheint nämlich ein geschichtlicher Fluch zu liegen, der verhindert, daß es jemals gefüllt werde. Schon die Monarchie hat dort einen Verwaltungsbau errichten wollen, war aber nicht mehr dazu gekommen; ein ähnlicher Plan war in der Ersten Republik gescheitert, weil die Regierungen zu rasch wechselten; nach 1934, als Österreich sich eine autochthone und somit etwas bizarre Diktatur anschaffte, legte man immerhin den Grundstein zu einem „Haus der Vaterländischen Front", kam aber über diesen Grundstein nicht hinaus; vielmehr wurde dieser durch einen anderen ersetzt, über dem etliche Gauleiter ein „Braunes Haus" errichten wollten, was ihnen jedoch aus bekannten

Gründen nicht gelang*. Und seither hat noch jede Regierung der Zweiten Republik ebenfalls erfolglose Versuche unternommen, die Baulücke zu füllen. Auf welchen Augenblick wartet die Geschichte wohl, ehe sie es erlaubt, diesen häßlich leeren Platz mitten im imposantesten Teil der Stadt mit einem ebenso repräsentativen wie zweckmäßigen Gebäude zu versehen?

Die Gesichter der Leute, die Tuzzis Weg passierten, waren bleich und gedunsen. Die teuflische Temperatur ließ die Haltungen und die Kleidungssitten verwildern: man sah schlaffe Schultern, geknickte Beine, verknüllte Sommerkleider und Hosenträger, wie sie unter normalen Bedingungen vor Nichtfamilienangehörigen sorgfältig verborgen gehalten werden.

Es fiel Tuzzi ein, die Michaelerkirche zu betreten, um dort, auf einem Betstuhl zwischen den dicken romanischen Steinmauern, ein paar erholsame Atemzüge zu tun. Aber leider wandte sich sein Auge, kaum daß er eingetreten war, einem hell erleuchteten Seitenaltar zu, der in sehr naturalisti-

---

* Grundsteine sind überhaupt so eine von Tücken umwitterte Sache. Da werden sie feierlich gelegt, womöglich sind sie vorher noch künstlerisch gestaltet worden, vielleicht singt ein Kinderchor etwas Beziehungsvolles, Reden werden gehalten und vielfach Trompeten geblasen – und dann kommen Arbeiter und lassen den Grundstein einfach in Massen von Mauerwerk verschwinden. Niemand bekommt ihn mehr zu sehen. Ein unmöglicher Zustand, der jeden, der auch nur ein wenig an Grundsteinen interessiert ist, sehr bedrücken muß. Allgemein nachzuahmen wäre daher, was ein genialer (leider anonym gebliebener) Beamter der Gemeinde Wien ausgeheckt hat: Nämlich Grundsteine zwar in herkömmlicher, d. h. in feierlicher Weise zu legen, das dazugehörige Gebäude jedoch nicht auf, sondern, wie das bei der Stadthalle geschah, in einiger Entfernung neben ihm zu errichten.
Da kommt man denn doch zu genußvoller Betrachtung beider: des Bauwerks *und* des Grundsteins.

scher Weise die Qualen armer Seelen im Fegefeuer darstellte. Und das war entschieden zuviel und veranlaßte Tuzzi zu schleunigem Abgang durch den Seitenausgang.

Wenn ich mich heute früh doch nur krank gemeldet hätte! dachte Dr. Tuzzi, noch einmal einer nun schon bekannten Anfechtung ausgesetzt, erteilte sich aber wiederum mitten in diesem Gedanken schon den Befehl, ihn nicht weiter zu denken, sondern sich vor Augen zu führen, daß ein Liebender und Geliebter selbst im Falle der Indisponiertheit sorgfältig darauf zu achten habe, der Geliebten und Liebenden Enttäuschungen zu ersparen.

Außerdem, dachte Tuzzi weiter, ist zu bedenken, daß ich andernfalls morgen oder spätestens übermorgen eine umständliche Versöhnung in die Wege leiten müßte, was wahrscheinlich sowohl in psychischer wie physischer Hinsicht noch anstrengender sein würde als das heute zu Erwartende. Also: Sei's drum.

Wir erkennen aus diesen Gedanken, daß dem Legationsrat Dr. Tuzzi auch in sehr persönlichen Dingen etwas Beamtenhaft-Korrektes zu eigen war, werden aber noch erfahren, daß er hingegen als Beamter durchaus Mensch blieb. Das wundert uns nicht, denn wir wissen, daß in der österreichischen Bürokratie (wenn auch fast ausschließlich in deren höheren Rängen und selbstverständlich auch dort nicht immer) das Menschliche und das Beamtete zu bisweilen nahezu vollkommener Deckung gelangen und daß aus solcher Deckung oder Kreuzung Persönlichkeit von Würde, hohem Format und männlicher Tugend erwachsen kann.

Da wir aber andererseits als objektive Beobachter mehr von Dr. Tuzzi wissen als er selbst, wissen wir auch, daß er sich in seinen Gedanken selbst betrog. Denn es war nicht Liebe, was ihn an Ulrike band, sondern schiere Perversion, ein Fetischismus sehr unschuldiger, wenn auch deliziöser Art. Nicht die ganze Frau hatte nämlich seinerzeit Tuzzis Begehrlichkeit geweckt – obwohl Ulrike ein hübsches und dazu noch elegantes Mädchen war –, sondern nur eine Eigenschaft oder Eigenheit, die mehr als das ganze Ensemble auf Tuzzis Libido auch jetzt noch eine beträchtlich stimulierende Wirkung ausübte. Diese Eigenheit war sprachlicher Natur: Ulrike gebrauchte, wenn sie redete oder erzählte, ausschließlich das Imperfektum, das hierzulande bekanntlich nur in geschriebener Form geduldet wird. Sie sagte wirklich „ich sagte" oder „sagtest du nicht?" und „ich schlief" und „da ging ich doch", und sie sagte „wie ging es denn so heute?", wenn sie sich nach dem Befinden ihres Geliebten erkundigte.

Kurz, Ulrike war eine Deutsche.

Und in der Tat: Das Imperfektum, das unseren Ohren so unleidlich dünkt, wenn es kommandohaft knapp aus dem Munde des deutschen Mannes kommt, es klingt in der Rede eines hübschen deutschen Jungweibes so übel nicht, sondern verleiht ihm bisweilen etwas Amazonenhaft-Bestimmtes und zugleich Erfrischendes – letzteres freilich mit dem Beigeschmack des Künstlichen, wie bei Badesalzen oder Luftreinigungssprays. Männer, die an den Frauen das absichtlich Artifizielle lieben, Lippenstifte und Lidschatten, Parfum und Frisur, spitze Stöckel, die den Schwerpunkt in erquickende Höhen verlagern, um- und enthüllende Kunststoffe gläsernen oder seidigen Charakters, Männer also, die Verständnis haben für den Reiz des Kunstwerks, das eine begabte Frau aus sich zu machen imstande ist, solchen Männern, zu denen auch Dr. Tuzzi zählte, kann diese vom österreichischen Ohr als Verfremdung und Verkünstlichung empfundene Sprachbesonderheit eine entschiedene Genußerweiterung bedeuten. Das unter dem Imperfektum bebende Cortische Organ wird ihnen zur erogenen, unbekannte Lüste vermittelnden Zone.

Viele unserer Landsleute werden Dr. Tuzzi in diesem Punkt begreifen.

Tuzzi hatte Ulrike bei einer sogenannten Heurigenparty

kennengelernt. Diese jüngst in Wien Mode gewordene Form der Geselligkeit resultiert aus der Überlegung, daß man, wenn man alle Freunde und Bekannten, bei denen man im Laufe des Jahres zu Besuch gewesen ist, gleichzeitig und im Haufen einlädt, der Mühsal vieler Einzeleinladungen in rationeller Weise entzogen wird und zugleich aller Welt zeigen kann, daß man mit aller Welt befreundet ist. Leider liegt es in der Natur solcher Parties, daß sie meist in totaler Stimmungslosigkeit versanden, denn gewöhnlich trifft man bei ihnen eine Menge Leute, mit denen man schon ein paar Tage zuvor unter ähnlichen Umständen zusammengesessen ist und mit denen man sich nun wohl oder übel darüber unterhalten muß, wie gut oder schlecht man sich das letzte Mal unterhalten hat.

Und natürlich stößt man da immer auch auf Figuren, die zu treffen man sich normalerweise nicht gerade dringend wünscht, Schauspieler beispielsweise, die nun Schauspieler spielen, die grade normale Menschen spielen, was eines der grauslichsten Schauspiele ist, die es überhaupt gibt; oder bekannte Kunstkritiker, die nach harter Kleinarbeit an sich selbst so aussehen, wie die Künstler vor drei oder vier Jahren ausgesehen haben, während die bekannten Künstler jetzt in jenen Blazern und schwarzen Hornbrillen erscheinen, die vor kurzem noch zum Handwerkszeug der Kritiker gehört haben; ein Anpassungsphänomen, das dem Verhaltensforscher zwar manches zu denken geben kann, aber auch nicht gerade amüsant ist.

Jene Party aber war wider Erwarten von Anfang an angenehm gewesen. Der Gastgeber hatte einen hübschen Heurigen am Rande Grinzings ausgewählt, einen mit Nußbäumen und vielen Oleanderkübeln bestückten Hof zwischen den weißgekalkten Mauern eines alten Weinhauerhauses. Der Abend war mild, Luftdruck, Luftfeuchtigkeit und Lufttemperatur verhielten sich zueinander in jenem idealen Gleichgewicht, das eine der wichtigsten Voraussetzungen des Glücklichseins ist – zum letzten Mal übrigens, denn jenem schönen Herbst war schon der warme und trockene Winter gefolgt, der die Große Hitze einleitete. Jedenfalls war zwanglose Heiterkeit da, ein spielerisches Wohlwollen an allem und jedem, ehe man noch den ersten Schluck Wein getrunken hatte. Die Gäste wechselten ohne Aufforderung von einem Tisch zum anderen, Intimfeinde entdeckten vorübergehend sympathische Züge aneinander, und alte Bekannte zu treffen war an diesem Abend fast ein Vergnügen. Auch Tuzzi bewegte sich gut aufgelegt durch die allgemeine Fröhlichkeit und empfand, nachdem er das erste Viertel Heurigen getrunken hatte, eine Leichtigkeit, ja geradezu Behendigkeit der Seele und des Geistes, die ihm sonst eher fremd war und ihn nun eben darum entzückte. In diesem Zustand stieß er auf Ulrike, die vereinsamt an ihrem Tisch saß und mit sichtlicher Verständnislosigkeit dem flinken Geplauder ringsum lauschte. Die Unterhaltung nämlich hatte bereits jene Lockerung erreicht, in der Anspielungen ganze Biographien ersetzen und Witze über andere Witze gemacht werden; das Wienerische vermag ja mit winzigsten Vokaltönungen ein und dasselbe Wort wie ein reizendes Lob oder wie die bösartigste, jedoch nicht faßbare Beschimpfung oder auch wie beides zugleich klingen zu lassen, und wenn's gutgeht und die richtigen Leute beisammen und in der richtigen Stimmung sind, erreicht die Konversation bisweilen eine Ebene, auf der die Sprache zwecklos wird und die Wörter mit sich selbst zu spielen beginnen. Die Beziehung des Österreichers – nicht nur des Wieners – zur Sprache ist eine durchaus sinnliche, sexuelle, ja sogar unzüchtige: er ist verliebt in sie, streichelt oder mißhandelt sie, erregt sich an ihr und beutet sie genießerisch aus, läßt sich verführen von ihr und verführt sie wiederum.

Den Ausländer, der in eine solche Orgie der Nuancen hineingerät, befällt gewöhnlich Ratlosigkeit, vielfach sogar Schwindelgefühl: Er hört Worte, glaubt die meisten von ihnen zu erkennen und spürt aber zugleich, daß sie Bedeutungen gewonnen haben, die er nicht begreift, weil sie weit hinter, über und, oft genug, unter seinem Sprachhorizont liegen.

So ungefähr erging es an jenem Abend Ulrike. Tuzzi erkannte das, und weil ihn solche Einsamkeit inmitten allgemeinen Fröhlichseins störte und das Mädchen ihm außerdem gefiel, nahm er sein Weinglas und setzte sich zu ihr. Er nannte seinen Namen, erfuhr den ihren und daß sie vor kurzem erst nach Wien gekommen und mehr oder minder zufällig in diese Gesellschaft geraten sei.

„Und da riet mir ein Kollege, ich solle doch hierherkommen – ich könnte da eine Menge interessanter Leute treffen", sagte sie.

Und schon begannen Dr. Tuzzis Gehörknöchelchen unter korrekter Mitvergangenheit und hochdeutschem Konjunktiv wohlig zu vibrieren.

„Aber nun hab' ich so ein Gefühl", setzte Ulrike aufrichtig hinzu, „als wären da Irre versammelt."

„Damit haben Sie völlig recht", sagte der Legationsrat munter, „es handelt sich tatsächlich um lauter Irre. Der kleine Dicke dort zum Beispiel..."

(Eine Liste der Gäste an dieser Stelle würde dieses ohnehin schon gefährlich zerfließende Kapitel gänzlich auseinanderrinnen lassen; da wir aber Lust haben, eine solche zu verfertigen, werden wir sie als Register an seinen Schluß stellen. Sie kann dann dort gelesen oder überschlagen werden.)

„Ich hatte also recht!" sagte das Mädchen, als Tuzzi seine boshafte Vor- und Darstellung der anderen Partygäste beendet hatte. „Es sind Irre."

„Natürlich", sagte Tuzzi, „aber Sie dürfen keine Folgerung daraus ziehen, mein Fräulein. Etwas leicht Irres haftet ja wohl allem Menschlichen an. Bedenken Sie zum Beispiel: Der Mensch unterscheidet sich von allen anderen Wesen, sei's Tier oder Engel, unter anderem auch dadurch, daß er stets gern ein anderer sein möchte, als er eben ist."

„Das ist richtig", sagte das Mädchen, weil es glaubte, nun endlich wenigstens irgend etwas zu verstehen. „Ich zum Beispiel wäre liebend gern eine große Kurtisane geworden."

„Und warum, wenn ich fragen darf, wurden Sie das nicht, mein Fräulein?"

„Gott – ich weiß nicht. Falsche Erziehung vermutlich. Aber manchmal träume ich . . ."

„Wovon?"

„Nun ja – daß ich eine wäre."

Es gefiel dem Legationsrat, daß Ulrike bei diesem Bekenntnis rot wurde, obwohl sie doch recht selbstbewußt und sogar ein bißchen abgebrüht wirkte, wie die Mannequins, die in den Journalen für was Jugendfrisches werben. Aber es gefiel ihm überhaupt alles, was er so im Laufe der letzten Minuten mit raschen, aber ziemlich methodischen Seitenblicken notiert hatte: lange braune Haare, ein sehr regelmäßiges Gesicht, ein angemessen hoher Brustansatz und Hände, die nicht ganz zur leichten Maskulinität dieses Typus paßten, sondern überraschend mädchenhaft zart und weich aussahen. Über die Beine freilich war, wie Tuzzi bedauernd vermerkte, eines langen bunten Gartenkleides halber nichts Sicheres zu erfahren.

„Ich danke Ihnen für Ihre Freimütigkeit", sagte Tuzzi listig, „und zweifle ganz bestimmt nicht daran, daß Sie die Pompadour, die Merode, Kleopatra und sämtliche echten und unechten Gräfinnen Auersperg als Kurtisane in den tiefsten Schatten stellen würden, wenn, sagen wir, die Umstände andere gewesen wären. Aber . . ."

„Ach, sagen Sie doch : . .", unterbrach ihn Ulrike, „ . . . war das nun ein Kompliment?"

O je, dachte Tuzzi, ein bißl blöd scheint sie leider zu sein. Aber was macht's schon aus? Schließlich will ich ja mit dem

Mädel nicht... – oder will ich am Ende doch? Nun, man wird sehen.

„Kompliment? Wenn Sie es als solches betrachten wollen, wäre ich glücklich. Aber ich habe es eigentlich nur gesagt, weil ich angenommen habe, daß Sie erwarten würden, daß ich es sage."

„Aber wenn ich erwarte, daß... ich verstehe ja schon wieder rein gar nichts."

„Spielt keine Rolle", sagte Tuzzi großzügig. „Für den Zusammenhang wichtig ist nur, daß auch Sie, ein Geschöpf aus fernen Landen..."

„Aus Düsseldorf."

„... aus sehr fernen Landen also, bisweilen den Wunsch verspüren, ein bißchen anders zu sein, als Sie sind. Vermutlich hat sich auch Napoleon, wie jemand richtig bemerkt hat, bisweilen gewünscht, nicht Napoleon, sondern ein großer blonder, leicht degenerierter Aristokrat zu sein, und zweifellos träumt Herr Kissinger bisweilen davon, auch äußerlich so graziös und hocharistokratisch zu wirken wie einst Metternich; während ich mir sehr gut vorstellen könnte, daß etwa ein Industriemanager auf dem Grunde seiner Seele eine kleine Hütte am Waldesrand erbaut, fern von allem Trubel und Ehrgeiz dieser Welt."

„Ja, das stimmt!" sagte Ulrike eifrig. „Mein Papa ist auch so einer."

„Sehen Sie, sehen Sie! Und wären solche Träume nicht schon allein ausreichend, um der menschlichen Existenz einen leichten Beigeschmack des Irren zu verleihen? ‚Denn verstört ist der Weltlauf, und wer vorsichtig sich anpaßt, macht eben sich damit zum Teilhaber des Wahnsinns' – das hat ein Landsmann von Ihnen gesagt, ein gewisser Adorno, der eben mit solcher Anpassung ein wenig Wahnsinn unter seine Schüler gestreut hat, ehe er wieder aus der Mode gekommen ist. Und wenn ich auch, wie hierzulande die meisten, nicht recht an eine Verstörtheit des Weltlaufs glaube, sondern eher an eine unbegreifliche diesbezügliche Selbstverständlichkeit, insofern nämlich, als der Weltlauf eben der Lauf der Welt und nicht unserer ist – drücke ich mich halbwegs verständlich aus, gnädiges Fräulein?"

„Doch, doch", sagte Ulrike vorsichtig. „Reden Sie nur weiter."

„Herzlichen Dank. Kein Wunder, daß Adorno bei uns nie sehr populär geworden ist. Aber in diesem Punkte stimme ich Ihnen zu: Das Verhältnis zwischen dem Weltlauf und unseren Bewegungen ist wohl ein leicht wahnsinniges. Bedenken Sie, daß der Mensch nicht nur zwischen Traum und Wirklichkeit, sondern auch zwischen hunderterlei anderen Gegensätzen Balance halten muß, zwischen Trieb und Gesetz, Vergangenheit und Zukunft, Leben und Tod – wie sollte ein solcher Schwebezustand ertragen werden ohne allerlei Bewußtseinsspaltung infolge fortwährender Anpassung und Schauspielerei, ohne Selbsttäuschung und anderen Techniken, die der Mensch im Alltagslebenskampf zu entwickeln gezwungen ist! Und muß diesen auf vielfach Unergründliches sich beziehenden Techniken nicht a priori samt und sonders etwas mehr oder weniger Irres anhaften? Es haftet, ich versichere es Ihnen. In summa freilich dürfte der Anteil des Irren allerorten ziemlich gleich sein, bei Ihnen sowohl wie bei uns – oder jedenfalls ist er bei uns wahrscheinlich auch nicht größer als anderswo. Nur machen wir hier aus dieser Erkenntnis kein Hehl mehr, sondern lassen jenes Element des leichten Irreseins gleichmütig zutage treten, zeigen es, weisen es offen vor, ja freuen uns daran – gelegentlich – wie über die bunten Tücher, die ein geschickter Zauberer aus seinem schwarzen Zylinder hervorholt. Und insofern, ich wage diese Behauptung, insofern sind wir wahrscheinlich das einzige und erste Volk auf dieser Welt, das aus sich selbst und aus der Geschichte wirklich etwas gelernt hat. Denn . . ."

In diesem Augenblick wurde der Legationsrat durch einen

kräftigen Schlag auf die Schulter unterbrochen, was wir sehr bedauerlich finden, denn es wäre gewiß interessant gewesen, zu erfahren, was ein dem Interministeriellen Komitee für Sonderfragen zugeteilter Legationsrat unter dem Einfluß eines stimmungsfördernden Milieus über den Zusammenhang zwischen Geschichte und Irrsinn noch zu sagen gehabt hätte. Die Unterbrechung wurde verübt durch einen nobel angeheiterten Außerordentlichen und Bevollmächtigten Botschafter des Außenministeriums, Tuzzis ehemaligen Chef, dem er seine Zuteilung zum Komitee verdankte und der sich nun seinen Schützling neuerlich zu verpflichten gedachte, indem er ihn einfach am Rockzipfel wegzog, um ihn dem Kanzler zu präsentieren.

Der große Zampano war nämlich „auf einen Sprung" vorbeigekommen (seine Biedermeiervilla war nur zwei Häuser weit von diesem Heurigenlokal entfernt) und unterhielt sich eben mit einem Intellekt-Träger, den er selbst einmal als „Wurstel" tituliert hatte, worauf dieser ihn als „relativen Titan" bezeichnet hatte, welcher Meinungsaustausch aber die Unterhaltung beider nicht beeinträchtigte; Kenner dieser Psychen behaupten, daß jeder der beiden ganz im Sinn der Tuzzischen Seelenlehre von Zeit zu Zeit ganz gern der jeweils andere gewesen wäre.

Selbstverständlich nutzte der Kanzler die Gelegenheit weidlich aus, den Botschafter samt Tuzzi schräg links von sich eine peinliche Weile warten zu lassen, ehe er seinen Dialog mit dem dreifachen Doktor-Wurstel beendete und sich ganz überrascht, so als hätte er ihn wirklich eben erst erblickt, dem Außerordentlichen und Bevollmächtigten zuwandte.

„Oh, lieber Freund – wie schön, auch Sie hier zu treffen! Ja, der Heurige, der bringt die Leut' z'samm'... nicht wahr?"

Tuzzi bewunderte still, wie meisterhaft der Große Zampano es fertigbrachte, das harmlose „a" im „Ja" derart zu dehnen, daß es deutlich die vorwurfsvolle Frage mitschwingen ließ, ob der Botschafter es sich denn tatsächlich leisten könne, nicht auch noch zu dieser Samstagabendstunde unermüdlich dem Staatswohl dienend über wichtigen Akten zu brüten – ein völlig ungerechtfertigter, ja geradezu beleidigender Vorwurf, denn gerade dieser Diplomat war bekannt für seinen Fleiß.

In Sekundenschnelle hatte der Kanzler dreierlei geschafft: sich eine weitere und vielleicht mühsame Unterhaltung erspart, einem verdienstvollen Mann eine leistungsfördernde Kränkung zugefügt und allen Ohrenspitzern ringsum seine Souveränität bewiesen. Wahrhaftig, er war ein feiner Psychologe!

Abwechslung ergötzt nicht nur, sondern ist auch ein wirkungsvolles Mittel der Menschenführung; daher wurde nun Dr. Tuzzi, den der Kanzler mit einem schnellen Blick als ungefährlich taxiert hatte, ein übervolles Maß an Huld und Liebenswürdigkeit zuteil.

„Dr. Tuzzi?!" sagte der Kanzler und würdigte nach vollzogener Vorstellung den erbitterten Botschafter keines Blickes mehr. „. . . Legationsrat Tuzzi!? Vom Sonderkomitee? Aber natürlich, natürlich – diese Dokumentation – also, eine wirklich hervorragende Arbeit, ex-zel-lent! – Die Glücksbefindlichkeit der Österreicher – her-vor-ragend! Sehen Sie, damit kann man wirklich was anfangen. Hat mich sehr gefreut!"

„Wenn der Herr Bundeskanzler gestatten . . .", begann Tuzzi etwas verwirrt; er hätte gern darauf hingewiesen, daß diese allerdings nicht unwichtige und die Staatsgeschicke tatsächlich vorteilhaft zu beeinflussen geeignete Arbeit nicht von ihm stammte, sondern vom Sektionsrat Tuppy, und daß er, Tuzzi, sich sehr freuen würde, die hohe Anerkennung an den verdienten Kollegen weiterzuleiten. Jedoch dachte der Kanzler gar nicht daran, sich auf nähere Details oder gar zusätzliche Erklärungen einzulassen – ein großer Mann behält das Ganze, die große Linie im Auge und hütet sich vor dem Teufel, der im Detail steckt. So schüttelte er dem Legationsrat herzlich die Hand, versicherte ihm, daß dieser jederzeit zu ihm kommen könne, wenn eine Notwendigkeit dazu bestünde, empfahl dem Außerordentlichen und Bevollmächtigten Botschafter, den fröhlichen Abend noch recht zu genießen, und wandte sich anderen Tischen zu, um dort Freude und Entsetzen zu verbreiten. Ungeachtet seiner geringen Körpermaße ein großer Mann, auch von hinten gesehen.

„Es tut mir leid, Herr Botschafter...", begann Tuzzi, aber auch jener hatte ihm bereits den Rücken gekehrt – und einen Sekundenbruchteil lang glaubte Tuzzi die Spitze eines Dolches zwischen den Schulterblättern des tief ins Herz getroffenen Mannes aufblinken zu sehen. Doch fühlte sich der Legationsrat trotz dieses Bedauerns innerlich ziemlich erhaben. Natürlich wußte er als erfahrener Beamter, daß das Vorangegangene im Grunde nicht viel bedeutete, das ihm zuteil gewordene Lob nichts weiter als eine Laune des Augenblicks war und der Kanzler, der ihn so offensichtlich mit dem Kollegen Tuppy verwechselt hatte, seine bescheidene Persönlichkeit alsbald vergessen haben würde. Aber macht nichts; der Anblick souverän gehandhabter Macht erfüllt nun einmal die Seele mit Zufriedenheit und heiterer Zuversicht – sofern man nicht gerade ihr Opfer ist, versteht sich.

Freilich sind die Folgen, die schon die bloße Berührung mit der Macht mit sich bringt, unberechenbar und bisweilen sonderlich. Im Falle Dr. Tuzzis äußerte sich eine von ihnen in dem plötzlichen Entschlusse, die zu Ulrike angeknüpften Beziehungen bis zum erquicklichen Beischlafe hin zu vertiefen – denn schließlich, so fand Dr. Tuzzi, bedurfte dieser so angenehm begonnene Abend noch einer Art von Krönung, um ein wirklich vollkommener zu werden.

Angeregt machte er sich auf den Rückweg, geriet vorübergehend in Konversationskollision mit einem Menschen, der seit fünfzehn Jahren keinen sehnlicheren Wunsch im Kopfe hatte, als Fernsehdirektor zu werden, und sein Ziel auch in den nächsten fünfzehn Jahren nicht erreichen würde, denn man kann in Wien jede Karriere machen außer der, die man gern machen möchte – und stieß dann auf wen?

„Servus, Tuzzi!"

„Servus, Trotta! Hätt' ich mir denken können, daß du auch da bist!"

„Zufällig, rein zufällig. Willst du mich nicht der Hübschen vorstellen, die du dort..."

„Kommt nicht in Frage. Servus, Trotta!"

Geschickt den Stamm einer Kastanie als Deckung benützend, ein Rudel Bekannter umgehend, steckte Tuzzi den drei Musikern einen Hunderter zu mit dem Auftrag, alsbald an seinen Tisch zu kommen, und erreichte endlich wieder Ulrike, neben der unterdessen der Träger eines alten Adelsnamens (in der Werbebranche tätig) mit der unverkennbaren Absicht, den Abend seinerseits zu krönen, Platz genommen hatte; diesen Menschen vertrieb Tuzzi mit der Mitteilung, daß seine Frau (Jogalehrerin) ihn suche – was eine glatte Gemeinheit war, denn Tuzzi hatte sehr wohl bemerkt, daß die betreffende Dame in einem dunkleren Teil des Hofes mit einem vitalen steirischen Dramatiker Übungen zu absolvieren im Begriffe war, die eher handfestem alpinem Brauchtum als indischer Lehre entsprachen.

„Dachte schon, Sie kämen gar nicht mehr!" sagte Ulrike vorwurfsvoll und fügte gleich hinzu: „War es Ihnen eigentlich Ernst mit dem, was Sie da vorhin so sagten?"

„Vermutlich nicht", erwiderte Tuzzi, der keine Ahnung mehr hatte, was er vorhin gesagt haben mochte, und keine Lust, über irgend etwas zu reden, was nicht unmittelbar dazu diente, den Abend zu dem beabsichtigten Höhepunkt und Abschluß hinzuführen.

„Aber es klang so ernst", sagte Ulrike enttäuscht und

verwirrt. „Und so, als hätten Sie sich das mit dem leichten Irresein schon tausende Male überlegt und als wäre ich der erste Mensch, dem Sie das erzählen."

„Das ist durchaus möglich", sagte Tuzzi und lauerte darauf, daß sich in der Fremdheit des Mädchens ein Zugang oder eine Lücke zeigen werde, durch die er schnurstracks zur Krönungszeremonie schreiten könnte. „Wenn eine Frau so kluge Augen hat wie Sie und so gut zuhören kann, dann spricht ein Mann so manches aus, was er sich sonst nur denkt..."

Das war plump, ja geradezu primitiv – Tuzzi wußte es und genierte sich deswegen auch ein bißchen. Eine intelligente Hiesige würde mich dafür im besten Fall auslachen, dachte er, im schlimmeren schon verachten. Aber Ulrike, aus einer Gegend kommend, wo man weitaus häufiger ernst nimmt, was ernst gesprochen wird, fiel Tuzzi prompt herein.

„Das war aber nett", sagte sie.

„Was, bitte?"

„Nun, was Sie eben sagten – und richtig charmant war's auch."

Da war sie nun, die Lücke. Und da war er, der verbale Pistolenschuß, der den Legationsrat, um uns einmal modisch auszudrücken, aus seinem Startblock aufschnellen und rasant seinem Ziel entgegenstürmen hieß. Einem Österreicher Charme zu attestieren heißt nicht nur die bloße Brust einem geöffneten Messer präsentieren, nein, das bedeutet schon, sich in die Klinge hineinzustürzen. Denn wenn es um die Anwendung dieser Eigenschaft geht, dann kennt der Österreicher keine Gnade! Wehe, wenn etwa ein deutschösterreichisches Treffen wichtiger Persönlichkeiten durch einen Empfang „mit Damen" eröffnet wird! Man muß das einmal miterlebt haben, wie die Equipe der österreichischen Männer in eiskalter Brutalität die deutschen Damenhände küßt! Muß die neidisch-verächtlichen Blicke der deutschen

Männer beobachtet haben und die entzückten Reaktionen der betroffenen Damen, die hingerissen sind und zugleich gedemütigt, denn natürlich haben sie, des Handgeküßtwerdens weithin unkundig, ihre Gelenke und Fingerknöchel vom gewohnten Händedruck zum unerwarteten Handkuß hin nicht schnell genug gelockert und kommen sich nun ungelenk und hausbacken vor, wehrlos einem Savoir-vivre von uralter Traditionsqualität ausgeliefert! Schon manche Verhandlungsrunde hat solcherart einen für Tuzzis Landsleute unverhältnismäßig günstigen Verlauf gleich von Anfang an genommen.

„Charmant?" sagte der Legationsrat. „Nicht doch, nicht doch. Es war nicht Charme, der aus mir gesprochen hat, sondern purer, reiner – verzeihen Sie das Wort –, es war der Schmäh, dem ich da freien Lauf gelassen habe."

„Was bitte?"

„Sie verstehen dieses Wort nicht, und eigentlich sollte ich es ja wohl auch nicht gebrauchen, denn es gehört einer Dialektstufe an, auf die Staatsbeamte vom Amtsratsrang aufwärts nicht hinunterzusteigen haben, sondern von diesem an heißt es tatsächlich Charme, vom Sektionschef an aber sogar Diplomatie – lassen Sie, die Sie mich aus so klugen wie nicht begreifenden Augen lieblich und verwirrt ansehen, lassen Sie mich Ihnen erzählen, was dieses häßlich klingende Wort bedeutet: nämlich eine Methode, einen Gesprächspartner zu etwas zu veranlassen – zu einer Handlung, Überzeugung, Einsicht oder auch nur Stimmung, dieses jedoch nicht durch sachliche Argumentation, sondern durch Vorspiegelung von Argumenten, mögen die nun begründet sein oder nicht. Es ist also nicht gesagt, daß der Schmäh – wenn ich dieses an sich mir widerstrebende Wort noch einmal in den Mund nehmen soll – etwa mit der Lüge gleichzusetzen ist, wiewohl er mit ihr manches gemein hat, denn zu seinen Kunstkniffen gehört es, der Wahrheit den Anschein der Lüge zu verleihen, während er wiederum eine offenbare

Lüge als Spiegelung des Nichterlogenen gern benützt; heiter also tanzt er, diese wahre Sprach-Volkskunst, an der haarscharfen Grenze zwischen Wahr und Unwahr entlang, Spiegel gegen Spiegel haltend, selten einem bestimmten Ziel zusteuernd, vielfach nur narzistisch sich in allen Spiegeln widerspiegelnd, jeglichem Zugriff entschlüpfend, Mögliches als Wirkliches, Wirkliches als Schatten des Unwirklichen darstellend ... Sie verstehen mich nicht, ich sehe es, aber wie soll man all dies einer hübschen Fremdlingin aus Gegenden klarmachen, in denen man nicht etwas gesagt hat, sondern es sagte, in der man nicht geschlafen hat, sondern allein oder noch besser: miteinander schlief – so, als ob man dergleichen ernstlich klar und deutlich behaupten und bezeugen dürfte, wenn es schon vergangen ist, passé, passiert und entrückt ins Vergangene. Aber ich schweife ab, und vermutlich haben Sie nicht einmal begriffen, daß ich Ihnen seit geraumer Zeit eine Liebeserklärung sowie einen unmoralischen Vorschlag mache, wiewohl ich nun aber – ehrlich! – selber nicht weiß, ob mich die Sprache dahin geführt hat, die ich führe – aber nehmen Sie auch dieses Wörtchen ‚ehrlich' mit Vorsicht auf! –, oder ob mich, was ich hoffe, nicht die Sprache, sondern die Realität in diese Situation gebracht hat – ach nein, ich merke, Sie verstehen es nicht, aber es ist ganz reizend von Ihnen, daß Sie mir erlauben, Ihre Hand zu halten, die etwas überraschend Mädchenhaftes an sich hat, etwas Unschuldiges, was in merkwürdig pikantem Gegensatz steht zu der imperfektivischen Schickheit und Klarheit Ihres hübschen Exterieurs. Sie sollten vielleicht nichts mehr trinken, liebe, verwirrte Fremdlingin, dieser Wein schmeckt leicht nur für den, der ihn nicht kennt – hören Sie lieber diesen Musikern zu, die da einen sogenannten alten Tanz aufspielen, und belieben Sie zu hören, wie diese Kenner des musikalischen Schmähs eine im Grunde recht schlichte Melodie so sehnsüchtig und verwirrt klingen lassen, daß sie in mir und vielleicht, indem ich's sage, auch in

Ihnen das Bild eines Berauschten hervorruft, der selig und sprachlos über eine sonnige Waldlichtung schwankt ... Ich merke, reizendes Opfer meiner sprachlichen Amoral, daß diese Melodie, genauso wie ich es erhofft habe, oder eher die Art, in der sie bald gerafft und bald gedehnt wird, besser Ihr Ohr trifft als meine Worte ... wollen wir gehen?"

Und so krönte Dr. Tuzzi schließlich seinen Abend in der von ihm beabsichtigten und erhofften Weise. Wir wollen in weiser Beschränkung unserer Mittel, die wir gegen Ende dieser Geschichte noch werden ausgiebig strapazieren müssen, auf die Umstände dieser Krönung nicht näher eingehen. Es ist auch nicht sehr viel darüber zu berichten; eine große Kurtisane war Ulrike gewiß nur in ihren Träumen, gab aber dennoch dem Legationsrat keinen Anlaß, seinen Entschluß zu bedauern. Sie erwies sich ihrer Herkunft würdig, indem sie, was zu tun war, gewissenhaft und mit der festen Überzeugung tat, daß man alles, was man tut, ordentlich und möglichst perfekt tun soll. So brachte sie es denn gewissenhaft dahin, daß nicht nur Tuzzis Ohrknöchelchen, sondern am Ende auch sein Herz angenehm vibrierten.

Und wenn ihn bei alledem doch etwas ein ganz kleines bißchen störte, dann war es die liebevoll gemeinte Schlußbemerkung Ulrikes:

„Wissen Sie – weißt du: War ja süß, wie du dich angestrengt hast, wäre aber auch ohne dein vieles Reden gegangen. Mit dir wollte ich ohnehin schlafen, als ich dich sah."

Diese Aussage war doch etwas sehr imperfekt, fand Tuzzi.

Das war vor zwei Jahren und acht Monaten gewesen. An dem Abend damals, nach perfekter Krönung, hatte der Herbstabendwind durch leise sich bauschende Vorhänge hindurch über ihre erhitzten Körper geweht, daß sie geschaudert hatten vor Glück und Wohlbefinden. Und jetzt trieb wie zum Hohn ein heißer Windstoß eine Staubwolke durch die Bräunerstraße und zwang Tuzzi, stehenzubleiben und sich die Augen zu reiben. Die Dinge hatten sich einigermaßen verändert seither.

Tuzzi trank in einer Snack-Bar zwei sündteure Gläser Mineralwasser-Import, um den knirschenden Staubsand aus den Zähnen zu spülen. Etwas erfrischt, entschloß er sich sodann, die letzte Etappe auf dem Weg zu Ulrikes Bett hinter sich zu bringen.

Sie wohnte in Nestroys Geburtshaus, einem geräumigen Gebäude mit einem schönen Innenhof voller kurioser Barockfratzen, in denen Bestialisches und Menschliches in manchmal lächerlicher, da und dort aber auch alptraumhafter Manier ineinander überging – ohne Zweifel der geeignete Ort zur Weckung sowohl satirischer wie satyrischer Anlagen in der Seele eines empfindsamen Kindes. Tuzzi selbst hatte Ulrike einmal diesen Hof mit seinen Geländern gezeigt, die vom Stiegenhaus zu den Wohnungstüren führen – und sie hatte sofort beschlossen, hier und nirgends sonst zu wohnen. Und das war ihr auch gelungen, denn sie konnte sich's leisten, von Haus aus und weil sie als Angestellte einer der vielen internationalen Behörden, die in Wien einer schnellen Demoralisierung – oder auch Verösterreicherung – anheimfielen, in für heimische Verhältnisse geradezu fürstlichem Maß bezahlt wurde.

Genaueres wußte Tuzzi über ihre Arbeit nicht. Ulrike übte wohl eine jener schicken Zwischenfunktionen aus, in denen die Sekretärin in die Dolmetscherin und diese in die sogenannte Hosteß übergeht. Sie sprach vier Sprachen mit korrekter Grammatik und deutscher Unumwundenheit, sah so ansehnlich wie intelligent aus, kurz, sie spielte wohl wie andere Mädchen ihresgleichen in der stolzen internationalen Organisation etwa jene Rolle, die man einst stukkierten Balkonträgerinnen oder sandsteinernen Attika-Grazien zugemessen hatte: der Umwelt zu beweisen, daß man sich's leisten könne, das Ganze mit überflüssiger Dekoration hübsch aufzuputzen.

Indessen hätte Tuzzi derlei frivole Bemerkungen Ulrike gegenüber nie zu äußern gewagt, denn sie nahm ihre Arbeit ernst. Sie nahm alles ernst, auch Tuzzi – ihn sogar vor allem anderen, denn sie liebte ihn. Sie liebte ihn gewissenhaft und mit sittlichem Ernste, entschlossen, die Angelegenheit gründlich und vollständig durchzuführen, mit allem Drum und Dran, wie sich das für Menschen von Klasse und Bildung eben gehört.

Nun ist ein Lebensstil, der eine Mahlzeit nur in der Form von fünf Gängen samt Aperitif, Weiß- und Rotwein und einem Schlückchen Cognac hinterher akzeptiert, gewiß nicht der schlechteste (sofern man sich ihn leisten kann); auf die Liebe übertragen, ist dasselbe Prinzip nicht ohne weiteres anwendbar, nicht nur, weil es hier bei längerer Dauer ein wenig anstrengend wirkt, sondern weil sie, die Liebe, des Durcheinanders und Zufalls, des Sichgehenlassens, ja auch des gelegentlichen Ver- und Entsagens, kurz, einer leichten Unordnung bedarf, um einen längeren Zeitraum überdauern zu können. Krönungen sind ja sehr schön, dachte Tuzzi, als er auf Ulrikes Wohnungstür zuging, aber Temperatur, Luftfeuchtigkeit und Luftdruck sollten halt danach sein.

Wir, der Autor, haben wieder einmal das dringende Bedürfnis, sämtliche derzeit vorgeschriebenen Regeln, die bei der Abfassung eines Romans zu beachten sind, so gründlich wie möglich zu verletzen, um das Verhalten des Legationsrates Tuzzi aus dem falschen Licht zu holen, in das es im Laufe der Begebenheiten vielleicht geraten sein könnte.

Es wäre nämlich völlig irrig, wollte man Dr. Tuzzi als lockeren Vogel, als amoralisch von Blüte zu Blüte taumelnden Schmetterling ansehen, der nicht dankbar genug zu würdigen weiß, was ein gesundes und in jeder Hinsicht tüchtiges Mädchen ihm an Opfern darbringt. Weit gefehlt!

Unser Legationsrat denkt nicht einmal im Traum daran – auch jetzt nicht, da er fast schon vor Ulrikes Türe steht! –, den Ansprüchen auszuweichen, die sich aus dem moralischen Imperativ ergeben, ordentlich und anständig und ohne jegliche Mentalreserve durchzuführen, was im Interesse sowohl des körperlichen als auch des seelischen Lustgewinns (deren der Mensch nach Meinung aller in Frage kommenden Autoritäten geradezu unabdingbar bedarf) lag. Auch muß betont werden, daß Tuzzi das Mädchen seit mehr als zweieinhalb Jahren seinerseits liebte, schon deshalb, weil er in dieser Zeit keine andere liebte. Und um auch den letzten Zweifel am Charakter dieses Mannes zu beseitigen: Dr. Tuzzi hat an jenem Heurigenabend die Beziehungen zu Ulrike selbstverständlich nicht in der Annahme begonnen, daß dies ein hoffentlich erfreuliches, jedoch wahrscheinlich flüchtiges Abenteuer bleiben werde. Ein so korrekter Mann wie Dr. Tuzzi, in dem das Humane mit dem Beamtenhaften tatsächlich eine höhere Einheit eingegangen ist – ein solcher Mann verabscheut leichte Abenteuer. Ein solcher Mann ist monogam. Und bleibt es auch dann, wenn er, weil er zu Liebenswürdigkeit und Zärtlichkeit, ja sogar trotz aller Beamtenseriosität zum Genusse disponiert erscheint, an jedem Finger zehn dekorativ wirkende Damen haben könnte. Es ist nicht Dr. Tuzzis Schuld, daß die Intimsverhältnisse, die er im Laufe seiner Jahre hinter sich gelassen hatte, niemals lange dauerten – er selbst hatte jedes mit der ehrenhaften Erwartung längerfristiger Bindungen begonnen, wie wir ja aus seiner Lebensgeschichte bereits erfahren haben.

Tuzzi hob die Hand zum Klingelknopf – und ließ sie wieder sinken. Er wußte, daß hinter der Tür schon Ulrike stand, um fast im selben Augenblick, in dem er läutete, zu öffnen. Er wußte, daß sie sich mindestens eine Stunde lang mit einem nassen Handtuch und der Hälfte ihrer täglichen Wasserration blitzblank geputzt hatte. Er wußte, daß sie mit viel gutem Willen und wenig Talent ein kleines Abendessen vorbereitet hatte – das letzte Mal waren es, in Erinnerung an eine Urlaubsreise im Jahr zuvor, Spaghetti à la Bolognese und Valpolicella gewesen; aber das, was in dem Garten am Rande des Hügels von Certaldo so köstlich gewesen war, hatte hier in Wien fade und lau geschmeckt – Tuzzi gedachte schaudernd des Widerwillens, mit dem er Ulrikes Spaghetti hinuntergewürgt hatte. Und er wußte, was dann kommen würde: die Zigarette und die Einleitung zum Vorspiel und das Vorspiel und schließlich die sorgfältig und erfolgreich zur Durchführung zu bringende Vereinigung.

Und Tuzzi tat, zugleich schweren wie erleichterten Herzens, etwas, worüber er selbst höchst erstaunt war: Er drehte sich um und ging fort.

Hinter der Tür stand, wie Tuzzi geahnt hatte, Ulrike. Und hinter ihr stand ein mit Liebe gedeckter kleiner Tisch mit blauen Reisschalen (erhältlich bei Trau & Cie.), und daneben lagen Eßstäbchen, denn Ulrike hatte, wie es sich für eine perfekte Geliebte gehört, um den geliebten Mann zu überraschen (denn nichts ist gefährlicher in einer Intimbeziehung als Gleichförmigkeit), etwas Chinesisches gekocht. Ferner trug Ulrike aus Stilgründen einen aparten Kimono.

Und da steht sie nun und hört Tuzzis verklingende Schritte und weint, denn sie weiß nun, daß er sie nicht mehr liebt.

Sie tut uns sehr leid, denn sie ist auch weinend sehr hübsch.

Aber es ist nun einmal das Schicksal der meisten – jedoch nicht aller! – Kapitel dieses Buches, daß sie mit einem Versagen, einer Scheiterung, einer Unbefriedigtheit enden.

Man muß das auf die Große Hitze zurückführen, in der die Geschichte spielt.

EINE LISTE TEILWEISE INTERESSANTER PERSÖNLICHKEITEN

Nr. 1: Die gefeierte Burgschauspielerin, in der sich das Prinzip der Nockenhaftigkeit zu edler Souveränität emporgesteigert hat.
Nr. 2: Ein junger Mann mit steirischem Akzent, also vermutlich ein Dichter.
Nr. 3: Der Prometheus des Wiener Chansons.
Nr. 4: Einer, der Burgtheaterdirektor werden will.
Nr. 5: Will auch Burgtheaterdirektor werden.
Nr. 6: Ist Burgtheaterdirektor.
Nr. 7–11: Verschiedene Damen in phantasievollen Phantasiedirndln.
Nr. 12: Ein leider schon etwas antiquierter Futurologe.
Nr. 13: Ein Dichter mit steirischem Akzent.
Nr. 14: Ein leninistischer Marxist (mit steirischem Akzent).
Nr. 15: Der schönste Maler Wiens, unersetzlicher Partybestandteil.
Nr. 16: Die schöne Gattin des schönsten Wiener Malers.
Nr. 17–18: Das surreale Ehepaar, das so arriviert ist, daß es sich einen eigenen Minister leisten kann.
Nr. 19: Eben dieser.
Nr. 20: Ein mit steirischem Akzent sprechender Dramaturg.
Nr. 21: Ein dicker Mann, der sich still betrinkt und von dem niemand weiß, wer er eigentlich ist, der aber der Gastgeber sein könnte.
Nr. 22: Ein eigentlich gräflicher Werbefachmann.
Nr. 23: Ein weiterer eigentlich gräflicher Werbefachmann.
Nr. 24: Ein dritter eigentlich reichsgräflicher Werbefachmann.

Nr. 25: Die Kassandra der Nation.
Nr. 26: Der humorvolle Opernbariton, seinem Ruf mit zunehmender Lautstärke gerecht werdend.
Nr. 27: Die legendenumwitterte Ruine eines Kabarettisten.
Nr. 28: Ein reifer Tiroler Schauspieler, einen unreifen Tiroler Schauspieler darstellend.
Nr. 29: Ein wirklich dummer Mensch, der als „Herr Generalkonsul" angesprochen wird.
Nr. 30: Ein schwer gekränkter Außerordentlicher und Bevollmächtigter Gesandter.
Nr. 31–36: Ein halbes Dutzend Damen im Hosenanzug, jünger aussehend als sonst, weil das Wetter so schön ist.
Nr. 37: Der kulturelle Großmanager.
Nr. 38: Der beliebte Psychotherapeut, der drei Fünftel der Anwesenden behandelt.
Nr. 39: Der bekannte Psychoanalytiker der besseren Gesellschaft, der zwar nur ein Fünftel behandelt, aber dafür den Professorentitel besitzt.
Nr. 40: Eine andere Burgschauspielerin, die mehr das Zezenhafte stilisiert.
Nr. 41: Will Fernsehdirektor werden.
Nr. 42: Einer, dem man versprochen hat, daß er Fernsehdirektor wird.
Nr. 43: Der Fernsehdirektor.
Nr. 44: Der Zahnarzt der vornehmen Gesellschaft.
Nr. 45: Der Chirurg der großen weiten Welt.
Nr. 46: Der Große Zampano, auftauchend und verschwindend wie eine Sternschnuppe.
Nr. 47–49: Schattenhafte Erscheinungen im Gefolge des Großen Zampano, an die Geister von Staatssekretären erinnernd.
Nr. 50: Ein republikanischer Staatssekretär, der sich im eitlen Wahne wiegt, illegitimes Kind zu sein.

Nr. 51–54: Zu betonter Gemütlichkeit entschlossene Oppositionspolitiker. Darunter die große Hoffnung der letzten 13 Jahre.

Nr. 55: Ein stattlicher Kriminalbeamter, am Büffet Torten verzehrend.

Nr. 56: Sein Assistent, der dies dezent verhindern will.

Nr. 57–60: Mehrere Herren, die man im Fernsehen gesehen hat, die aber in Wirklichkeit viel größer oder kleiner bzw. dicker oder dünner wirken.

Nr. 61: Der beliebte Progressivkleriker im Rollkragenpullover.

Nr. 62: Ein vermutlich weibliches Geschöpf aus dem Café Hawelka, auf den Namen „Elfi" hörend.

Nr. 63: Die beliebte Dialektsängerin.

Nr. 64: Die beliebte Dialektschauspielerin.

Nr. 65–67: Die Begleiter der Vorgenannten, in verschiedenem Prominenz-Zustand.

Nr. 68: Ein Hellenist aus Linz.

Nr. 69: Noch ein steirischer Dramatiker.

Nr. 70: Ein sehr hübsches Callgirl, Familienname unbekannt, das diese Party mit einer anderen verwechselt hat, dieses jedoch nicht bemerkt und vor deren Ende mit Nr. 21 verschwindet.

Nr. 71: Pantomime, einen Heurigenbesucher mimend.

Nr. 72: Dessen Freund.

Nr. 73: Ein dünner Mann, der Mineralwasser trinkt und auf die ganze Welt bös ist.

Nr. 74: Möchte gerne Operndirektor werden.

Nr. 75: Einer, dem man versprochen hat, daß er der nächste Operndirektor sein wird.

Nr. 76: Ist Operndirektor.

Nr. 77–79: Drei Berufs-Heurigenmusiker, geduldig auf den Zeitpunkt ihres Einschreitens lauernd und kühlen Blicks die Gesellschaft nach ersten Psycholabilitätsphänomenen absuchend.

Nr. 80: Ein rüstiger Avantgardist mit Anarchistenbart.
Nr. 81: Der Theaterdirektor, der so gut Anekdoten erzählen kann.
Nr. 82: Der berühmte Dichter, über den geflüstert wird, daß es ihn eigentlich gar nicht gebe; vielmehr habe Joseph Roth einen Teil seiner populären Werke unter einem Pseudonym – eben dem Namen des Berühmten – veröffentlicht. Der Erfolg dieses pseudonymen Œuvres und die daraus resultierenden Preisverleihungen etc. hätten dann jedoch auch das leibliche Auftreten des geheimnisvollen Dichters notwendig gemacht, was endlich zum Engagement eines passenden Burgtheater-Edelkomparsen führte, der sich in diese Rolle im Laufe der Jahre sehr hineingelebt habe. Es handelt sich hier um eines der düstersten und geheimnisvollsten Kapitel in der Geschichte unseres Landes.
Nr. 83: Ein stiller Beobachter und Autor dieses Buches.
Nr. 84: Trotta.
Nr. 85: Ulrike.
Nr. 86: Der Legationsrat Erster Klasse Dr. Tuzzi.

VIERTES ZWISCHENKAPITEL: EINE FÜRBITTE SOWIE EINE WEGWEISUNG IN DAS SKURRILE DER ÖSTERREICHISCHEN LITERATUR.

Heiliger Ferdinand Raimund – bitte für mich.
Heiliger Johann Nepomuk von Nestroy – bitte für mich.
Heiliger Friedrich von Herzmanovsky – bitte für mich.
Ihr Drei Heiligen Nothelfer der österreichischen Literatur –
bittet für mich. Amen.

Denn nicht aus eitlem Übermut unterfange ich mich, zu schreiben, was ich nun schreiben werde, sondern um dem geneigten Leser ein wenig Hilfe zu bieten zum Verständnis des bereits Geschriebenen und des noch zu Beschreibenden sowie auch der von Euch hinterlassenen Werke.

Oft spricht man davon, daß die österreichische Literatur eine starke Neigung zum Skurrilen oder Bizarren zeige; es fehlt ferner nicht an Vermutungen, daß dies im Wesen des Österreichischen schlechthin begründet sei.

Diese Meinungen sind falsch. Die Skurrilität in der österreichischen Literatur entspringt nicht dieser selbst oder dem Boden, auf dem sie gediehen ist und, wie unter anderem Vorliegendes zeigt, weiter gediehen, sondern einem Mangel der Betrachtung und der Betrachter.

Diese Behauptung wollen wir mit einigen Ausführungen belegen.

Man stelle sich einen mit einem antikischen Gewande bekleideten Mann vor, der anbetend vor einer nackten Göttin kniet. Zweifellos wird man eine solche Szene erhaben, ergreifend oder bewunderungswürdig empfinden.

Wenn dieser Mann jedoch einen Frack trüge, würde die Angelegenheit von so manchem Betrachter vielleicht als bedeutend weniger erhaben bzw. ergreifend empfunden, ja möglicherweise sogar als skurril bezeichnet werden, was natürlich unlogisch wäre, denn man kann ja von dem Betreffenden nicht verlangen, daß er wie die Göttin Unsterblichkeit besitzt – folglich muß man ihm auch die Attribute eines Sterblichen, also Hose oder Frack, ohne weiteres zubilligen.

Nur Leute mit ängstlichem Stilgefühl, also vornehmlich Deutsche, werden hier dennoch Skurriles sehen. Als ob eine Toga oder Chlamys etwas anderes wäre als eine Art von antikem Frack!

Wir schließen mit unerbittlicher Logik, daß, da an sich weder der Frack noch die Göttin komisch sind, allein die Reflexion des Betrachters angesichts dieses Bildes komisch ist. Komik setzt (wie die Tragik) ein Ungenügen, eine Diskrepanz voraus; dieses Ungenügen jedoch muß also im Geiste des Betrachters liegen, der Zeitloses (Göttin) und Zeitbedingtes (Frack oder Toga) nicht zueinander in Bezug zu setzen, geschweige denn Einklang zwischen beidem herzustellen vermag.

Welche Möglichkeiten hätte der Verfertiger oder Beschreiber solcher Bilder, seinen Lesern über dieses sie doch sicherlich peinigende Ungenügen hinwegzuhelfen?

Nun, er könnte beispielsweise durch Genie das zwar nur scheinbar Gegensätzliche von vornherein in Harmonie auflösen.

Heiliger Wolfgang Amadeus Mozart – bitte für uns arme Sünder. Amen.
Heiliger Robert Musil – bitte für uns arme Sünder. Amen.
Heiliger Gustav Klimt – bitte für uns arme Sünder. Amen.

Wer jedoch über Genie nicht in ausreichendem Maße verfügt, wird wohl oder übel einen anderen Ausweg suchen müssen, um jener Diskrepanz zu entgehen. Zwei solcher

Auswege fallen dem Suchenden ins Auge: das Übergehen oder Negieren des Zeitbezogenen (Frack u. ä.), was zum Klassizismus führt. Oder das Ungültigerklären des Zeitlosen (Göttin usw.), was zur Folge hat, daß man den übriggebliebenen Frack mit irgendeiner Theorie oder Ideologie politischer, ästhetischer oder gesellschaftsrelevanter Art umfärben oder dekorieren muß, denn ein Frack an sich, ohne Bezug auf irgend etwas, erregt kaum Interesse.

Am Ende dieses Auswegs breitet sich das weite Feld der Nullpunkt-Literatur aus, ein ödes und von Trübsal erfülltes Schattenreich, in dem schmerzlich-lemurenhaft, halbtot oder halblebendig, die Schatten all jener hin- und hertreiben, die da ausgezogen waren, die Literatur durch Pamphlete und die Sätze durch Parolen zu ersetzen, die Heiterkeit durch Langeweile, Aufklärung durch Beschimpfung – ach, da stolpern sie über konkrete Poesie-Trümmer und die Nullpunkt-Leichen vom vorigen Jahr, in Kursbüchern voller Druckfehler ängstlich nach Erlösung suchend, Schatten, die den Aufstand gegen Schatten proben, ein Bild, so jammervoll wie leider auch langweilig.

Nur selten verirrt sich ein Österreicher von Talent in jene trübselige Unterwelt, denn hierzulande wird der Literat, der ein Revolutionär werden will, zunächst zum Kasperl und bleibt es meistens auch, sofern er nicht, was vorkommt, zum Klassiker wird. Man mag das als Fluch oder Segen ansehen (wir neigen zur zweiten Ansicht, weil wir aus der Betrachtung der Geschichte den Eindruck gewonnen haben, daß der Wurstel wohl mehr zur Beglückung der Menschheit beigetragen hat als der Revolutionär; aber wir werden es mit Fassung ertragen, wenn einer der anderen Meinung anhängt) – als Tatsache muß man es wohl hinnehmen. Schuld oder Ursache (je nachdem) ist wohl, daß hierzulande das Zeitlose in Form von Vergangenheiten halt den Ansatz am Nullpunkt unmöglich macht. Exempla demonstrant von Artmann bis Zand.

Wir entrinnen dem Blick der alten Götter nicht. Und den Frack (oder die Chlamys oder den Blazer) müssen wir tragen.

Also entscheiden wir uns – da wir Genies nicht sind, Klassizismus etwas Fades ist und der Nullpunkt für uns nicht in Frage kommt – für keinen Ausweg, sondern für die Wirklichkeit, indem wir das Zeitlose und das Augenblickliche nebeneinander bestehen lassen, wie es eben gerade steht. Und wenn's der Betrachter diskrepant findet oder skurril, so ist das, wie wir schlüssig bewiesen zu haben glauben, sein Fehler und nicht einer der Faktizität.

Dieses gilt für das Folgende, so leid es uns auch tut.

Heiliger Sigmund Freud – bitte für uns arme Sünder.
Heiliger Joseph Roth – bitte für uns arme Sünder.
Heiliger Heimito von Doderer – bitte für uns arme Sünder. Amen.

SECHSTES HAUPTKAPITEL: DIE UNGLAUBLICHE TWAROCHSCHE HYPOTHESE.

Ein weniger pflichtbewußter und opferbereiter Beamter als der Ministerialrat Dr. Twaroch hätte einen so absurden Auftrag wie die Wiederaufnahme der diplomatischen etc. Beziehungen zu den Zwergen vermutlich mit dem Hinweis darauf, daß solche Beziehungen aus dem einfachen Grund nicht aufgenommen werden könnten, weil es keine Zwerge gebe, sozusagen im Keime erstickt.

Nicht so Twaroch, der sicherlich auch nicht an die Existenz von Gnomen (um nicht immer das Wort „Zwerge" gebrauchen zu müssen) geglaubt hatte, als er mit den diesbezüglichen Recherchen begann (vor mehr als einem Jahr schon, wie aus der Akte ersichtlich!). Twaroch war keiner von denen, die einen scheinbar unlösbaren oder selbst absurden Auftrag ablegen oder weiterschieben, sondern vielmehr einer von den vielen österreichischen Beamten, die einen Akt, den man ihnen zuteilt, auf jeden Fall erledigen – und sollten sie darüber auch verzweifeln oder den Verstand verlieren (welche von beiden Möglichkeiten hier vorlag, konnte Tuzzi nicht unterscheiden). In diesem Sinn hatte der Pflichtbewußte das Schifflein seines gesunden Menschenverstandes hinter sich verbrannt und war ohne Hoffnung, je wieder das rettende Ufer der Normalität zu erreichen, tapfer in das Unmögliche hineingeschritten.

Der Ministerialrat hatte seine Untersuchung mit einer Katalogisierung aller auf österreichischem Bundesgebiet und in benachbarten Auslandsprovinzen je verzeichneten Zwergenbeobachtungen begonnen und die ihm von Literatur und Volkskunde gelieferten Daten auf einer Landkarte der Republik eingetragen.

Die leuchtenden Filzstiftkreuzchen, Fragezeichen und Jahreszahlen konzentrierten sich, wie Tuzzi feststellte, hauptsächlich auf die gebirgigen oder bergigen Teile des Landes. Deutliche Massierungen solcher Zeichen waren in Nord- und Südtirol, ferner entlang der Hohen Tauern und weiter oben vom Untersberg an bis über den Dachstein hinaus zu beobachten. Die Gegend zwischen Semmering und Ötscher wies eine für den relativ kleinen Raum besonders augenfällige Vielzahl von Eintragungen auf, ebenso waren sie in den abgelegenen Gebieten des nördlichen Wald- und Mühlviertels ziemlich häufig. Im Burgenland waren nur Bernstein, Güssing und die Eisenberger Gegend durch ein paar undatierte Kreuzchen markiert, in der Steiermark blieben sie vereinzelt, in Kärnten wiederum tauchten sie, insbesondere im Raum Bleiburg – Eisenkappel, zahlreicher auf, wenngleich ziemlich verstreut.

Die beigefügten Jahreszahlen bezogen sich auf urkundliche Erwähnungen (rote Farbe) oder, wenn mit einem blauen *ca.* und einem Fragezeichen versehen, auf die vermutliche Entstehungszeit der von Zwergen berichtenden Sagen, Märchen und Legenden.

Tuzzi hob verwundert die Augenbrauen und nahm die am Kartenrand mit vorsorglicher Pedanterie *(Erl. s. Ble-Bl. III-VII)* angegebenen Erläuterungen zur Hand:

Bei Betrachtung beiliegender Karte I fällt ins Auge, daß die Nachrichten, die über das Auftauchen von Zwergen sprechen, sowohl räumlich wie auch zeitlich eine deutliche Abfolge einhalten und nicht, wie vielleicht anzunehmen gewesen wäre, in willkürlicher Streuung auftreten. So zeichnet sich ein allmähliches Vordringen dieser Nachrichten (etwa um 500 n. Chr.) aus dem Norden in Richtung der heutigen Staatsgrenze ab (vgl. Sagenkreis um König Alberich, Ble-Bl. XIX ff.), annähernd gleichzeitig jedoch auch eine ähnliche Wanderung aus dem Süden (vgl.

Sagenkreis um König Laurin, Ble-Bl. XXIV-XXX). Im Umkreis des Inntales scheinen sich beide (ca. 700?) vereinigt zu haben. (Vgl. Hinweiszahlen im Gebiet um Hall!) Die in den folgenden Jahrhunderten in vielen Tiroler Seitentälern auftretenden Zwergen-Vorkommen sind vermutlich Ableger dieses Inntaler Zwergen-Zentrums. – Die Zwerg-Besiedelung des Untersberger Raumes –

„Ts, ts!" machte Tuzzi mißbilligend.

– hat offensichtlich mit dieser Ausbreitungsbewegung keinen Zusammenhang, sondern dürfte ein Seitenausläufer der König-Alberich-Wanderung gewesen sein; möglich ist jedoch, daß sich Überschneidungen zwischen salzburgischem und Tiroler Zwerg-Kulturkreis im Salzkammergut ergeben haben. Ungefähr zu dieser Zeit (ca. 700–800 n. Chr.?) hat anscheinend eine dritte Zwergenwanderung, diesmal allerdings viel weiter im Osten, eingesetzt.

„No, no, no!" sagte Tuzzi so laut, daß der Ober, der diese Rüge auf sich bezog, erschrocken einen zweiten großen Braunen herbeibrachte. Woraus übrigens hervorgeht, daß Tuzzi nicht in seinem Büro saß, sondern wie so mancher Österreicher, der Tieferes zu denken hat und dabei nicht vom Telephon gestört werden will, in ein Café geflüchtet war.

Die Thaya, den Kamp und die Ysper entlang sickern Nachrichten über „kloane Mandaln" unbekannter Herkunft bis zur Donau herunter und über dieselbe hinweg.

Deutsch war nie die starke Seite des guten Twaroch, dachte Tuzzi.

Im Alpenvorlande dürfte es dann spätestens 900 eine neuerliche Begegnung großen Ausmaßes zwischen den durch das Ennstal weiterhin unbeirrt nach Osten wandernden Tiroler Zwergen (vielleicht verstärkt durch solche aus dem Untersberg-Raum?) und böhmisch-mährischen (???) Artverwandten stattgefunden haben (vgl. die signifikante Zahl do. Belege!).

Es folgte nun ein Satz, den Twaroch unterstrichen hatte, weil er offenbar als Resümee gedacht war:

Es ist also mit an Sicherheit grenzender Wahrscheinlichkeit anzunehmen erlaubt, daß alles das, was auf Zwerge hindeutet – gewissermaßen also das Zwergische an sich –, in der auch in manch anderer Hinsicht von bedeutenden Geheimnissen durchtränkten Gegend rund um Mariazell oder des nahen Ötscher den Gipfel seiner entscheidenden Ausformung, resp. seine Hochblüte, erreicht hat, ehe sich über dieses Zwergische an sich aus noch näher zu untersuchenden Gründen der Schleier fast völliger Vergessenheit breitete.

Auf diese noch näher zu untersuchenden Gründe bin ich aber gespannt, dachte Tuzzi grimmig. Oder vielmehr: sie sind mir Wurscht, denn ich weigere mich entschieden, die Schande, die man einem anständigen, ehrenhaften Beamten angetan hat, als man ihm einen solchen Auftrag gab, und die den Armen offenbar bis an den Rand des Wahnsinns getrieben hat, nun auf meine Schultern legen zu lassen! Ich nicht! Diese Hitze ist ja wirklich zum Verstandverlieren – arme Ulrike, miserabel habe ich mich benommen! –, aber ein Minister hat einfach nicht seinen Verstand zu verlieren und schon gar nicht das Recht, einen Beamten in denselben Zustand zu versetzen! Irgendwo haben schließlich auch die Pflichten, die ein Beamter auf sich nehmen muß, ihre

Grenze. Und die ist nun erreicht. Morgen schmeiße ich diesem ... diesem Dolm, diesem Surm, diesem Gscherten, diesem Kropferten, diesem Klachl, Mostschädel und Stierwascher, diesem Lackel*, diesem Bundesbauern den ganzen Zwergenkrempel vor die Plattfüße – jawohl, das mache ich! Und wenn einer auch nur mit den Wimpern zuckt, komme ich um meine Entlassung ein, nehme mir meine überständigen Urlaube und fahre nach Brüssel oder sonstwohin, wo es kühl und naß ist. Den Buckel sollen sie mir 'runterrutschen samt dem Zwergischen an sich und mitsamt der neuen Staatsdoktrin! Jawohl! Sollen sie! Höchste Zeit, daß einmal ein höherer Staatsbeamter diesen Sozialisten zeigt, was Stolz vor Fürstenthronen ist! Jawohl! Und jetzt gehe ich zu Ulrike und entschuldige mich. Jawohl!

Mit Bedauern muß mitgeteilt werden, daß dieser Versuch des Legationsrates, seine männliche Integrität wiederherzustellen, ziemlich kläglich scheiterte. Ulrike empfing ihren Geliebten zwar liebevoll – eine wirklich gute Geliebte muß stets bereit sein, dem Partner eine kleine Unachtsamkeit zu verzeihen, denn nichts wirkt beeinträchtigender auf eine

---

* Der Legationsrat verfängt sich hier in definitorischen Unzulässigkeiten. „Dolm" ist ein nur für Tiroler, „Kropferter" (d. i. ein mit einem Kropf Versehener) ein nur für Steirer gebräuchliches Schmähwort, während mit dem abschätzigen Begriff „Gscherter" (ursprünglich: ein kurzhaariger Leibeigener) im wesentlichen Niederösterreicher zu bedenken sind. Der „Lackel" – von „Lakai" abgeleitet – trifft wiederum mehr ins allgemein Grobe, während die Bezeichnung „Stierwascher" exklusiv dem Salzburger, der „Mostschädel" nach gängiger Meinung aber vom Volksmunde dem oberösterreichischen Menschen angemessen ist.
Für den Landwirtschaftsminister, einen Kärntner, wäre somit lediglich der nicht lokalgebundene „Klachl" zulässig gewesen. – Man wird diese Fehler jedoch durch den Tuzzischen Zorn sowie den Umstand entschuldigen, daß sie ja ohnehin nur in Gedanken gemacht wurden.

intime Beziehung als der Verdacht, einer wolle dem anderen Verpflichtungen auferlegen! –, aber die Umstände waren halt nicht recht dazu angetan, den eher aus Protest gegen das Absurde als aus wahrer Liebeslust in der legationsrätlichen Seele aufgeglommenen Erosfunken zu lodernder Leidenschaftlichkeit zu entfachen. Dazu war Ulrikens Gesicht denn doch von Tränen zu sehr verschwollen, das aufgewärmte Chinesische zu ungustiös und der Reiswein zu lau. Dennoch und trotz der herrschenden Hitze versuchte Tuzzi mannhaft, sein Bestes zu geben, was ihm aber zunächst nicht gelang, weil ihm ausgerechnet im entscheidenden Moment des Übergangs vom Höhepunkt des Vorspiels zum Beginn des eigentlichen Aktes der Twarochsche Terminus des „Zwergischen an sich" einfiel, worauf er die arme Ulrike im unpassendsten Augenblick durch ein in der stillen Nacht weithin hallendes hysterisches Lachen und sodann durch ein totales physisches Desinteresse an ihrer Person erschreckte. Das vielgeplagte Mädchen entnahm jedoch gerade diesem so frustrierenden Benehmen Hoffnung für sich und ihre schon verloren geglaubte Liebe, denn hier lag offensichtlich ein geradezu klassischer Nervenzusammenbruch infolge von Überanstrengung vor – und die war ja dann wohl auch schuld gewesen an dem, was schon tags zuvor zwischen Tuzzi und ihr passiert oder vielmehr nicht passiert war. Diese Annahme machte Ulrike glücklich und befähigte sie dazu, mit echt weiblicher Anteilnahme Tuzzis Kopf so lange rhythmisch zu streicheln, bis sich seine Verkrampfung einigermaßen gelöst hatte und er wieder imstande war, sein Versagen in einer der Situation angemessenen Weise halbwegs gutzumachen.

Am nächsten Morgen sah der Legationsrat schlecht und schonungsbedürftig aus, ließ sich auf alle Fälle ein Valium und sicherheitshalber auch noch ein Librium verabreichen und verabschiedete sich nach dem Frühstück mit der von Ulrike liebevoll gewährten Bitte, sich etliche Tage bei ihr nicht melden, sondern nach Einholung ärztlichen Rates einige Nächte des schonenden Einzelschlafs pflegen zu dürfen.

(Noch einmal: Arme unschuldige Ulrike! Sie wäre nie auf den Gedanken gekommen, daß möglicherweise sie selbst eine der Ursachen dieser Nervenkrise war; aber das ging ihrem Geliebten nicht anders.)

Indessen suchte Tuzzi nicht einen Arzt, sondern im Rudolfs-Krankenhaus den Patienten Twaroch auf, der aber nicht ansprechbar war, weil man ihn – eine in der Zeit der Großen Hitze recht häufige medizinische Praxis – in mehrtägigen Tiefschlaf versetzt hatte. Das irritierte Tuzzi zunächst, denn es schien ihm unkorrekt, seine Entschlüsse ohne vorhergegangene Rücksprache mit dem eigentlich Zuständigen in die Tat umzusetzen; aber die Überlegung, daß man einen ordentlichen Ärger nicht abflauen lassen darf, sondern im Interesse der eigenen Seelenruhe möglichst komplett an den Mann bringen muß, wog schließlich schwerer als persönliche und berufliche Taktgefühle, und so ließ sich Tuzzi kurzwegs zum Stubenring fahren, marschierte ins landwirtschaftsministerielle Präsidialbüro und begehrte kalten Tones vom dortamtigen Kommissär Dr. Tappeiner, beim Herrn Minister umgehend vorgelassen zu werden.

„So schnell?" sagte Tappeiner und legte das verborgene Denkmaschinchen in seinem Kopf auf die rechte Schulter.

„Noch schneller, wenn ich bitten darf."

„Ich gestatte mir die Bemerkung, daß der Herr Minister freudig überrascht sein wird, daß Herr Legationsrat Tuzzi – Herr Doktor bemerken, daß ich's mir gemerkt hab' – so schnell wiederkommen!"

„Er wird nicht freudig überrascht sein", sagte Tuzzi, „sondern der Schlag wird ihn treffen. Kann ich jetzt hinein zu ihm?"

„Leider, leider", sagte Tappeiner. Er hielt den Kopf jetzt

ganz gerade und zwinkerte heftig mit Augen, hinter denen emsige Betriebsamkeit herrschte. „Der Herr Minister ist im Moment nicht in Wien."

„...sondern?"

„Der Herr Minister hält in seiner engeren Heimat einige Vorträge vor Funktionären der Bauernkammer." – Kleine Pause. Das Zwinkern hörte auf. „Herr Legationsrat können sich vielleicht vorstellen, daß die Besorgnis hinsichtlich der Wetterlage gerade in der eigenen Heimat des Herrn Ministers ein Eingreifen beziehungsweise eine Aufklärung über die tatsächlichen Gegebenheiten sowie Hinweise auf die bereits von der Bundesregierung getroffenen Maßnahmen von besonders kompetenter Seite, also aus dem Munde des Herrn Ministers, als nützlich, wenn nicht sogar notwendig erscheinen läßt."

„Ich verstehe. Möcht' nur wissen, was er seinen Landsleuten über getroffene Maßnahmen erzählen wird...?"

„No", sagte der Präsidialist in plötzlicher Umgangssprache, „halt, daß eine Sonderkommission – unter Ihrer Leitung zum Beispiel – dafür sorgen wird, daß's regn't. Oder wissen S' was G'scheiteres, was er seinen Bauern da unten sagen könnt'?"

„Und wann", sagte Tuzzi mühsam, „– wann kommt der Minister wieder zurück?"

„Er hat leider keinen diesbezüglichen Hinweis hinterlassen", sagte Tappeiner ungerührt, „aber ich hab' so eine gewisse Ahnung – unter uns, natürlich! –, daß er überhaupt nicht nach Wien z'rückkommt, ehe nicht irgendwo am Horizont das erste Regenwolkerl sichtbar wird. Vergessen S' nicht, Herr Legationsrat: das ist ein Bauer. Und ein Bauer, der interessiert sich im Grund für nix als für seinen Hof – auch wenn rundherum die Welt z'grund geht. Tut mir leid, Herr Legationsrat. Ich kann mir vorstellen, wie Ihnen zumute ist mit diesem idiotischen Auftrag, und ich bedaure, daß ich Ihnen nicht helfen kann. Aber der

Minister hat ja nicht einmal ein Telephon da unten. Na, der Herr Bundeskanzler wird noch sauber toben, wenn er hört, daß der abg'fahren ist!"

Das geht zu weit, dachte Tuzzi. Diese widerliche kleine Laus nimmt sich das Recht heraus, einen Minister derart zu beurteilen? Sind wir schon so weit gekommen, daß solch subalterne Naturen über die *res publicae* zu befinden sich anmaßen dürfen? Das Zwergische an sich ist reiner Irrwitz. Aber darüber zu entscheiden ist nicht Angelegenheit von Kommissären eines – noch dazu! – Landwirtschaftsministers. Tuzzi, du hast deinen Rhodus erreicht. Nützt alles nix – jetzt springst. Alea jacta est, nein: sunt. Spring! Spring diesem karrieresüchtigen Widerling, der sich mit dir auf einen Vertraulichkeitsfuß stellen will, ins Gesicht – oder tritt ihm wenigstens kräftig auf die Zehen! Und laut sagte Legationsrat Dr. Tuzzi:

„Ich habe Sie, Herr Doktor Tappeiner, nicht um Ihre Hilfe gebeten. Ich verzichte, Herr Doktor Tappeiner, auf Ihr Bedauern. Was Ihre Ahnungen betrifft, Herr Doktor Tappeiner, so sollten Sie wissen, daß ein anständiger Beamter solche bei sich zu behalten hat. Ahnungen zählen nicht. Ihre Meinung über die Art des von mir zu erfüllenden Auftrags ist gegenstandslos, weil nicht kompetent. Und ich bitte Sie dringlichst, in Hinkunft und im Interesse eines reibungslosen Ablaufs unserer beiderseitigen Beziehungen jede derart persönliche und subjektiv gefärbte Meinungsäußerung zu unterlassen."

Tappeiners Gesichtsausdruck, der bisher stets Assoziationen an Vogelartiges hervorgerufen hatte, glich nach dieser gemessenen Ansprache dem eines Karpfen, der sich plötzlich im Aquarium eines gutbürgerlichen Gastwirts wiederfindet und, nach Luft schnappend, durch eine Küchentür auf einen Tisch blickt, wo gerade die Zutaten für eine Panier bereitgelegt werden.

Tuzzi schritt ebenfalls als ein anderer hinaus, als der er

eingetreten war. Schweren Herzens gekommen, um einen hoffnungslosen Auftrag abzulehnen, ging er, um einen hoffnungslosen Auftrag bis zum äußersten Punkt des eben noch Möglichen durchzuführen; und obwohl ihm der Weg, den zu beschreiten er sich nun so plötzlich entschlossen hatte, bestenfalls in der Intensivstation des Rudolfs-Krankenhauses, eher aber im Irrenhaus zu enden schien, ging er leichteren Herzens.

Als er aus dem Regierungsgebäude trat – es hatte vor Zeiten das K. u. K. Kriegsministerium beherbergt –, hob er unwillkürlich den Kopf. Und sah über sich die Köpfe des mächtigen Doppeladlers und fühlte sich sonderbar getröstet, denn in diesem Augenblick erschienen ihm die nach beiden Seiten der Welt spähenden Häupter des Adlers als ein Zeichen dafür, daß er auch jetzt noch den beiden Qualitäten der Legitimität und der Kontinuität diente, denen er durch Herkunft und Erziehung, durch Neigung und Charakter verpflichtet war.

Die folgenden Tage verliefen ungestört und waren bis zum Rande mit dem intensiven Studium der Twarochschen Akten ausgefüllt. Haberditzl hatte sich nach gütlichem Zureden, wenn auch ungern (er schätzte sich selbst als mittelmäßigen Intellekt ein, empfand das aber für einen Beamten, vielleicht nicht zu Unrecht, eher als Tugend), bereit erklärt, den Vorsitz in der Kleinen Sitzung zu übernehmen, womit für ein wenigstens langsames Weiterarbeiten an der Verifizierung der Insel-Frage gesorgt war. Die weniger wichtigen Agenden Tuzzis konnten ruhig liegenbleiben; die Telephonzentrale war angewiesen, keine Gespräche durchzugeben und etwa Anrufenden (Ulrike?) auszurichten, daß der Herr Legationsrat in dringenden Angelegenheiten außer Hause und seine Rückkehr ungewiß sei.

Die Nachrichten bzw. schriftlich oder mündlich überlieferten Beobachtungen von in Erscheinung tretenden Zwergen werden erst ab etwa 1750 (Aufklärung!) spärlicher, um etwa gegen 1830 (Beginn der Industrialisierung?) fast ganz zu verschwinden. Jedoch gibt es Ausnahmen. So berichten zum Beispiel noch gegen 1870 Landstreicher, daß sie am Fuße des Ötscher zwergähnlichen Gestalten begegnet und von diesen durch Steinwürfe und ähnliche Brachialmittel an der Verfolgung bestimmter Wege gehindert worden seien (waren diese Landstreicher vielleicht auf der Suche nach dem sog. Ötscher-Schatz, über den man in dieser Gegend heute noch, wenn auch natürlich halb im Spaß, Wunderliches munkelt? – Tw.). Und in Zillertaler Sennhütten sollen gar noch um 1930 (!) vereinzelt „Kasermandln" gesichtet worden sein.

Das Ö-Norm-Blatt war an dieser Stelle zerschnitten und durch eine später datierte handschriftliche Erweiterung verlängert worden, der eine gewisse Erregtheit anzumerken war:

Es ist mir gelungen, unter Mithilfe örtl. Gendarmeriedienststellen einen Zeugen aufzutreiben, den 87jährigen Franz Grünmandl aus Heinzenberg i. Zillertal (beachte den Namen dieses Ortes!), der laut eigener Aussage „eine Zeit noch vor'm Hitler" während seiner Tätigkeit als Senn einen solchen Kasermandl-Zwerg nicht nur mehrmals gesehen, sondern einmal auch mit ihm gesprochen haben will. Eine erste Befragung des Zeugen durch den örtl. Gendarmerie-Postenkommandanten (persönl. Unterrichtung war mir bis jetzt aus Zeitgr. nicht möglich) erbrachte leider keine wesentlicheren Resultate. So antwortete Grünmandl auf die Frage, was der Zwerg bei seinem Erscheinen denn für einen Zweck verfolgt haben möge: „Jo – an Graukas hot er halt hobm wölln." Und auf die

*Frage, welches der Inhalt des Gesprächs gewesen wäre:
„Mir hom holt über die Menschen g'schimpft, weil s' so
viel schlecht sein toan."
Bedeutungsvolleres wird aus dem offenbar schlichten
Gemüt des Grünmandl vermutlich nicht mehr zutage
gefördert werden können. Seine übrigen Angaben bezügl.
Aussehen, Gehaben etc. des von ihm gesichteten Zwerges
decken sich im übrigen völlig mit den anderen Berichten
über Kasermandl-Phänomene. Jedoch wird man immerhin als überraschendes Faktum zu werten haben, daß es
auch in unseren Tagen (einen) Menschen gibt, (der) die mit
Zwergen persönlichen Kontakt hatte(n).*

Leider gab es diesen Menschen doch nicht mehr, wie
Tuzzi einem dem Akt beiliegenden gemeindeärztlichen
Attest entnahm: Franz Grünmandl war zwei Monate zuvor
eines friedlichen, übrigens nicht durch die Hitze bedingten
Alterstodes verstorben. Der Gemeindearzt bescheinigte ihm
aber, wohl auf entsprechende Nachfrage hin, nachträglich

*eine noch in den letzten Tagen seines Lebens auffällige
geistige Frische, die durchaus realitätsbezogen schien. Von
einer Neigung zu phantastischen oder gar wahnhaften
Ideen konnte bei dem Verstorbenen keinesfalls die Rede
sein.*

Zeile für Zeile jedoch las er einen Twarochschen

*Kurzen Überblick über die Entwicklung
der menschlich-zwergischen Beziehungen
im Laufe der Jahrhunderte*

*Es muß dem objektiven Betrachter auffallen, daß sich
diese Beziehungen über einen Zeitraum von etwa einein-
halb Jahrtausenden hin langsam, aber unwiderruflich*

verschlechtert haben. Anfänglich scheint der Kontakt zwischen Menschen und Zwergen ebenso häufig wie relativ gut gewesen zu sein, ja man kann sogar annehmen, daß beide Bevölkerungsteile friedlich nebeneinander gelebt und aus dem Austausch von Waren und Dienstleistungen gegenseitigen Nutzen gezogen haben (vgl. die zahlreichen Hinweise auf die im Quellenmaterial, Bl. 137 ff., erwähnten Vermietungen von Prunklokalitäten an Zwerge zwecks Abhaltung von Feierlichkeiten, Lieferung von Waffen und anderen Zwerg-Gerätschaften im Austausch gegen landwirtschaftliche Produkte u. ä. mehr). Aus zahlreichen Berichten ist zweifelsfrei zu entnehmen, daß die Zwerge zu jener Zeit über eine weitaus fortschrittlichere Technologie als die Menschen verfügt haben müssen – s. die diversen Zaubergürtel, -ringe, -tarnkappen etc. –, daß sie aber Fabrikationsgeheimnisse nur ungern preisgaben, was um so verständlicher ist, als es ja gerade diese technischen und handwerklichen Fähigkeiten waren, die den Zwergen im Umgang mit den körperlich überlegenen und wohl auch weniger zivilisierten Menschen (s. u.!) eine gewisse Achtung und Gleichberechtigung verliehen, überdies aber zum Erwerb bestimmter, von den Zwergen offenbar hochgeschätzter Nahrungsmittel (Milch, Honig, Grütze) dienlich waren. Diese Kenntnisse und ihr unbezweifelbarer Fleiß verschafften den Zwergen innerhalb der damaligen Gesellschaft eine soziale Position, die nicht ganz leicht zu definieren ist. Nach heutigen Maßstäben würde sie vielleicht zwischen der eines ausländischen Spezialisten und der eines allzu arbeitswilligen Gastarbeiters liegen. Anders ausgedrückt hieße das, daß die Zwerge im Rahmen der menschlichen Sozietäten die Rolle einer besonders tüchtigen, jedoch psychisch andersartigen Minderheit spielten.
Diese auf Sachzwängen beruhenden menschlich-zwergischen Beziehungen verfielen jedoch im selben Maße, in

dem sich die Strukturen der menschlichen Gesellschaft verfestigten und diese ihre eigene Technologie entwickelten. Wieder einmal dürfte es die Kirche gewesen sein, die das Signal zur Verfolgung der Minderheit gab ...

Das „wieder einmal" verrät den Freigeist und kleinen Austromarxisten im guten Twaroch, dachte Tuzzi amüsiert. Gleich darauf aber spürte der Legationsrat Betroffenheit, weil er über den nüchternen Bemerkungen des Kollegen ganz vergessen hatte, wie abstrus das Thema war, dem sie galten. Er mahnte sich zu vermehrter Reflexion und las weiter:

... zur Verfolgung der Minderheit gab. Ob sie vergeblich versucht hat, unter den Zwergen zu missionieren? Jedenfalls ächtete sie diese zunächst als heidnisch oder als Zaubergeschöpfe. Am Ende sprach sie ihnen sogar die Seele ab, womit die Zwerge denn faktisch für vogelfrei erklärt wurden. Die Zünfte und Gesellenbünde, denen der vor nächtlichen Überstunden nicht zurückschreckende Arbeitseifer der Zwerge als unsolidarisches Verhalten erscheinen mußte, dürften alsbald ebenfalls eine abwehrende Haltung eingenommen haben. Vereinzelte brutale Übergriffe der Menschen waren schon früh zu verzeichnen (vgl. die Begegnung von Siegfried und Mime sowie auch zwischen Dietrich und Alberich!) – nun aber wurden sie zur Regel. Jede List schien erlaubt, um die Zwerge zur Ableistung von Frondiensten und zur Herausgabe ihrer Geheimnisse, vor allem aber natürlich ihrer Reichtümer, zu bewegen.
Es wirft ein interessantes, wenngleich nicht eben erfreuliches Schlaglicht auf die menschliche Psyche, daß diese zunehmend aggressive Haltung gegenüber den Zwergen von einer wahren Greuelpropaganda begleitet, begründet und in gewissem Sinn natürlich auch entschuldigt wurde.

Hatten die Zwerge bisher als zwar fremdartig und zurückhaltend, aber doch auch äußerst vertrauenswürdig, vertragstreu, klug und selbst großzügig gegolten, dichtete man ihnen nun Heimtücke, Bosheit und Verschlagenheit an, Eigenschaften, die durch die auch jetzt unbestrittene Tüchtigkeit der Zwerge nur verschlimmert wurden.
Am Ende ging man noch weiter und unterstellte den Zwergen, zweifellos auf Grund kirchlicher Einflüsterungen, sogar Neigungen zu Kindesraub und gar Raub- und Vergewaltigungsversuche an Menschenfrauen.

Zum Staunen! fand Tuzzi. Da sind wirklich sämtliche Merkmale jenes typischen Verfolgungswahn-Syndroms gebündelt, wie sie Mehrheiten gegenüber Minoritäten so oft an den Tag legen. Nicht einmal die Sexualfurcht fehlt. Wahrhaft erstaunlich!

Auffallend ist, daß selbst in dieser immer mehr sich verdüsternden Phase der gegenseitigen Beziehungen den Zwergen niemals Mordabsichten unterstellt werden. Es gibt häufig Berichte, daß Zwerge willentlich erschlagen worden sind, jedoch keinen, der von einem Totschlag an einem Menschen berichtet. Wenn man die wenigen Kindes- oder Frauenentführungs-Unterstellungen ignoriert, scheint das Schlimmste, was man den Zwergen vorwerfen konnte, heimliche Milchabnahme am weidenden Almvieh und gelegentlicher Mundraub gewesen zu sein – abgesehen natürlich davon, daß man ihnen offensichtlich als schlimmste Sünde ihre mangelnde Bereitschaft zur freiwilligen Preisgabe ihrer Schätze anrechnete.
Nehmen wir an, daß es Zwerge tatsächlich gegeben hat...

Hoppla! Das ist der Moment, in dem Twaroch über seinen Rhodus gehüpft ist!

> ... dann wäre das allmähliche Versiegen der bis dahin relativ zahlreichen Nachrichtenquellen einfach damit zu erklären, daß sich die Zwerge unter dem zunehmenden Druck mehr und mehr zurückgezogen haben. Eine Weile scheinen sie sich noch deutlich harmlosen Menschen gezeigt zu haben – Kindern, Greisen, Hirten u. dgl. –, dann verschwanden sie endlich ganz.

Es mag Irrsinn sein, aber es hat Methode, sinnierte Tuzzi beunruhigt. Neugierig bin ich, wie Twaroch die Frage beantworten wird, *wohin* die Zwerglein wohl verschwunden sein mögen.

Der Ministrialrat hatte jedoch diese so außergewöhnlich wichtige Frage nicht sofort beantwortet, sondern sich zunächst auf dem ziemlich tristen Felde des menschlichen Zwergenwuchses (Mikrosomatie) mit all seinen kretinös-hypothyreoten, krüppelhaften und anderen monströsen Spielarten einer mißgelaunten Natur umgesehen. Diese Pseudozwerge" (ein offenbar von Twaroch ad hoc erfundener, nicht übel gewählter Fachausdruck) unterschieden sich von den „echten" Zwergen, sehr zum Vorteil der letzteren, durch körperliche Schwäche, rasche Ermüdbarkeit und vielfach auch geringe Intelligenz – all das eher typisch menschliche und keinesfalls zwergische Mängel. Auch seien, schrieb Twaroch, bei den „Pseudozwergen" das Lebensalter und vielfach auch die Zeugungsfähigkeit sehr gering.

An diese aus medizinischen Lehrbüchern kompilierte Untersuchung hatte Twaroch einen weiteren Exkurs über die Rolle der in barocken Zeiten so beliebten Hof- und Kammerzwerge angeschlossen, denen man – vielleicht in verspäteter Erinnerung an die wirklichen Zwerge – gern eine besondere Art von närrischer Weisheit zugeschrieben habe, was angesichts der ihm, Twaroch, bekannt gewordenen Unterlagen allerdings bezweifelt und wohl eher dem Umstand zugeschrieben werden müsse, daß der intellektuelle Anspruch an Höfen, die sich an menschlichem Zwergwuchs ergötzten, nicht eben hoch gewesen sein dürfte. Daß es sich hier durchwegs um „Pseudozwerge" gehandelt habe, sei aus den noch vorhandenen Porträts solcher Hof-Mikrosomatiker eindeutig zu ersehen – *(vgl. z. B. die diesbezüglichen Bilder im Schloß Ambras bei Innsbruck*).*

Nun erst, nachdem er bei diesen Ausflügen in die Gebiete der Medizin und Kunstgeschichte durch die glückliche Differenzierung von „Zwergen" und „Pseudozwergen" belohnt worden war, hatte der Ministerialrat es gewagt, weiter in die Geheimnisse des Zwergischen an sich einzudringen.

---

* Da wir mit dem vorliegenden Roman – oder was immer dieses Buch sein mag – unter anderem auch ein möglichst umfassendes Stück österreichischer Wirklichkeit zu schildern bezwecken, können wir uns der Bemerkung nicht enthalten, daß dieses Schloß Ambras eine der grauslichsten Hervorbringungen eines fürstlichen Kunstverstandes überhaupt ist. Wohl nicht zufällig hat gerade ein Erzherzog Ferdinand dieses Schloß erbaut – die Ferdinande haben ja immer Unheil angerichtet, wo sie auftauchten. Dieser tat es, indem er einen Hofmaler namens Heinrich Teufel (!) damit beauftragte, das Schloß mit architektonischen und figürlichen Wandmalereien von peinigender Disproportioniertheit zu bekleistern, ferner einen mit Sicherheit irrsinnigen Schüler des auch nicht erstklassigen Pietro Rosa volle 26 Ölbildnisse vergessener oder nie existent gewesener Landesfürsten zu einer eindrucksvollen Galerie von schizophrenen, paranoiden, sadistischen Köpfen auf starren Gewändern vereinigen ließ und grausliche Dinge sammelte, wie Keuschheitsgürtel, Porträts von menschlichen Abnormitäten, besonders miserable Möbel und Vexierkästchen, in denen bei geringer Berührung Kröten, Spinnen und ähnlich scherzhaftes Getier gespenstisch sich bewegte, Kuriositäten also, deren Bewunderung einem Normalmenschen nur bei starker lokalpatriotischer Verblendung möglich ist.

Die verfügbaren Unterlagen stimmen ausnahmslos darin überein, daß die Zwerge stets Höhlenbewohner gewesen sind und ihre versteckten und zumeist unterirdischen Behausungen nur zeitweilig und ungern verlassen haben. Höhlen, unter der Erdoberfläche verlaufende Gänge, Bergwerke und ähnliche subterrane Baulichkeiten sind die Domänen der Zwerge. Von dort aus sind sie bisweilen unter die Menschen gegangen – und dorthin müssen sie sich logischerweise vor den Menschen auch wieder zurückgezogen haben.

Logisch? dachte Tuzzi. Nun ja: Logisch ist es.

Solcherart verschwanden die Zwerge aus dem Blickfeld der Menschen.

Hm! machte Tuzzi.

Zwei Fragen harren nun der Beantwortung.

Nur zwei?

Die erste: Besteht die Möglichkeit, die Zwerge, die wir heutzutage ja kaum als Geister vorhanden oder vorhanden gewesen denken können . . .

Warum eigentlich nicht? Wenn schon, lieber Twaroch, denn schon; auf solche Kleinigkeiten kommt's ja nun auch nicht mehr an!

. . . als menschlich bzw. als eine Gattung des Homo sapiens zu definieren?
Diese Möglichkeit besteht, denn im ganzen zeigen die Zwerge in der sie betreffenden Literatur durchaus humane Züge. Aussehen, Verstand, Vernunft und Gefühlsleben der

Zwerge sind ebenfalls ausgesprochen menschliche. Das, was unseren Ahnen nicht- oder gar übermenschlich vorkam, nämlich eine hohe Intelligenz und als „zauberkräftig" empfundene Kenntnisse, ließe sich (s. o.) erklären, wenn man annimmt, daß die Zivilisation der Zwerge zu jenen Zeiten fortschrittlicher war als die der Menschen. Bleiben also die Unterschiede des physischen Erscheinungsbildes sowie die besondere (unterirdische) Lebensweise der Zwerge. Zum ersten Punkt wäre zu sagen, daß wir über die Durchschnittsgröße der Zwerge – also das eigentlich Zwergenhafte an ihnen – nicht Bescheid wissen.

Wieso? Klein sind sie halt – darum sind sie ja Zwerge. Oder nicht?

Das Gerede von „spannenlanger" Größe stammt aus Zeiten, in denen die Zwerge bereits zum Märchenmotiv geworden sind. Die früheren und unbefangeneren Berichte sprechen nur von „kleinen Gestalten" oder „kleinen Männern" und geben Maße an, die etwa einem zwölfjährigen menschlichen Normalkinde entsprechen. Die vielfach bestaunte Kraft der Zwerge, die sie zu schwerem Schmiedehandwerk und bedeutenden montanistischen Leistungen befähigte, läßt gleichfalls auf Körperdimensionen zwar auffällig kleiner, nicht aber im Sinne des naiven Märchens „zwergiger" Menschen schließen. Daß sehr kleine Menschen unter Umständen verblüffende Kraftleistungen vollbringen können, lehrt ein Blick in die Leistungstabelle der unteren Gewichtsheberklassen. So drückte der österreichische Gewichtheber und Staatsmeister von 1972, Kurt Pittner, bei einer Körpergröße von nur 152 cm nicht weniger als 131 Kilogramm, bewältigte im Reißen 120 Kilogramm und im Stoßen 150 Kilogramm. Das sind Zahlen, die in unserem Zusammenhang zweifellose Signifikanz besitzen.

Allerdings. Und nun die angekündigte zweite Frage, nehme ich an.

... ist, ob der Mensch zu einem quasi totalen Höhlenleben überhaupt befähigt ist, wie es unsere bisherigen Schlußfolgerungen, die freilich rein hypothetisch sind ...

O du mein lieber Twaroch! dachte der Legationsrat humorlos. Was soll nach alldem noch dieses „freilich" bedeuten?

... nahelegen. Der Mensch ist jedoch ein höchst adaptabiles Wesen, das sich im Laufe mehrerer Generationen selbst extremsten Verhältnissen anpassen kann.

Das stimmt. Die patagonischen Indianer lebten, zeugten und gebaren bei Temperaturen unter dem Nullpunkt ohne Bekleidung und Behausung, frisch, fromm und fröhlich, ehe sie von den Bazillen eines verschnupften Europäers ausgerottet wurden. Die Hottentotten zehrten in Dürreperioden kamelhaft von einem Fettsteiß und entwickelten die Fähigkeit, mit Brackwasser ihren Durst zu löschen. Eskimos überlebten unter Bedingungen, die man sicherlich als lebensfeindlich bezeichnen kann. Menschen bringen sich in Wüsten, im Eis, im Gestein der Gebirge, im giftgeschwängerten Dschungel fort. Aber in Höhlen? Unterirdisch? Ohne Sonne?

Twaroch hatte auch zu diesem Punkte – Tuzzi staunte immer mehr über die immense Arbeit des so bescheidenen Beamten – reiches historisches, medizinisches und speläologisches Material zusammengetragen. Der Legationsrat blätterte auch diese Unterlagen zunächst nur flüchtig durch. Ja, es gab Hunderte von ausreichend belegten Fällen, in denen Menschen als Gefangene in stinkenden Kerkern oder als Sklaven in Bergwerken tief unter der Erde jahrzehntelang ohne Licht (und sicher nur von einem Minimum an Nahrung) gelebt hatten – mochte dieses Leben auch nur ein Vegetieren gewesen sein. Unter der Erde zu existieren war also möglich. War oder ist jedoch auch Fortpflanzung beziehungsweise Nachwuchsaufzucht unter solchen Bedingungen möglich? Die Naturwissenschafter äußerten sich dazu auf Twarochsche Nachfragen hin skeptisch, denn der Mensch bedarf während seines Wachstums einer gewissen Menge Sonnenstrahlung – es ging da um Vitaminsynthetisches, von dem Tuzzi nichts verstand. Immerhin gaben sie, vermutlich von bohrenden Twaroch-Fragen irritiert, zögernd zu, daß diesbezüglich Endgültiges nicht gesagt werden könne, weil man über praktische Erfahrungswerte auf diesem Gebiete kaum verfüge und auch nicht wisse, inwiefern hier eine Regel vorliege, von deren Ausnahmen man erst recht keine Kenntnis habe. Eine gewisse Befriedigung schwang in dem Twarochschen Fazit dieser Auskünfte mit:

Es liegen hier also noch Unklarheiten vor. Jedoch kann ich nicht umhin, diese Probleme für mehr oder minder sekundär zu halten. Da sie nach Aussagen der Fachleute theoretisch nicht unlösbar erscheinen, sind sie unter dem Druck der Notwendigkeiten wahrscheinlich praktisch gelöst worden.

So kann man nicht argumentieren, lieber Kollege Twaroch! Dein Glaube ist nicht ganz absurd, wenn ich so an Hottentotten, Patagonier und die Indianersklaven in den Goldbergwerken denke – aber unter dem Gesichtspunkt einer soliden Beweisführung ...
O Gott!
Habe ich dir nicht, eben jetzt, im Grundsätzlichen fast schon zugestimmt?
Ich habe es.

Bin ich auch schon halb verrückt geworden? Nein, das kann nicht sein, Wahnsinnige wissen ja nicht, daß sie es sind. Oder? Verdammte Zwergelei!

Oh, diese verfluchte Hitze. Bin ich ... oder bin ich nicht ...?

Das Folgende hatte Twaroch wieder unterstrichen:

Nichts steht also grundsätzlich der Annahme entgegen, daß es Zwerge tatsächlich gegeben hat. Für sie sprechen unzählige bis in unsere Tage hinein vorgebrachte Augenzeugenberichte, dagegen nichts als ein Vorurteil, demzufolge alle jene Zeugen Opfer eines Aberglaubens, Lügner oder Phantasten gewesen seien.

Ferner wäre auf Grund des bisher bekannten Materials eine Meinung nicht zu widerlegen, nach der es sich bei den sog. Zwergen um eine in jeder Hinsicht menschliche Rasse oder Art handelt(e), wiewohl wir über ihre Herkunft nichts wissen.

Waren sie vielleicht die Nachfahren einer vorgeschichtlichen und bereits höhlenbewohnenden Rasse, die eine ziemlich beachtliche Kulturstufe erreicht hatte und dann von den plötzlich auftauchenden Cromagnon- und Aurignac-Riesen überrannt und noch tiefer in ihre Höhlen getrieben wurde?

Und schließlich sehen wir keinen fundamentalen Widerspruch zu der theoretischen Annahme, daß, da es offenbar Jahrtausende hindurch an Zwergen nicht gemangelt hat, solche auch heute noch vorhanden sind und lediglich nicht in Erscheinung treten. – Gezeichnet: Twaroch, Ministerialrat.

SIEBENTES HAUPTKAPITEL: DER LEGATIONSRAT BEGIBT SICH AUF ANSTRENGENDE EXKURSIONEN IN ZIEMLICH UNKLARE VERHÄLTNISSE.

.

„Servus, Tuzzi."
„Servus, Trotta. Freut mich, dich wieder einmal zu sehen."
„Höre ich leichten Tadel aus deinen Worten?"
„Dein Gehör ist vorzüglich. Setz dich."
„Danke. Du hast das stilvollste Büro, was ich kenn', Tuzzi."
„Es kommt dir schon ziemlich fremd vor, was? Wann warst du denn eigentlich zum letzten Mal in der Kleinen Sitzung?"
„Sei nicht so barsch auf mich, Tuzzi. Du weißt doch selber, daß ich in die überhaupt nicht hineinpass'! Bitte mich nicht mißzuverstehen: Das ist Kritik nur an mir selbst. Ich pass' nämlich offenbar allmählich zu überhaupt nix mehr."
„Seelenblähungen?"
„Na ja, so kann man's vielleicht auch nennen. Die Wahrheit ist, daß mir irgendwas zu passieren scheint – oder mit mir. Ich hab' mehr und mehr so ein Gefühl, als ob ich quasi aus der Welt herauswachsen tät. Oder daß sie von mir fortwächst. Du kennst wahrscheinlich solche Augenblicke nicht, in denen man sich fragt, ob man selber der einzige Normale in einer närrisch gewordenen Welt ist – oder ob das genaue Gegenteil der Fall ist. Aber..."
„Doch, Trotta. Solche Augenblicke kenn' ich. – Willst auch einen Kaffee?"
„Danke, ja. Wundert mich eigentlich, daß auch du... Aber das sind so Gefühle, die hat man normalerweise nur augenblickslang. Bei mir aber fangen sie langsam an, zum

Dauerzustand zu werden. Ich steh' da und kenn' mich mit überhaupt nichts mehr aus. Sozusagen."

Der junge Trotta (den alten Trotta hatte Tuzzi nie gekannt) saß da, trank seinen Kaffee und sah aus wie ein nobles Tier, das zu schön ist, um gescheit auch noch sein zu müssen. Der junge Trotta kannte Gott und die Welt, und die Welt kannte und liebte ihn. Wo immer er auftauchte, öffneten sich Türen, Herzen und Protektionsquellen. Mehrmals hatte er die unteren Stufen glanzvoller Karrieren betreten, war aber leider jedesmal durch merkwürdige Umstände daran gehindert worden, den Fuß auf die nächsthöhere zu setzen: Einmal hatte ihn ein im Erwachsenenalter bekanntlich nicht harmloser Mumps an einer Vorsprache gehindert, die ihm – dank vorbereitender Interventionsarbeit mehrerer Freunde, darunter auch Tuzzi – unfehlbar den attraktiven Kulturattachéposten in Paris eingebracht hätte; ein andermal war eine bereits aufgebotene Millionenhochzeit abgesagt worden, weil Trotta plötzlich Mönch werden wollte (er hatte sich damals tatsächlich probeweise in einem Stift eingenistet, war aber nach drei Wochen zu der Einsicht gekommen, daß dieses seine wahre Berufung wohl auch nicht sei). Und im Jahr darauf hatte er gute Chancen gehabt, Zweiter Generalsekretär im als Karrieresprungbrett sehr geschätzten Akademikerbund der ÖVP zu werden, wurde aber mitten in einem Antrittsvortrag von wildem Schnackerl – im Deutschen heißt das „Schluckauf" – überfallen. Schließlich war er durch die unverminderte Protektionsbereitschaft seiner Freunde ins Außenministerium geschoben und von dort in der Meinung, man würde beiden damit eine besondere Freude machen, dem Interministeriellen Sonderkomitee als Persönlicher Referent des Legationsrates Dr. Tuzzi zugeteilt worden.

Tuzzi wußte schon lange, daß der junge Trotta ein hoffnungsloser Fall war, ließ ihn in Ruhe, liebte ihn wie ein Vater einen idiotischen Sohn und hatte bei seinem Anblick oft die Vorstellung, er müsse ihn eigentlich unter Tränen streicheln.

„Miserabel schaust du aus", sagte der junge Trotta mit unbekümmerter Anteilnahme. „Direkt zum Fürchten. Solltest dich auch ein paar Tage in eine Klinik legen, das möbelt einen, schau mich an, wenigstens nervlich ein bißl auf. Schlecht geschlafen, gelt?"

„Mit Schlafpulvern halt."

„Das ist schlecht. Die Dinger sind heimtückisch. Übrigens wollt' ich dir Bericht erstatten – aber wenn ich dich damit sehr malträtiere..."

„Ich freu' mich, daß du tätig warst. Berichte."

„Also: Erstens hab ich den Festetics getroffen. Guter, alter Name. Die Familie war einmal so angesehen, daß ein Festetics immerhin in kaiserliche Ungnade hat fallen können. Das ist schon was, nicht? Dieser Festetics hat also ein Konzept entwickelt, daß man in Europa lauter kleine Vielvölkerstaaten schaffen müßte. Zum Beispiel Belgien plus Elsaß, Lothringen bis hinunter zur Provence – das ergäb' ein Groß-Burgund. Oder: Die Bukowina samt Siebenbürgen und dazu die Slowakei, das summiert sich zur Groß-Walachei. Westungarn, ein Stückl Steiermark und das Burgenland könnten zu einem Groß-Burgenland vereinigt werden. Bayern, Westösterreich und die Schweiz machen die neue Groß-Schweiz aus. Böhmen, Mähren und Niederösterreich: das sogenannte Neue Groß-Mähren. – Du verstehst, worauf's ankommt? Auf die Überwindung des ohnehin schon historischen Nationalismus durch bunte Vielfalt undsoweiter."

„Verstehe. Und was ist zum Beispiel mit Salzburg?"

„Salzburg bleibt eine germanische Enklave. Aus Fremdenverkehrsgründen. Unter einem Fürsterzbischof natürlich."

„Natürlich. Und Wien?"

„Bleibt Wien. Schon weil die Regierungen aller dieser

Vielvölkerstaaten niemals im eigenen Land regieren dürfen, sondern in der Emigration, also in Wien, sitzen müssen. Kärnten, Slowenien und Venezien ..."

„Hör schon auf! Mit sowas vergeudest du deine Zeit!?"

„Du hast mir ja den Auftrag gegeben, solche Konzeptionen zu sammeln. Und ich finde sowas ja auch wirlich sehr anregend. Es bringt einen auf die Idee, daß alles ebensogut ganz anders sein könnte, als es wirklich ist. Mir wär' zum Beispiel eine Großwoiwodschaft Walachei ungeheuer sympathisch – stell dir nur vor, wie's dort zugehen tät! Ganz neue Aspekte! Aber ich kann dir auch was anderes bieten, lieber Tuzzi. Im Café Hawelka gibt's einen älteren Herrn mit einer sehr interessanten Idee für eine gesamteuropäische Renaissance auf der Grundlage einer gräko-lateinischen Mischkultur, von dem Faktum ausgehend, daß die moderne Zivilisation sowieso eine Unmenge von griechischen und lateinischen Wörtern verwendet, die jeder versteht: Hydrokultur zum Beispiel oder Sozialdemokratie, lauter griechisch-lateinische Wörter – also ich find' schon, daß sich da was drauf aufbauen ließe. Jener ältere Herr, ein Pensionist, hat das alles sehr penibel ausgearbeitet, sogar eine Mischkultur-Grammatik hat er entwickelt und ein Wörterbuch. Es klingt natürlich zuerst leicht spinnert, aber wenn man ihm eine Weile so zuhört, wirkt es doch sehr überzeugend. Soll ich das weiterverfolgen, was meinst?"

„Jedenfalls: Leg Akte darüber an. Aber mach's schematisch, daß man's gelegentlich einmal durch den Computer laufen lassen kann."

„Computer? Zu was?"

„Gespeichert müssen solche Sachen sowieso werden; als wenigstens nomineller Angehöriger des Interministeriellen solltest du eigentlich wissen, daß selbst in den verrücktesten Wahngebilden oft etwas Modellhaftes steckt, was in irgendeinem anderen Zusammenhang plötzlich Bedeutung kriegen kann."

„Na schön. Ist zwar fad, so eine Ausarbeitung, aber wenn du meinst ... ich persönlich halt' nix von diesen Blechtrotteln. Rein instinktiv, weißt."

„Kann man auch nicht so sagen, Trotta. Ich erinnere mich, wie wir ihm damals vor ein paar Jahren den Marcuse und dazu den Mao und ein bissel Kautsky eingespeist haben – das war doch wirklich interessant, wie der Computer darauf reagiert hat."

„Mit einem Streik, vermutlich?"

„Nicht einmal. Jedenfalls ist grad damals so ein vifes Bürscherl von der Technischen, das die Programmierung besorgt hat, auf die Idee gekommen, den Computer mit einem elektronischen Tonmodulator oder sowas zu kombinieren – ich kenn' mich technisch nicht so aus, aber das Prinzip ist klar: Wenn die Resultate plausibel sind, mümmelt die Maschin' gemütlich vor sich hin, wenn sie falsch sind, raunzt sie – hochinteressant, kann ich dir sagen, wenn auch ein bissel unheimlich..."

„Und was hat sie bei der Marcuse-Mao-G'schicht' g'macht?"

„Gelacht! Aber wie! Wir haben uns direkt gewälzt. Und der Haberditzl hat dann dafür gesorgt – ingeniös eingefädelt hat er das –, daß der Kanzler ganz zufällig Ohrenzeuge eines Probeablaufs geworden ist. Kurz danach hat er dann mit der Subreideologisierung des österreichischen Sozialismus angefangen und sich offiziell von seinem Sohn distanziert. Manchmal schon nützlich, eine solche Maschin'."

„Ich weiß nicht", sagte Trotta versonnen. „Auf der anderen Seite ... Du kennst doch die Affär', wie da eine historische Forschergruppe – in Wirklichkeit waren es Leute vom CEDI, diese Abendländischen, du weißt schon –, wie die den Computer mit sämtlichen erreichbaren Daten über die Situation der Monarchie nach 1813 gefüttert haben, um herauszukriegen, was der Metternich für Fehler gemacht haben könnte ..."

„Nein, kenn' ich nicht. Wie war das Resultat?"
„Verheerend. Der Blechtrottel hat dieser Monarchie eine Lebensdauer von einskommadreidreidrei Jahren gegeben. Periodisch. Und dann hat's noch hundert Jahre gedauert. – Servus, Tuzzi. Es war nett, mit dir geplaudert zu haben. Und laß dir sagen: Du schaust erschreckend aus. – Na ja, diese Hitz', die bringt uns halt alle langsam um ..."

Der Besuch hatte Tuzzi etwas erheitert. Menschen wie Trotta sind zu einer einzigen Leistung befähigt: uns arglos das Gefühl zu vermitteln, als wäre irgendwie, irgendwo und irgendwann eine bessere Welt denkbar, als die unsere es nun einmal ist.

Aber diese Aufheiterung hielt nicht lange vor, sondern wurde alsbald von der Trübsal abgelöst, die aus den Akten des Kollegen Twaroch aufstieg.

Twaroch hatte nach seinen relativ brillanten Schlußfolgerungen entschieden den toten Punkt erreicht: Zwar hatte er das mögliche Vorhandensein von Zwergen auf dem Gebiete der Republik einigermaßen glaubhaft machen können, andererseits war er offensichtlich an dem Problem gescheitert, mindestens einen lebenden Zwerg aufzutreiben, was in Anbetracht der Sachlage eine unumgängliche Notwendigkeit war, um weitere Veranlassungen treffen zu können.

Ratlos und wahrscheinlich bereits von leichter Panik ergriffen, hatte Twaroch, wie aus seinen nun leider sehr flüchtigen, handschriftlich auf das Papier geworfenen Notizen hervorging, den abenteuerlichen Plan gewälzt, als Tiroler Senn verkleidet auf den in den Akten Grünmandl namentlich angeführten Almen sich selbst auf die Lauer zu legen. Dieser Plan war jedoch undurchführbar gewesen, weil es nach der erfolgten Rationalisierung im viehwirtschaftlichen Bereich weder Almen noch infolge der Großen Hitze Almvieh gab (und auch nicht mehr den Käse, auf den die

Kasermandln so angesprochen hatten). Daraufhin hatte Twaroch mit Hilfe einiger teils verwirrt, teils empört der Autorität der Interministeriellen Kommission sich beugender Beamter des Innenministeriums alle möglichen Gendarmerieposten alpiner Gegenden zu weiteren einschlägigen Nachforschungen veranlaßt, mit keinem anderen Ergebnis, als daß schließlich eine lange Liste von Liliputanern, Zwergwüchsigen und alpinen Kretins vorlag, die jedoch samt und sonders einwandfrei Pseudozwerge waren. Eine sehr ausführliche Korrespondenz mit Volkskundeamateuren, meist pensionierten Landschuldirektoren, hatte zwar einige bisher unbekannte Zwergenmärchen oder -sagen, jedoch keinen neuen Aspekt und erst recht keinen lebenden Zwerg zutage gefördert. (Übrigens war auffällig, daß sich der Populär-Positivismus dieser Dilettanten durchaus mit der schon sattsam bekannten Meinung der Kirche deckte, daß es sich beim Zwergischen an sich um naiv-heidnische Personifizierungen elementarer Kräfte und dergleichen handle; der einzige Unterschied bestand darin, daß die Volkskundler gerade das sympathisch zu finden schienen, was die Priester einstmals für höchst verdächtig und verdammenswürdig erklärt hatten.) In diesem Stadium hatten sich bei Twaroch, von ihm pedantisch auf einem gesonderten Blatt vermerkt, Kopfschmerzen, Verdauungsstörungen und allergische Ausschläge eingestellt, untrügliche Vorzeichen eines nahe bevorstehenden Zusammenbruchs. Mit Hochachtung und schlechtem Gewissen gedachte Tuzzi der endlosen Kleinen Sitzungen, an denen Twaroch nichtsdestoweniger mit konzentrierter Aufmerksamkeit teilgenommen hatte.

Aus einem beiliegenden Briefwechsel erfuhr Tuzzi, daß Twaroch ferner für ausgiebige Subventionierung mehrerer höhlenkundlicher Expeditionen gesorgt hatte, mit dem nachdrücklichen, wenn auch jeden Hinweis auf das Zwergische an sich vermeidenden Auftrag, insbesondere den Spuren des Lebens in der Tiefe nachzugehen.

Die Speläologische Gesellschaft hatte dann zwar eine bisher unbekannte Flechtenspezies ans Licht gebracht, sonst aber weiter auch nichts Zweckdienliches zu bieten gehabt*.

Und schließlich hatte Twaroch den Senior der österreichischen Volkskundeforschung mit der Ausarbeitung einer Expertise (wiederum hauptsächlich zum Fall Grünmandl) beauftragt; eine Antwort zu diesem Brief lag nicht vor.

Und dann war er in seinem Arbeitszimmer kollabiert und ins Rudolfs-Spital in der Boerhaavegasse gebracht worden.

Und dort wirst auch du demnächst sein, sagte Tuzzi stumm zu sich, während er im Spiegel der Toilette feststellte, daß er in der Tat fast so elend aussah, wie er sich fühlte. Er machte sich nichts vor, der Legationsrat. Er wußte, daß er mit einem Fuß schon mitten in der Krise stand, die jeden ordentlichen Mann zwischen dem vierzigsten und dem fünfundvierzigsten Lebensjahr zu überfallen pflegt und mit gelegentlich schicksalhafter Wucht seine gesamte Existenz einer gründlichen Belastungsprobe unterwirft; solche Krisen decken den Betroffenen mit einer reichen Kollektion von Nierensteinen, beruflichen Schwierigkeiten und finanziellen Sorgen ein, lassen ihn in alten oder neuen Liebesbanden sich

---

* Mit Befriedigung ist zu notieren, daß die Speläologische Gesellschaft, in deren bisherigem Schattendasein die Twarochschen Subventionen wie ein überirdisches Wunder gewirkt haben mochten, dafür gesorgt hat, daß diese Flechte, um ihren Gönner zu ehren (vielleicht auch um ihn bei weiterer Spenderlaune zu halten), die Bezeichnung „*Lecidea subterr. infima Twarochi*" erhielt, was dem Namen Twaroch immerhin eine bescheidene Unsterblichkeit garantiert. Diese Befriedigung vermehrt sich gewiß, wenn wir weiters berichten, daß das Unterrichtsministerium kurz darauf Twaroch „in Anerkennung für seine Leistungen zur Vermehrung der heimischen Flora" den Professorentitel verlieh.
Bisweilen wird eben auch in Österreich schweigenden Verdiensten die gebührende Ehre erwiesen.

fast erwürgen, terrorisieren ihn mit Herzinfarkten und zerhauen seine bisherigen Überzeugungen und scheinbaren Erfahrungen in einen Haufen klirrender Scherben, aus dem sich nicht immer ein neues Weltbild zusammenflicken läßt. Die meisten Männer umschiffen diesen Lebenswendepunkt recht ramponiert, und nur manche weisen nachher die Merkmale einer Reifung auf.

Als ein Mann, der nicht ohne Einsicht in die Welt- und Lebenskräfte war, hatte Tuzzi diese Krise als unvermeidlich erwartet, aber nun, da sie da war, erwischte sie ihn schneller und radikaler, als er sich das hatte vorstellen können; und sie traf ihn an ungeschützten Stellen. Weil er von Natur aus mit einem starken Bedürfnis nach Beständigkeit und Gleichmäßigkeit angelegt war, litt er stärker, als er sich's selbst eingestand, an der schon irreparablen Schleißigkeit seiner Beziehung zu Ulrike. Daß sich diese Bindung so schnell abnützen würde, war ebensowenig vorhersehbar gewesen wie die Große Hitze samt ihrem auch moralischen Abnützungseffekt und dieser Zustand der Überreiztheit, der in gleichfalls steigendem Maße jede Beziehung und Berührung, ja jedes Gespräch mit anderen Personen zu einer mühsamen Anstrengung machte, weil solche im Zerfall der bisher leichthin akzeptierten Zusammenhänge und im Hinblick auf das Zwergische an sich sinnlos schienen und nirgends mehr eingeordnet werden konnten.

Ein Individuum von geringerem Pflichtgefühl verfügt in solch kritischen Situationen über mancherlei Praktiken psychischer Erleichterung: Es verfällt in Schlaf, besäuft sich oder verschafft sich Luft in irgendwelchen sonstigen Exzessen. Oder es flüchtet in eine Krankheit, rollt sein Bewußtsein igelartig zusammen und läßt die Krise in abschirmender Stumpfsinnigkeit über sich hinwegdonnern.

Diese Erleichterungen standen einem Tuzzi nicht zur Verfügung. Ein Tuzzi schluckt höchstens ein oder zwei Aspirintabletten, raucht noch mehr Zigaretten als sonst und macht sich dann wiederum daran, selbst einen offensichtlich sinn- und aussichtslosen Auftrag bis hin zu jenem fernen Ende weiterzuverfolgen, an dem er, vielleicht, als in irgendeiner anständigen Weise abgeschlossen betrachtet werden kann.

Nicht recht wissend, wo er mit der Weiterverfolgung beginnen sollte, aber immerhin versuchend, den Twarochschen Hypothesen-Wahnsinn wenigstens methodisch in den Griff zu bekommen, suchte Tuzzi am folgenden Tage die Anthropologische Abteilung des Naturhistorischen Museums auf und trug dort einigen Spezialisten eine vorsichtig formulierte Abbreviation der Hypothese vor. Damit rief er eine Art von wissenschaftlichem Hitzekoller hervor und wurde als bedauernswerter Halbirrer geradezu roh des Hauses verwiesen, worüber er sich mehr ärgerte als grämte, denn schließlich gehörte es sich ja wirklich nicht, daß man so mit einem dem Interministeriellen Komitee für Sonderfragen zugeteilten Legationsrat Erster Klasse umsprang, wenn man selbst Beamter, wenn auch mit wissenschaftlichem Hintergrunde, war.

Ähnlich ergebnislos war der Besuch bei einem namhaften Psychiater (ein Termin bei dieser hoffnungslos überanstrengten, knapp vor einem Zusammenbruch stehenden Koryphäe war nicht leicht zu erhalten gewesen – die Hitze heizte auch die Neurosen, Hysterien und Psychosen kräftig an; man hatte die Hilfe des Bundesministeriums für Wissenschaft und Forschung in Anspruch nehmen müssen, um kurzfristig in dieses Sprechzimmer Einlaß zu erhalten). Der Namhafte nahm flüchtig Einblick in die Akten, zuckte die Schultern und meinte, daß hier zweifellos Paranoides vorliege, daß er sich aber, soweit man das auf einen Blick feststellen könne – was an sich schon verantwortungslos und unzulässig sei, denn ein erster Blick genüge in solchen

Zusammenhängen niemals –, um einen wahrscheinlich harmlosen Fall handle, der weiter keinen Anlaß zu akuter Besorgnis gebe. Wenn der Herr Legationsrat oder sein Ministerium keine weiteren Fragen habe, dann gratuliere er höflichst. Die Honorarnote sei ja wohl an das Wissenschaftsministerium zu adressieren – oder?

Tuzzi, schon jetzt nach Stohhalmen haschend, erinnerte sich eines Briefes, auf den Twaroch keine Antwort zu erhalten haben schien, und begab sich in das Innere der heimischen Volkskundeforschung.
„Sehr verehrter Herr Professor, mein inzwischen leider erkrankter Kollege, der Ministerialrat Twaroch, hat vor geraumer Zeit die Bitte an Sie gerichtet, eine Expertise über eine übrigens sehr problematische Hypothese zu erstellen. Darf ich nachfragen, was daraus geworden ist?"
„Expertise? Du liebe Güte, die muß ich verschlampt haben! Ja, diese Hitze! Können Sie mir ein Stichwort geben, um was es sich da gehandelt hat?"...
„Ach natürlich! No freilich erinnere ich mich! Eine faszinierende Angelegenheit! Eine wahre Trouvaille für einen Volkskundler!"
„Es freut mich, das zu hören. Und was ist Ihre Meinung dazu, Herr Professor?"
„Es handelt sich um einen in dieser Ausprägung wirklich einmaligen Fall, der einen Haufen Theorien von unterschwelligem Weiterleben archaischer oder sogar präarchaischer Fruchtbarkeitssymbole geradezu klassisch belegt. Wie da aus einem vermutlich doch eher trockenen, um nicht zu sagen phantasielosen Bürokraten unter dem Druck einer klimatischen Ausnahmesituation urplötzlich der Glaube an das Magische, an das Elementare in der Symbolform des fruchtbarkeitsspendenden Zwerges aufbricht – einmalig! Hinreißend! Glauben Sie, daß mir die im Unterrichtsmini-

sterium Schwierigkeiten machen würden, wenn ich diesen einzigartigen Fall veröffentlichte?"

Dieses Gespräch hatte im Volkskundemuseum in der Laudongasse stattgefunden; von dort ist es nicht weit zur Floriarīgasse, und wenn man dann in deren Richtung weitergeht, an Rathaus und Burgtheater vorbei, kommt man in einer knappen Viertelstunde zum Minoritenplatz und hat hinter sich gebracht einen hübschen Spaziergang selbst dann, wenn die Temperatur so ist, wie sie in jenen Tagen war.

Tuzzi machte von dieser Gelegenheit keinen Gebrauch. Der Gedanke, nach diesem unfruchtbaren und auf lächerliche Weise demütigenden Gespräch gleich wieder den Anblick der Twarochschen Akten erdulden zu müssen, zwang seine Schritte geradezu in die demonstrativ entgegengesetzte Richtung, die Lange Gasse hinunter und dann rechts in die Universitätsstraße hinein.

Das Allgemeine Krankenhaus, niedrig und langgestreckt, schräg gegenüber eine Kirchenfront mit zwei grünen Barockzwiebeln – in Tuzzi stiegen Kindheitserinnerungen auf: das war die Alserkirche, in der seine Mutter den heiligen Antonius zu verehren pflegte. Er war seither, mehr als drei Jahrzehnte lang, wie er berechnete, nicht hierhergekommen, aber noch während er das kalkulierte, führten ihn seine Füße auf den längst vergessen geglaubten Kindheitsweg neben dem Hauptportal in den Gang hinein, an dessen Ende die Antoniuskapelle im Licht vieler kleiner Kerzen schimmerte. Es herrschte geräuschloses, aber emsiges Gebetstreiben, denn die Kapelle war überraschend gut besucht. Tuzzi sah gebeugte Knie, andächtig geschlagene Kreuzzeichen und unhörbare Gebete murmelnde Lippen. Diese Begegnung mit einer bescheidenen Frömmigkeit rührte ihn, und er versuchte ernsthaft, sich das Gesicht seiner Mutter in Erinnerung zu rufen, wie sie, nach ihren heroischen Ohrfeigenverleihungen, hier gekniet und in gesammelter Andacht auch die Lippen bewegt hatte. Aber es gelang ihm nicht, und das Erinnerungsbild zerrann, kaum daß es in seinem inneren Auge halbwegs Kontur angenommen hatte, im flackernden Kerzenschein. Und die gipserne Statue des heiligen Antonius hatte leider eine unverkennbare Ähnlichkeit mit einem nazarenisch veredelten Ministerialrat Dr. Twaroch.

Tuzzi schlenderte, nicht erleichtert, durch den anschließenden Kreuzgang, dessen Wände von einer langen und offenbar bisweilen erfolgreichen Heiligenverehrung zeugten, denn einige Wände waren dicht bekleidet mit gleichförmigen Marmortafeln, steinernen Beglaubigungen gnädiger Heiligenhilfe. Die meisten stammten noch aus den Zeiten der Monarchie und sagten ihren Dank in vielen Sprachen: Dzienkuje, sv. Antonius, Grazie, San Antonio, Danke, heiliger Antonius, vielen Dank und hilf weiter, Köszenem szépen, Szent Antal.

Es gab aber auch Tausende Inschriften jüngeren und jüngsten Datums, an weiße Mauerteile mit Bleistift und Kuli, auch mit Lippenstiften hingekritzelte Stoßgebete aus großer Leib- und Seelenbedrängnis. „Heiliger Antonius, bitte hilf mir, laß mich nicht mit meinem Kind stehn, führe ihn zur Einsicht, ich halte es so nicht mehr aus", stand da und „L. H. Antonius, hilf mir doch zu einem Baby!" und kaum eine Spanne weiter in anderer Schrift: „Heiliger Antonius, gib, daß ich kein Kind krieg'!"

Die Nähe des großen Krankenhauses und des Landesgerichtes machten sich in vielen Hilferufen geltend: „Hilf mir, ich ertrage den Schmerz nicht länger" und „Bitte, schütze mich in meinem Prozes daß ich nicht schuldig gesprochen werde, bitte filmals".

Dem Legationsrat begann's vor den Augen zu schwimmen, und nach einer Weile überwältigten ihn diese Hilferufe aus den kleinen Höllen des Alltags, die keinerlei auf administrativem Wege versuchte Schicksalsabschaffung je löschen wird, ja er genierte sich fast, weil er gelesen hatte, was eigentlich einem Heiligen zugeflüstert bleiben sollte.

Und er verließ die Kirche der Weißspanier und fühlte sich hilfloser und ungetrösteter als zuvor.

„Ich hätte gern einen nicht allzu langen Termin bei Seiner Eminenz vereinbart."
„Leider in den nächsten Tagen nicht möglich, Herr Legationsrat. Der Herr Kardinal – er legt übrigens keinen Wert auf den Titel ‚Eminenz' mehr – hat sich zu den jährlichen Exerzitien zurückgezogen. Ostern steht bevor. Darf ich fragen . . .?"
„Tja, ich wollte mich bei Seiner . . . also beim Herrn Kardinal um eine bestimmte Meinung hinsichtlich eines bestimmten Phänomens oder vielmehr einer wissenschaftlichen Hypothese erkundigen."
„Wenn ich Ihnen helfen kann, Herr Legationsrat?"
„Ich weiß nicht, hochwürdiger Herr Prälat, wie ich anfangen soll. Es handelt sich da um eine ziemlich abseitige Geschichte . . ."
„Wenn Sie gestatten, Herr Legationsrat: Sind Sie Katholik?"
„Kalksburger, hochwürdigster Herr Prälat."
„Ah. Hab' mir gleich sowas gedacht. Ja, ja, sowas prägt, sowas läßt sich nicht verleugnen. Also, mein Sohn: Was kann Mutter Kirche tun, um Ihnen in Ihrer sichtlichen Ratlosigkeit – Sie verzeihen einem alten Mann eine solche Bemerkung – zu helfen? Sprechen Sie, sprechen Sie!"

– –

„Mein lieber Herr Legationsrat! Verschonen S' uns bitte mit solchene Sachen! Von uns werden Sie da keinerlei Hinweis kriegen. Lieb, daß Sie unserer Kirche noch zubilligen, Hüterin von Geheimnissen zu sein, wirklich ein Kompliment, das wir schon lange nicht mehr zu hören gekriegt haben – ja, ja, ein Kalksburger, man merkt's. Aber damit wollen wir absolut nichts mehr zu tun haben. Sie müssen unsere delikate Situation verstehen: Da haben wir nach dem Konzil diese sogenannte Entmythologisierung gehabt – ich war übrigens dagegen und exempla sunt: recht hab' ich g'habt! – und haben die dann auch so halbwegs durchexekutiert, nicht immer zur Freude der Gläubigen, Gott weiß es. Die Große Hitze hat uns dann nach langer, langer Zeit wieder einen Zustrom von Gläubigkeit gebracht, über den wir recht von Herzen froh sind. Die Kirchen sind voll, und es zeigt sich, daß der alte Glaube lebendig geblieben ist. Aber daneben nimmt, Gott sei's geklagt, auch der Aberglaube wieder gewaltig zu. Sie haben keine Vorstellung, Herr Legationsrat, was da nicht nur auf dem Land, wo man das ja noch verstehen könnt', weil derlei dort ja nie ganz ausgestorben ist, sondern hier, mitten in der Großstadt, also was da an Fruchtbarkeitszauberei und solchen Sachen aufgelebt ist! Finstere Kräfte sind da am Werk, kann ich Ihnen sagen – und bestimmt stecken da auch wieder einmal die Rosenkreuzer und diese Freimaurer dahinter, die ja sowieso einen Groll gegen den Herrn Kardinal hegen, weil er doch von Rom dazu beauftragt worden ist, die Logen im Auge zu behalten . . . Sie würden es nicht glauben, Herr Legationsrat, was da alles an uns herangebracht wird, wo wir eh schon nicht wissen, wie wir die Entmythologisierung und die Große Hitze mit den Äußerungen aus Rom wegen der Existenz des Satans, Sie wissen schon, halbwegs glaubhaft in ein Packerl z'sammkriegen! Und dann kommt ein richtiger Legationsrat daher und redet in allem Ernst von Zwergen, die was doch einmal geradezu der Inbegriff von heidnischen Fruchtbarkeitsvorstellungen waren! Nein, Herr Legationsrat, das können Sie nicht von mir verlangen, daß ich Seiner Eminenz mit sowas auch noch daherkomm'! – Gehen Sie mit Gott, mein Sohn."

Ein altes Palais in der Dorotheergasse. Ein langer dämmeriger Gang mit offenen Türen, die in verhangene oder fensterlose Räume führten. An den Wänden dunkle, nur ungefähr wahrzunehmende Porträts ernstblickender Männer.

„Legationsrat Dr. Tuzzi mein Name. Ich weiß nicht recht, wie ich Sie anzureden habe. Stimmt ‚Ehrwürdigster Herr Großmeister'? Oder?"

„Ich bitte Sie, Herr Legationsrat! Das heißt, wenn schon, ‚Ehrwürdigster Bruder Großmeister', ist aber nichts Offizielles, sondern eine Anrede, die nur gewissen Anlässen vorbehalten ist. – Maurer sind Sie also keiner."

„Gewiß nicht, Herr Doktor."

„Nur nicht gar so energisch. Es hat immerhin einmal einen Bruder Tuzzi unter uns gegeben, noch in der Zeit vor 1918, wie die Wiener Freimaurer sich in Preßburg versammelt haben, weil die Logen in Wien verboten waren. Diplomat war er, wenn ich nicht irre. Vielleicht ein Verwandter von Ihnen, wer weiß?"

„Da kann es sich nur um meinen Onkel gehandelt haben."

„Sehen Sie, sehen Sie! Ja, da staunt man manchmal. Sie hingegen sind vermutlich Cevauer, nicht wahr?"

„Bin ich nicht. Auch nicht beim Opus Dei, wenn Sie es schon so genau wissen wollen."

„Oh, Pardon, ich wollte nicht indiskret sein. Aber vermutlich sind Sie ja nicht gerade per Zufall zu mir gekommen? Wie haben Sie uns denn eigentlich gefunden?"

„Sie werden es vielleicht nicht glauben: aber Ihre Adresse hat man mir im Erzbischöflichen Sekretariat gegeben."

„Doch, das glaube ich. Und um was geht's?"

— —

„Interessant, Herr Legationsrat. Ein ausgesprochen anregendes Problem. Aber ich seh' nicht recht, wie wir Ihnen da weiterhelfen könnten. Am Stephansplatz haben sie, wie man sieht, immer noch die komischsten Vorstellungen von uns.

Nein, nein, da sind Sie leider an eine total falsche Adresse gewiesen worden."

„Das war mir von Anfang an klar. Aber in meiner Situation geht man halt jedem Hinweis nach, mag er auch noch so absurd sein."

„Schade, daß ich Ihnen nicht helfen kann. Hm. Aber wenn Sie wollen, kann ich ja einmal unter meinen Freunden herumfragen lassen. Daß sich so nebenbei auch etliche recht extravagante Charaktere unter ihnen befinden, kann ich nicht leugnen. Vielleicht hilft's was. Sie werden in diesem Fall von uns hören, Herr Legationsrat."

Der Zustand seiner Pflanzen machte ihm Kummer. Der Judenbart, ein ohnehin heikles Gewächs, war über Nacht vertrocknet – schade, er hatte ihn fast drei Jahre lang über alle Tücken plötzlich einsetzender Zentralheizungsperioden hinweggebracht. Die Campanulae, eine weiße und eine blaue, waren vielleicht noch zu retten; vielleicht half es, wenn man auf dem Fensterbrett ein wenig Mineralwasser verdunsten ließ. Nur die Stanhopea schien noch völlig gesund zu sein. Die bräunliche Verfärbung ihrer äußersten Blattspitzen war jedenfalls noch nicht besorgniserregend.

Aber das war ja nicht wichtig, nur Nebensache, eine Spielerei; von Belang nur für Tuzzi. Was bedeutet eine Glockenblume schon, wenn die Verhältnisse – ganz allgemein ins Armageddonhafte auswuchern? Der Portier Karneval hatte seit Tagen, wie Haberditzl als erster feststellte, etwas Kannibalisches im Blick, obgleich seine Grußformeln nach wie vor als untadelig bezeichnet werden durften.

„Herr Legationsrat..."

„Ich habe Sie doch gebeten, Frau Jelinek, mich mit dem Telephon in Ruh' zu lassen."

„Es ist aber diesmal nicht die . . . ich meine: Es ist diesmal ein Herr am Apparat."

(Arme Ulrike. Wenn ich richtig verstanden habe, ruft sie ununterbrochen an. Aber ich mag jetzt nicht mit ihr sprechen. Ich kann einfach nicht. Ich muß erst wieder versuchen, irgendwie . . . aber wie? . . . einen wieder halbwegs klaren Kopf zu kriegen. Solche Dinge kann man nicht mit Migräne klären, da muß man Geduld haben, die richtigen Worte suchen. O Gott, mein Hirn simuliert die reinste Hochschaubahnfahrt: hinauf und hinunter, ich bin schon ganz schwindlig. Was ist denn nur mit der Jelinek los?)

„Frau Jelinek, ich bitte Sie inständigst . . ."

„Aber es ist wieder dieser Herr am Telephon."

„Sagen Sie ihm, daß ich dienstlich verreist bin."

„Aber er sagt, daß Sie seinen Anruf dringend erwarten, Herr Legationsrat!"

„Ich erwarte keinen Anruf."

„Er sagt, es handelt sich um ein Gespräch, das Sie dieser Tage in der Dorotheergasse geführt haben, Herr Legationsrat."

„Verbinden Sie bitte, Frau Jelinek – Halloh, hier Doktor Tuzzi. Mit wem spreche ich bitte?"

„. . . das möchte ich eigentlich lieber nicht sagen, wenn Sie erlauben. Ich bin Staatsangestellter, im Schuldienst . . ."

„Ich verstehe vollkommen."

„Eben. Sie wissen ja, wie das ist. Also: Ich beschäftige mich aus reiner Liebhaberei mit der Frage, wieweit Menschliches zum Symbolischen werden kann. Und da bin ich so aus Zufall in einen Kreis hineingeraten, der wiederum sozusagen Ihre, äh, Thematik pflegt. Ich darf auf Ihre Diskretion rechnen?"

„Selbstverständlich. Ehrenwörtlich."

„Hm. Also, es gibt da eine gewisse Frau von Atropijan."

„Die Dichterin?"

„Ah, ist sie das auch? Ich glaube, Sie könnten dort vielleicht Zielführendes erfahren. Leider kann ich selbst Ihnen keine Empfehlung dorthin geben."

„Die verschaffe ich mir schon. Vielen, vielen Dank für diesen Hinweis jedenfalls."

„Gern geschehen. Schon Ihrem Onkel zuliebe. Aber bitte keinen Hinweis auf diesen Anruf, ja?"

„Oh, Herr Legationsrat. Ich freue mich, Sie wiederzusehen."

„Ich wollte mich bei Ihnen herzlich bedanken. Ihre Umfrage hat mir einen Hinweis eingebracht, der vielleicht wertvoll sein könnte."

„Das freut mich."

„Wenn Sie dem Betreffenden meinen Dank vermitteln würden?"

„Ich kenne ihn nicht."

„Tatsächlich?"

„Verschwiegenheit ist eine Tugend, die bei uns ziemlich hoch geschätzt wird."

„Dann wird es mir also auch nicht möglich sein, mehr über die, äh, Zusammenhänge zwischen meinem von mir sehr verehrten Onkel und Ihrer Vereinigung zu erfahren?"

„Nun, ich habe nach Ihrem ersten Besuch ein bißl in unserer Bibliothek nachgeblättert und festgestellt, daß Ihr Herr Onkel nach 1919, als das Verbot der Freimaurerei auch in Österreich aufgehoben war, der Loge ‚Sonnenfels' beigetreten ist und daß er dort sechs Jahre lang Meister vom Stuhl war."

„Das bedeutet nach Ihren Begriffen wohl ziemlich viel, wenn ich recht verstehe?"

„Ja. Die ‚Sonnenfels' war zu ihrer Zeit eine sehr bedeutende Loge. Hanusch und Tandler sind dort ein und aus gegangen – Sie wissen, die Begründer der österreichischen

Sozialgesetzgebung. Übrigens auch Franz Lehár und Leo Slezak."

„Aber daß mein Onkel damit etwas zu tun gehabt haben sollte..."

„Er muß eine recht beachtliche Persönlichkeit gewesen sein. Kommen Sie, Herr Legationsrat – in der Bibliothek hängt sogar ein Bild von ihm."

Es war in der Tat der diplomatische Onkel, der da, mit Frack und einer diskret angedeuteten blau-weißen Schürze angetan, aus einem pompösen Rahmen Tuzzi ironisch und gütig ansah, als wolle er seinem Ziehsohn noch einmal empfehlen, nichts von dem, was einem im Lauf des Lebens so begegnet, wirklich verstehen zu wollen.

Aber in meiner Situation würdest sogar du dich wundern, Onkel! dachte Tuzzi melancholisch.

„Servus, Tuzzi."

„Servus, Trotta. Hat eine Weile gedauert, bis du gekommen bist."

„Ich arbeite gerade das Festetics-Konzept aus."

„Schon gut. Du kennst doch Gott und die Welt, Trotta – kennst du auch eine Frau von Atropijan?"

„Nein."

„Das würde mich wundern. Sie besitzt als Dramatikerin doch immerhin ein ziemliches Renommee. Die muß dir doch einfach in den Zirkeln, in denen du dich herumtreibst, schon einmal vor die Füß' gekommen sein?"

„Ach, du meinst die Atropijan? No natürlich kenn' ich die Atropijan! Ist mir nur nicht gleich eingefallen, sie heißt nämlich erst seit kurzem so, seitdem sie mit diesem armenischen Komponisten verheiratet ist. Früher hat sie anders geheißen, da war sie mit einem Skandinavier verheiratet, Nordenskjuld oder so. Ja, das ist sie. Eine interessante Person, starke morbide Ausstrahlung, wir reden sie immer mit ‚Macabrezza' an, aber sie hat nichts dagegen. Erstaunlich viel Sinn für Humor. Im Akademietheater proben sie gerade ein neues Stück von ihr, der Sauerwein macht Regie. Und in Stixneusiedl hat sie ein Landhaus. Warst du schon in Stixneusiedl?"

„Nein."

„Dann hast du was versäumt. Das schaut nämlich wirklich aus wie eine Siedlung, die niederösterreichische Bauern am Styx anlegen würden, wenn sie eine grad dort anlegen müßten. In dem Zusammenhang fällt mir ein, daß schon Johann Kepler den Eingang in die Unterwelt im Niederösterreichischen vermutet hat. Allerdings hat er sie mehr im Prater vermutet, aber natürlich, im 17. Jahrhundert hat man halt noch nicht so präzise Rechnungen anstellen können, vielleicht hat er sich ein bissel geirrt, der Kepler. Willst du sonst noch was wissen?"

„Nur, ob du mir ein Entree bei dieser Dame verschaffen kannst? Weißt, es handelt sich um eine mehr diskrete Geschichte, mit der ich nicht so offiziell ins Haus fallen kann."

„Kein Problem, Tuzzi. Kostet mich einen Telephonanruf. Freut mich, daß ich dir einmal mit was dienen kann. Übrigens siehst du heute bedeutend besser aus. Hoffentlich bleibt's so?"

„Beschwören möcht ich's nicht", sagte Tuzzi. „Noch was?"

„Ja – wegen dem Sisyphus."

„Wegen des Sisyphus? Was ist mit dem Sisyphus?"

„Du hast mich doch kürzlich einmal, im Hofburgdurchgang, gefragt, ob ich glaub', daß der Sisyphus Vergnügen an seiner Arbeit gehabt hat."

„So? Hab' ich ganz vergessen."

„Ich nicht. Weil, es ist eine interessante Frage. Ich hab' viel darüber nachgedacht."

„Aber geh."

„Doch. Und weißt, worauf ich gekommen bin? Daß dieser Sisyphus wirklich eine gewisse Freud' gehabt haben muß. Nicht natürlich in dem Augenblick, in dem er den Stein wieder ang'stemmt hat. Und nicht in dem Moment, in dem der Stein wieder zurückgepoltert ist. Aber dazwischen, weißt, zwischen dem Ausgangs- und dem Endpunkt, muß er eine Art Freud' dran gehabt haben – an seiner Kraft zum Beispiel. Oder weil er geglaubt hat, daß er's diesmal vielleicht doch schaffen wird. Irgend sowas muß es gewesen sein. Denn im anderen Fall, wenn er also den Stein gewälzt hätt' ohne Hoffnung, daß er ihn schließlich einmal auf den Berg hinaufkriegt – in dem Fall wäre er ja ein Idiot gewesen und infolgedessen weder wert, daß ihn die Götter überhaupt bestrafen, noch daß man über ihn red't. Du verstehst?"

„Ich versteh'", sagte Tuzzi. „Red weiter, Trotta."

„Im Augenblick nicht", sagte Trotta. „Erst muß ich noch weiterdenken über diese Sache, weißt?"

„Tu das", sagte Tuzzi.

IN DER FORTSETZUNG DES SIEBENTEN HAUPTKAPITELS WERDEN DIE VERHÄLTNISSE AUF BEDEUTUNGSVOLLE WEISE NOCH UNKLARER.

Von den vielen Winden, die vor der Großen Hitze die Stadt durchfegt hatten, war nur mehr der Ostwind übriggeblieben, der „Untere Wind", wie ihn die Marchfeldbauern nennen, ein unangenehmer und launenhafter Wind, der seit eh und je in bösartigem Widerspruch zum sonstigen Wetter weht. Er kommt kalt daher, wenn die Temperaturen hoch sind, und lauwarm, wenn sonst Kälte herrscht; mitten im Sommer macht er einen frösteln, im Winter rollt er Wellen von föhniger Schwüle über die Stadt, im Frühling läßt er die Blüten erfrieren, und im Spätherbst trocknet er die Felder aus.

Dieser Untere Wind verschärfte in der Bundeshauptstadt die Plage der Großen Hitze auf besonders unangenehme Weise, indem er einen Prozeß beschleunigte, der freilich schon Jahrzehnte zuvor begonnen hatte: die Abschuppung des Stadtbildes nämlich. Wo der Untere Wind aufkam – und das tat er plötzlich und stoßweise, nie große Flächen bestreichend, kleinere aber dafür um so schlimmer verheerend –, dort klatschten meterbreite Verputzflecke auf die Trottoire, rissen die Stukkaturen und zerbröckelten beim nächsten Mal, gaben die pompösen Rustikasockel gründerzeitlicher Prachtbauten schamlos ihr zusammengemörteltes Inneres preis, wirbelten enorme Schwaden von Staub auf und setzten sich langsam wieder nieder – auf Straßen, Häuser und in entzündete Augen.

Dieses Malheur, nämlich im Handumdrehen von einem sauberen Legationsrat in eine graugelb überpuderte Hadesfigur verwandelt zu werden, widerfuhr dem Dr. Tuzzi just, da er in die Gasse einbog, in der Frau Atropijan wohnte, eine Straße aus dem Vormärz, mit würdevoll ernsthaften Häusern, wie sie hinter dem Heumarkt zu finden sind. Eben noch lag die Häuserzeilenperspektive klar und übersichtlich vor ihm – im nächsten Moment war sie verdeckt von einer gelbbraunen Wolke, die mit Windeseile daher und über Tuzzi hinwegfuhr, viel zu schnell, als daß er sich noch in ein Haustor hätte flüchten können.

Es dauerte Minuten, ehe der Staub sich halbwegs gesetzt hatte, und weitere Minuten, ehe Tränen die Quarzpartikel aus den schmerzenden Augen gewaschen hatten und Tuzzi wieder sehen konnte. Hustend und durch die Nase blasend, erreichte er schließlich, Fußabdrücke hinter sich zurücklassend, das nur wenige Meter entfernte Haus, das er aufsuchen wollte.

Wie unangenehm man sich nach einem solchen Überfall des Unteren Windes fühlte, weiß nur einer, der die Große Hitze und die jahrelange Unmöglichkeit, sich in einem Bad gründlich zu säubern, am eigenen Leibe erlebt hat. Die Haushälterin der Atropijan klopfte zwar große Mengen Staub aus Dr. Tuzzi heraus und brachte eilig ein feuchtes Tuch, damit er sein Gesicht, und eine Bürste, damit er die Haare säubern konnte, nichts hingegen war im Augenblick gegen die kristallscharfen Staubteilchen zu machen, die durch das Gewebe gedrungen waren, sich in schweißfeuchten Hautfalten einnisteten und an den heikelsten Stellen unerträglichen Juckreiz erzeugten.

Tuzzi wurde in einen riesigen Salon gebeten, in ein bequemes Durcheinander von alten Möbeln, neuen Büchern und Schallplatten, das unter hohen Fenstern begann und sich in der Dämmerung gegenüberliegender Ecken verlor.

Frau Elisabeth (von) Atropijan, eine schlanke kleine Person mit roten Haaren und hellblauen Augen, etwa fünfundzwanzig Jahre alt (Wieso eigentlich? wunderte sich Tuzzi – sie müßte doch schon an die Vierzig sein?), empfing den Legationsrat freundlich, reichte ihm fünf blasse Finger und bat höflich, mit ihrer Handarbeit fortfahren zu dürfen.

Er ließ sich in einem tiefen Lederfauteuil nieder. Die Haushälterin erschien und stellte einen Teller mit kleinem Gebäck und etwas Mineralwasser neben ihn.

Tuzzi holte zu einer umständlichen Erklärung der Gründe aus, die ihn hierhergeführt hätten, aber die Atropijan schien nicht recht hinzuhören, obwohl sie Tuzzi von Zeit zu Zeit schnell aus ihren kühlen Augen ansah; ihre Hände kneteten und wendeten mit mäusehafter Behendigkeit etwas Weißliches hin und her, das Tuzzi nicht erkennen konnte. Erst als er den Namen seines Freundes erwähnte, hielt sie ein wenig inne und sagte gleichmütig: „Ach, der junge Trotta! Ein lieber Kerl, nicht wahr?"

Der Legationsrat war froh, endlich ein Echo zu hören.

„Ja, das ist er. Ich bin übrigens auch außerdienstlich in bestem Kontakt mit ihm. Man kann wohl sagen, daß wir ziemlich eng miteinander befreundet sind."

„Wie schön", sagte die Atropijan. „Schad', daß er so bald sterben wird."

„Um Himmels willen! Warum sollte er sterben müssen?"

„Na ja", sagte die Atropijan und hob ihr Knetding prüfend vor die Augen; Tuzzi erkannte endlich, daß es ein häßliches, embryoartiges Wachspüppchen war. „Man sieht's ihm doch an, nicht wahr?"

„Ich seh' ihm das nicht an", sagte Tuzzi erbittert. „Ich war vor zwei oder drei Tagen erst mit ihm zusammen. Und da war er sehr lebendig."

„So? Wie Sie halt meinen. – Geben S' mir einmal die Hand her. Nein, die Linke."

Sie nahm die Hand des Verblüfften mit Daumen und Zeigefinger auf, drehte sie im Fensterlicht leicht hin und her und beugte ihr Gesicht über die Handfläche. Tuzzi erschrak. Du lieber Himmel, dachte er – die muß doch mindestens ihre Siebzig auf dem Buckel haben!

Aber in diesem Augenblick ließ sie seine Hand wieder fallen, beugte sich zurück und sah zu des Legationsrates jäher Erleichterung wieder wie eine ernsthafte Fünfundzwanzigerin drein.

„Warum sind S' denn so erschrocken? Keine Angst, ich versteh' vom Handlesen nicht wirklich was – bin grad erst dabei, es zu lernen. Aber soweit ich seh', ist bei Ihnen eh alles in schönster Ordnung. Nehmen S' doch ein Vanillekipferl, hm?"

Nichts ist in Ordnung, dachte der Legationsrat ingrimmig. Gar nichts. Statt daß ich mich um die Staatsdoktrin kümmere, lauf ich wegen diesem Landwirtschaftstrottel in die absurdesten Geschichten hinein; statt daß ich die arme Ulrike ein bissel tröste, mach' ich perverse Konversation mit dieser morosen Person da – aber merkwürdig ist sie schon. Sehr, sehr merkwürdig. Was es in dieser Stadt nicht für ausg'fallene Leut' gibt. Unglaublich! Wie alt ist diese Frau wohl wirklich? Jetzt schaut sie aus wie Vierzig . . . nein, eher Dreißig, möchte ich sagen. Ungemütlich. Und jetzt fängt es zwischen den Füßen und unter den Achseln zu jucken an, daß ich weinen könnt'. So. Und jetzt, damit ich's hinter mich krieg' und endlich nach Hause komm', heraus mit dieser idiotischen Zwergengeschichte! Ich wette, sie wird sich nicht einmal wundern darüber.

In der Tat wunderte sich Frau Elisabeth (von) Atropijan wirklich nicht, sondern hörte so gleichgültig zu, als erzählte ihr einer das Neueste vom letzten Jahr. Dann stellte sie das Wachsfigürchen auf den Nähtisch; Tuzzi schien es jetzt eine fast gespenstische Ähnlichkeit mit irgend jemand Langnasigem zu haben, den er irgendwo irgendwann einmal kennengelernt hatte, der ihm aber im Moment nicht einfiel.

„Zwerge?" sagte sie, während sie vorsichtig in der kleinen Schublade kramte, darauf bedacht, daß die Erschütterung das Püppchen nicht umfallen ließ. „Aber natürlich. Natürlich gibt's die."

Ich hätte mir's denken können, dachte Tuzzi. Natürlich sagt diese Spinnerin ja. Und ich kann die Affäre wieder nicht als endgültig negativ ablegen!

„Allerdings sind Sie bei mir nicht ganz an der richtigen Adress'", setzte die Atropijan fort und öffnete ein Blechschächtelchen voller buntköpfiger Stecknadeln. „Aber wenn Sie an denen Manderln wirklich so interessiert sind" – schneller, aber neugierloser Seitenblick – „und das sind Sie offensichtlich, dann kann ich Ihnen die Tilde Urdning empfehlen. Eine alte Freundin von mir, haben sicher schon von ihr gehört. Die hat ein Faible für solche Unterirdischkeiten. Am Donnerstag ist immer Open door bei ihr. Ich empfehl' Ihnen, gehen S' ruhig hin, ich ruf' sie schon noch vorher an, ist weiter keine Affär'. Hat freilich immer eine merkwürdige G'sellschaft bei sich, die gute Tilde – bißl einen G'schmack fürs Degout –, aber einmal hält man's schon aus." Neuer uninteressierter Seitenblick: „Sie werden sich nicht schwertun mit ihr. Sind so ziemlich ihr Typ, tät ich sagen."

Tuzzi fand, daß er sich nun empfehlen könne – er hatte immerhin so etwas wie eine Auskunft erhalten, und der Juckreiz wurde so unerträglich, daß seine Selbstbeherrschung gerade noch ausreichte, um aufzustehen, höfliche und ergebene Dankes- und Verabschiedungsworte zu äußern und zur Wohnungstür zu gelangen. Immerhin nahm Tuzzi auch mit dieser geminderten Aufmerksamkeit noch wahr, daß Frau Elisabeth (von) Atropijan, die ihm schon wieder kaum zugehört hatte, sorgfältig ein paar Stecknadeln in die Hüften des Wachspüppchens steckte und dabei ein Gesicht schnitt wie eine Zwölfjährige, die eben einen besonders boshaften Streich begeht.

„Und lassen Sie mir bitte den jungen Trotta schön grüßen, wenn S' ihn sehn, gelt?" rief sie ihm nach.

Glücklicherweise passierte in diesen Minuten niemand das Stiegenhaus. Hätte es einer getan, wäre er eines unerhörten

Schauspiels ansichtig geworden – eines Legationsrats Erster Klasse nämlich, der seine hervorragende Erziehung gänzlich vergessen hatte und sich in hemmungsloser Wollust an Stellen kratzte, wo ein Legationsrat sich einfach nicht zu kratzen hat.

„Servus, Trotta."
„Servus, Tuzzi!"
„Stör' ich dich?"
„Keine Rede – komm nur herein. Freu' mich, dich zu sehen."
„Hab' nur nachschauen wollen, weil du schon wieder zwei Tag' nicht im Büro warst."
„Nett von dir. Aber mach dir meinetwegen keine Sorgen. Der Arzt hat mir Ruhe empfohlen."
„Mhm. Aber körperlich gesund bist du? Oder?"
„Natürlich. Warum sollt' ich nicht g'sund sein?"
„. . . dann ist es ja gut. Also dann . . ."
„Na na. Jetzt, wo du da bist, mußt schon auch ein bissel bleiben. Ist eh zum ersten Mal, daß du mich besuchst, was?"
„Ja. – Sind das Vorfahren von dir?"
„Ja. Lauter Trottas. Und die Möbel sind auch alle aus der Familie."
„Aber ein sonderbares Haus, in dem du da lebst. Wenn man da unten hereinkommt – diese quadratischen grauen Höfe mit den vielen Fenstern und hinter jedem zweiten Fenster das Gesicht einer alten Frau . . . und diese merkwürdigen schweren Torbögen mit den riesigen Dreiviertelkugeln unten dran, und im nächsten Hof wieder Altweibergesichter hinter den Fensterscheiben . . ."
„Da hast schon recht. Aber es ist ein sehr ruhiges Wohnen hier. Unheimlich still, weißt. Man wird durch nichts gestört."
„. . . worin gestört?"

„Na ja, halt so. – Übrigens gibt's in dem Viertel da wirklich ein paar ganz exquisite Architekturspezialitäten. Wenn du dann heimgehst, schau dir drüben in der Mondscheingasse das Haus Nr. 3 an. Sowas Irres hast bestimmt schon lang nicht gesehn. Unten wächst das Haus aus einem riesigen Stukkaturbaum heraus, die Yggdrasil vermutlich, oben droben sind dann ungeheure Löwenköpfe – kein Vergnügen für Leute, die in derselben Höhe vis-à-vis wohnen. Und dieses Haus zieht sich irgendwie, aber man weiß nicht genau, wie, hinüber bis in die Kirchengasse. Dort brüllen die Löwen dann in die Gegenrichtung. Oder weiter unten, an der Ecke Stiftgasse und Siebensterngasse, das Eckhaus – dort hocken am Dachfirst die riesigsten Greife, die du je erblickt hast. Warum schaust mich denn so an?"

„Entschuldige. Mir ist gerade eingefallen: Ich soll dich von der Frau von Atropijan schön grüßen lassen."

„Danke sehr. Interessante Person, findest nicht?"

„Doch, doch. Hast du eigentlich eine Ahnung, wie alt die ist?"

„Komisch, daß du mich das fragst."

„Warum?"

„Weil ich mir darüber auch schon den Kopf zerbrochen hab'. Wie ich sechs oder sieben Jahre alt war, hat meine Großmutter im Café Eiles Bridge gespielt und mich manchmal auf ein Soda mit Himbeer mitgenommen. Und in der Bridgepartie, da war ein weibliches Wesen, das hat akkurat so ausgeschaut wie die Atropijan. Komisch, nicht wahr? Wo die Atropijan doch allerhöchstens drei- oder vierundzwanzig ist."

„Glaubst du? Hm. – Du, Trotta, ich will nicht taktlos sein ..."

„Das brächtest du ja auch gar nicht fertig, Tuzzi. Also – was willst sagen?"

„Ich bin, ehrlich gesagt, ein bissel besorgt um dich. Du hast in letzter Zeit so eine Neigung, dich zu isolieren. Und das Haus da ... was machst du eigentlich wirklich so den ganzen Tag?"

„Ich? Eigentlich nix. Ich lieg' herum und denk' nach."

„Worüber?"

„Ach, über nix. Über nix Wirkliches, jedenfalls. Und ich hör' viel Musik."

„Im Radio?"

„Aber nein. Innerlich. Ich bin sehr musikalisch und hab' ein enormes Gedächtnis für Musik. Oft lieg' ich da und spiel' mir den ganzen Mahler vor. Innerlich."

„Ein ungesunder Zustand, Trotta. Gefällt mir, ehrlich gesagt, gar nicht."

„Schau, Tuzzi ... Na ja, vielleicht hast sogar recht. Ich lass' mich tatsächlich in letzter Zeit ein bissel gehen. Ich werde mich bessern. Ich versprech's dir."

„Fein."

„Gestatte eine taktlose Gegenfrage: Was ist denn mit dir und deiner netten kleinen Piefkinesin los?"

„Die Ulrike? Was soll da schon los sein?"

„Ich mein' ja nur. Weil sie mich nämlich angerufen hat."

„Dich?"

„Warum nicht? Ich bin vermutlich der einzige unter deinen Kollegen, den sie kennt."

„Ja, das stimmt. Und?"

„No nix ‚und'. Sie hätt' dich schon tagelang nicht gesehen – und erreicht dich auch per Telephon nicht. Ob was los ist mit dir und was los ist – so halt."

„Und was hast du gesagt?"

„Das Übliche: Daß du sehr stark im Streß bist momentan und auch wir im Büro dich kaum zu Gesicht kriegen und daß du anscheinend irgendeinen dringlichen Kabinettsauftrag zu erledigen hast. – Hätt' ich was anderes sagen sollen?"

„Nein, nein. War schon richtig, Trotta, dank dir schön. Ich steck' da ja auch wirklich in einer Recherche drin, daß ich nicht weiß, wo mir das Hirn steht."

„Verstehe. Du, Tuzzi . . ."

„Ja?"

„Hättest du was dagegen, wenn ich – weil du ja selbst meinst, ich sollt' ein bissel aktiver sein – und übermorgen ist Premiere im Akademietheater: Soll ich deine Ulrike einladen?"

„Tu das. Du machst mir direkt einen Gefallen damit. Und laß sie tausendmal grüßen von mir. Erzähl ihr, daß ich wirklich ungeheuer unter Druck stehe und daß ich mich sofort rühre, sobald ich wieder einen klaren Kopf hab'."

„Ich habe leider das Gefühl, verehrter Legationsrat", sagte der Ministerialrat Haberditzl, „daß ich Ihnen über den Fortgang unserer Untersuchungen einen Zwischenbericht erstatten sollte."

„Das ist doch nicht notwendig", sagte Tuzzi. Er war müde und unglücklich, denn er hatte wider bessere eigene Einsicht um Mitternacht den Hörer abgehoben – und daraus war dann ein qualvolles, mehrmals unterbrochenes, im Ganzen aber bis drei Uhr früh dauerndes Gespräch mit Ulrike geworden, ein aus Mitleid krampfhaft-verlogenes Entschuldigen und zugleich Hinausschieben einer im Grunde schon getroffenen Entscheidung, das von ihr mit dem ganzen Entsetzen eines jungen Menschen beantwortet wurde, der dem Zerfall einer Ewigkeit zusieht. „Ich weiß doch, lieber Kollege, daß ich den Vorsitz getrost Ihnen überlassen darf."

„Danke ergebenst, Herr Legationsrat. Und ich tu' ja auch mein Möglichstes. Aber, offen gestanden, wir sind seit unserer letzten gemeinsamen Sitzung um kein Schritterl weitergekommen. Über den Begriff *glücklich* könnten wir uns ja vielleicht grad noch so drüberschwindeln. Aber dieses verdammte *Österreich* – was soll man da schon damit anfangen? Wir wissen natürlich, daß Sie, Herr Legationsrat, andersweitig immens engagiert sind. Aber ich seh' wirklich nicht, wie wir ohne Sie ... dieser ekelhafte Dr. Benkö treibt uns zum Wahnsinn!"

„Und der Kollege Skalnitzky?"

„Gott – mit dem ist es leichter. Den beleidigen wir wie immer am Anfang jeder Sitzung ein bisserl, dann gibt er eine Zeitlang Ruhe. Aber dieser Benkö ..."

„Schön, lieber Freund. Ich werde mein Möglichstes tun, um morgen oder übermorgen wenigstens auf einen Sprung in die Kleine Sitzung zu kommen. Hoffentlich geht es!"

„Ich ersuche inständigst, Herr Legationsrat. Der Herr Bundeskanzler hat tatsächlich, höre ich, gefragt, ob von unserem Interministeriellen nicht wenigstens einmal ein Zwischenbericht erwartet werden kann. Ihr Herr Außenminister hat's zwar elegant abgelenkt ... aber ein Gefühl der Unsicherheit bleibt halt doch nach ..."

Die Durchschnittstemperaturen stiegen in den folgenden Tagen um ein bis zwei Grad weiter an. Die Arbeitgeberverbände und der Gewerkschaftsbund einigten sich darauf, die täglichen Arbeitszeiten vorübergehend um ebenso viele Stunden herabzusetzen, denn die physische und psychische Leistungsfähigkeit der Bevölkerung sank rapide ab. Im benachbarten Ausland herrschte zunehmende Besorgnis über die dort ebenfalls steigende Hitze. Die Zahl der Hitzeopfer erhöhte sich, da sich nun auch Langzeitfolgen bemerkbar machten. Psychiater deuteten an, daß allmählich ein kollektivseelisches Milieu entstehe, das epidemische Selbstmorde befürchten lasse. Summarisch gesagt: Die Grenze des Geradenocherträglichen rückte gefährlich näher.

„Wie schaut's aus mit mir?" fragte Tuzzi.

„Körperlich relativ bestens", sagte der Medizinalrat, „für

das Psychische bin ich nicht zuständig. Die übliche Dystonie natürlich, erhöhte Nervosität, aber Kreislauf und Herz sind in Ordnung. Relativ, wie gesagt, im Vergleich zu den meisten anderen. Na, ich schreib' Ihnen halt ein paar Tabletterln auf."
„Tabletten? Die helfen doch eh nichts."
„Tja – wenn S' nicht dran glauben, dann besser keine. Sind ja wirklich für die Katz'. Eine Badewanne voll kaltem Wasser, das wär's!"

Nichts. Nichts bisher. Tuzzi beugt sich über die Twarochschen Akten und streift zugleich mit wachsender Verzweiflung eine Grenze entlang, die unübersteigbar erscheint. Sein Denken spießt sich an unsichtbaren Stacheldrahtspitzen, seine männliche Integrität ist nicht mehr intakt, seine durch Herkunft, Erziehung und intelligente Reflexion geprägte Desinvolture reißt da und dort wie mürber Stoff.

Die Kleine Sitzung war auch nicht mehr das, was sie einmal gewesen war. Wiederum hatte sich der Kreis der Teilnehmer verkleinert, diesmal um den MinOkmsr Goldemund, der schon seit Tagen aus vorderhand nicht bekannten Gründen nicht mehr im Amt gesehen worden war – mit den Nachfragen war das so eine Sache, man kam kaum mehr dazu, die Ausfälle zu registrieren, Lethargie befiel jetzt auch schon die Verantwortlichen, was sollte man da erst von den Untergeordneten erwarten, den Telephonistinnen und Hilfskräften?
„Am schlimmsten ist", sagte der SektR Tuppy, „daß auch der Brauneis weggeblieben ist. Ich hab' den Mann zwar nicht besonders gern gehabt, aber mit der Hauspost ist es jetzt einfach eine Katastrophe."
„Man müßte das zuständige Ministerium um Ersatz bitten", sagte Tuzzi.

„Haben wir schon getan." Das war der MinKmsr Doktor Benkö. „Aber es war einfach nicht festzustellen, von welchem Ministerium uns der Mann zugeteilt worden ist."
„Er kann doch nicht vom Himmel zwischen uns hereingefallen sein? Schön, ich werde mich später drum kümmern. Herr Kollege Haberditzl, darf ich wieder einmal um einen kurzen Rückblick bitten? Ich war ja eine Zeitlang nicht da, betrüblicherweise."
Der MinR Haberditzl, der ebenfalls etwas leidend wirkte, legte in kurzen Worten dar, daß man in Abwesenheit des Herrn LegR Tuzzi – über dessen augenblickliche Anwesenheit sich alle Herren sehr freuten – leider nur in einem allerdings wesentlichen Punkt gewisse Fortschritte habe erzielen können, in der Verifizierung des insularen Charakters Österreichs nämlich. Freilich habe man hier von einem gänzlich neuen Denkansatz ausgehen müssen. Denn während mit den (kleine versöhnliche Wendung zu MinSekr Skalnitzky hin, der jedoch wie immer schmollte) Maghrebiniern, Tarockaniern, Tschechen und Slowaken und (mokanter Blick auf den MinKmsr Dr. Benkö) selbst den Ungarn vielfache verwandtschaftliche Beziehungen in biologischem Sinne bestünden, sähe sich kaum je ein Österreicher vor die Notwendigkeit gestellt, Verwandte in Deutschland zu besuchen, weil solche eben der Regel nach nicht vorhanden seien. Das Abgrenzungsproblem läge hier also vielmehr im rein Sprachlichen begründet, denn es könne ja nicht übersehen bzw. überhört werden, daß zwischen den im österreichischen und im deutschen Raum verwendeten Sprachen doch eine immerhin beträchtliche Ähnlichkeit herrsche.
Die vorangegangenen Gespräche waren anscheinend doch nicht gar so fruchtbar verlaufen, wie Tuzzi voreiligerweise gehofft hatte, denn obwohl das Problem ja wohl ausführlich behandelt worden war, ließen diese Formulierungen des nun unglücklich dreinblickenden MinR Haberditzl eine Gereiztheit laut werden, die mehr als deutlich zeigte, wie sehr der

Kleinen Sitzung das diplomatische Taktgefühl des Legationsrates gefehlt hatte.

„Fängt er schon wieder an", murmelte der SektR Tuppy mit einer an ihm ganz ungewöhnlichen Intransigenz. „Von einer Ähnlichkeit der Sprache, des Gesprochenen nämlich, kann doch also überhaupt keine Rede sein. Höchstens vom Geschriebenen, von der Schriftsprache kann man sowas sagen – vielleicht!"

Der MinSekr Skalnitzky begnügte sich mit einem höhnischen Schnauben durch bebende Nasenflügel. Der MinKmsr Dr. Benkö ließ jenes scharfe Zischen hören, mit dem sich schon seine hunnischen Vorfahren tief über den Rücken ihrer struppigen Pferde gebeugt haben mochten, wenn sie am fernen Horizont eines zu Gulasch zu verarbeitenden Feindes ansichtig wurden. Und selbst Dr. Tuzzi hatte die von Haberditzl vorgebrachte Meinung wenigstens formal denn nun doch so provokant gefunden, daß ihm unwillkürlich ein verblüfftes „No, no!" entfahren war.

Der arme Haberditzl, der schwer darunter litt, sich vor den Augen des von ihm bewunderten Legationsrates so blamiert zu haben, wollte seinen Fehler wiedergutmachen und machte ihn noch schlimmer, indem er mit einer ausführlichen Darlegung einsetzte, wieso die Ähnlichkeiten zwischen deutscher und österreichischer Umgangssprache nur als scheinbare – jawohl: scheinbare, nicht anscheinende! – zu werten wären und daß man – hier übersprang er offenbar ein ganzes Bündel von Beweisführungen – jedenfalls zusammenfassend sagen könne, daß eine Art von wohl schon immer vorhanden gewesener Interkontinentaldrift das Österreichische und das Deutsche mit zunehmender Strömungsgeschwindigkeit auseinandertreibe, so daß der in geopsychologischer Hinsicht deutlich insulare Charakter des Landes auch in dieser Richtung als vorhanden angenommen werden könne. Ganz allgemein, wenn auch vielleicht nicht allgemein verständlich, müsse man hier, dies wolle er denn doch noch bemerken, das Paradoxon konstatieren, daß gerade die Erfahrung sicherlich vorhandener Ähnlichkeiten zwischen Deutschem und Österreichischem das Gefühl der grundsätzlichen Verschiedenheit eher verstärkten.

Neuerlich ablehnendes Gemurmel in der Runde. Haberditzl begann seine Ausführungen noch einmal von vorne und verstrickte sich immer mehr in Mißverständlichem.

Das ist alles nicht sehr befriedigend, dachte Dr. Tuzzi bei sich. Man wird diesen Punkt neuerlich und genauer durchleuchten müssen, irgendwann einmal, wenn es nicht so erstickend heiß ist wie heute. Im Grunde ist es nämlich der Realitätsbezug, der uns von den Deutschen oder auch sie von uns unterscheidet. Auf die Frage, wieviel Seiten eine Medaille hat, würde die deutsche Antwort lauten: Zwei. Die österreichische Antwort: Unzählige, denn die Medaille hat auch ihre geschichtliche, ihre chemische, ihre ästhetische, geometrische Seite und so fort. Wenn durch diese verteufelte Hitze nicht so viele Mitarbeiter krank geworden wären, ich würde einen beauftragen, alle diese Seiten einer Medaille herauszufinden. Ich wette, er käme zu einer an das Unendliche grenzenden Zahl; und das hieße, daß am Ende die ganze Welt in dieser Medaille beschlossen läge oder diese mit der Welt zur vollkommenen Identität gelangte, ein Resultat, das auch vom theologischen Gesichtspunkt aus . . . Rings in der Runde murmelte es und grollte es, und Haberditzl verheddarte sich unter den spöttischen Blicken seiner Kollegen endgültig in seinem Durcheinander von Argumentationen und Richtigstellungen.

„Meine Herren!" sagte Tuzzi. „Ihr Einverständnis voraussetzend, schlage ich vor, die Kleine Sitzung an diesem Punkt zu unterbrechen und erst in einer Woche wiederaufzunehmen. Vielleicht läßt's der liebe Gott bis dahin kühler werden . . . einverstanden?"

„Einverstanden!" sagten die Herren und sahen Haberditzl mit um Entschuldigung bittenden Augen an.

„Wie geht es Ihnen denn, Herr Karneval?" fragte Tuzzi, als er, auf dem Wege ins Auswärtige Amt, den Portier passierte.

„Ergebenheit, Herr Legationsrat", sagte der Ernste Bibelforscher zufrieden. „Mir geht es wirklich sehr gut."

„Ihnen macht die Hitze nicht zu schaffen?"

„Weniger als anderen, Herr Legationsrat. Und sie wird nicht mehr lang dauern. Nicht mehr lange, Herr Legationsrat. Meine Ergebenheit!"

„Verehrter Herr Minister..."

„Tut mir leid, mein Lieber. Ich verstehe schon, daß du da keine reine Freud hast damit, ist ja wirklich ein bissel sehr à part, diese ganze Sache, sehr merkwürdig, sehr sonderbar..."

„Und jede Arbeit daran ist doch völlig zwecklos, Herr Minister!"

„Ja weißt du, das möchte ich so wieder auch nicht sagen. Aufs Zwecklose hinarbeiten ist doch eigentlich eine sehr saubere Art von Arbeit. Au fond ist's sogar was direkt Edles, wenn du mich richtig verstehst."

„Ich muß Herrn Minister darauf hinweisen..."

„No no! Nicht gar so förmlich, ich bitte dich!"

„... daß ich, indem ich diesem möglicherweise edlen, jedenfalls aber bizarren und von vornherein zur Aussichtslosigkeit verurteilten Auftrag nachgehe, die mir und sicher doch auch dir, Herr Minister, viel wichtiger erscheinende Interpretation des gewissen Papstwortes im Hinblick auf die mögliche Erstellung einer wenigstens teilweisen Staatsdoktrin der Nichtbearbeitung anheimfällt, weil ich schließlich..."

„Also jetzt hör schon auf. So lange Sätze – bei dieser Hitz'! Und sie helfen dir auch nichts. Das ist jetzt nicht der Zeitpunkt, daß ich unter die Augen des Kanzlers treten kann, um ihm zu sagen, daß der Mann, der die vom

Landwirtschaftsminister eingeleiteten Maßnahmen durchführen soll, nicht dazu kommt, weil er was Besseres zu tun hat. Das kannst einfach von mir nicht verlangen. Also Servus, Tuzzi, laß dich wieder anschaun bei mir, gelt?"

Aber der Legationsrat blieb einfach sitzen und steigerte diese Unhöflichkeit auf berechnende Weise, indem er seinem Minister ernsthaft, aber unverwandt so lange in die Augen blickte, bis dieser Zeichen beginnender Nervosität merken ließ. Männer seines Standes und Berufes sind ja im allgemeinen kaum aus der Fassung zu bringen; nur klug angewandte Unhöflichkeit kann sie aus derselben herauskletzeln.

„Gibt es noch was?" fragte der Minister endlich irritiert.

„Jawohl", sagte Tuzzi, ohne die Augen abzuwenden, „da gibt es noch etwas, Herr Minister."

„Aber ich habe dir doch hoffentlich begreiflich machen können..."

„Ja. Und ich habe verstanden. Und ich werde also diesen verrückten Auftrag weiter bearbeiten. Ich tue es, weil ich sonst alle meine Grundsätze und mein Vertrauen in die Legitimität unseres Berufes ad acta legen müßte."

„Na also", sagte der Minister erleichtert.

„Aber ich habe ein Recht darauf, Herr Minister, daß du mir in ein oder zwei Punkten reinen Wein einschenkst."

„Hast du das?"

„Ich habe es, denn schließlich setze ich, indem ich mich weiter mit der mir nun einmal anvertrauten Materie beschäftige, vielleicht meine Beamtenexistenz, wahrscheinlich aber meinen gesunden Verstand aufs Spiel. Daher habe ich ein Recht darauf, dies wenigstens sehenden Auges und nicht als ein blindes Werkzeug zu tun. Und infolgedessen möchte ich dich, sehr verehrter Herr Minister, um Aufhellung der folgenden zwei Unklarheiten bitten – Unklarheiten, die mir nicht sofort aufgefallen sind, aber seither um so mehr Kopfzerbrechen verursachen."

„... no schön. Was ist denn unklar, Tuzzi?"

„Du erinnerst dich gewiß, Herr Minister, an jenen kürzlichen Ministerrat, in dem der Herr Bundeskanzler dem Herrn Landwirtschaftsminister sehr nachdrücklich zu verstehen gegeben hat, daß er auf irgendeine zweckdienliche Weise Wasser heranzuschaffen habe?"

„Ich erinnere mich, o ja. Aber wieso weißt du – ach so, du übersetzt ja das Protokoll. Sprich weiter."

„Am nächsten Tag aber bin ich bereits an Stelle des Kollegen Twaroch zum Landwirtschaftsminister geholt worden. Und der wollte von mir bereits konkrete Unterlagen über du weißt schon was haben. Am nächsten Tag! Mir ist im ersten Schrecken nicht gleich aufgefallen, daß da schon rein zeitlich irgendwas nicht stimmt; aber jetzt greif ich's direkt mit Händen: der gute Twaroch hat schon lange zuvor den Auftrag erteilt bekommen, mit den – mit diesen sagenhaften Erscheinungen Kontakt aufzunehmen; und auf die Idee, diese Fühlungnahme dem Zwecke der Wassergewinnung zu unterstellen, ist der Minister wahrscheinlich erst zu einem späteren Zeitpunkt gekommen, als ihm das Wasser, oder vielmehr das nicht vorhandene Wasser, um mit seinen Worten zu sprechen, bereits bis zum Hals und ein diesbezüglicher, hm, Ausbruch des Herrn Bundeskanzlers sozusagen schon im Bereiche des Voraussehbaren stand. Das aber hieße, daß der Auftrag an den armen Twaroch keinen aktuellen Anlaß wie zum Beispiel die Wasserkrise, sondern andere, vermutlich prinzipiellere Ursachen hatte. Stimmt's, Herr Minister?"

„Ja, Tuzzi. Das stimmt. Und der zweite Punkt?"

„Danke, Herr Minister. Der zweite Punkt: dieses g'wisse Papstwort, das uns im Interministeriellen soviel Kopfzerbrechen macht – ist das eigentlich ganz allein auf seinem ... also entspringt das zur Gänze seinem eigenen Denken? Oder hat da einer von uns ein bißl was insinuiert?"

„Du hast ein erstklassiges Gehirn, mein lieber Tuzzi", sagte der Minister und verzichtete plötzlich ganz auf seinen manierierten Ballhauston, was ihn merkwürdigerweise viel menschlicher und jünger wirken ließ, "und dazu gratuliere ich dir und uns allen. Und du hast in allem recht, was du sagst – und sogar ein bißl mehr recht, als du glaubst. Und trotzdem werde ich dir jetzt keinen reinen Wein einschenken, und zwar, weil du ohnehin schon auf eine eigentlich nicht mehr zu verantwortende Weise ausgelastet bist. Selbstverständlich steckt hinter alldem, der Papstwortverifikation wie der Kontaktsuche, etwas Größeres, Umfassenderes, quasi Mondialeres. Ich selbst weiß da durchaus nicht in jedem Detail Bescheid, es arbeiten unserer mehrere daran – aber laß dich davon nicht beunruhigen, nicht jetzt wenigstens. Es kommt schon auch für dich noch die Zeit, wo du die Hintergründe erfahren wirst."

"Na schön", sagte Tuzzi nach längerer Gedankenpause und stand endlich auf. "Wenn's so ist . . ."

"Ehrenwort", sagte der Minister. "So und nicht anders."

". . . aber trotzdem", beharrte Tuzzi ein letztes Mal, "ich hab's einfach nicht gern, etwas zu tun, zu dem jemand, den ich nicht kenne, Richtlinien gegeben hat, die ich auch nicht kenne. Sowas verschafft mir ein Gefühl der Unordentlichkeit, ja fast möchte ich sagen der Sündhaftigkeit."

"Das verstehe ich sehr gut", sagte der Minister. "Würde es dich erleichtern, wenn ich dir, unter uns natürlich, sage, daß dein verehrter Herr Onkel an der Ausarbeitung dieser Überlegungen, jawohl: Überlegungen, nicht Richtlinien, maßgebend beteiligt war?"

"Doch", sagte der Legationsrat. "Das erleichtert mich sogar sehr. Wo mein Onkel war, dort war stets auch Legitimität. Meine Ergebenheit, Herr Minister – du brauchst keine Angst zu haben, daß ich zu früh wieder hier stehe."

Es gibt viele Formen menschlicher Geselligkeit. Die blödeste unter ihnen ist die Cocktailparty

Da steht man herum, hält in der einen Hand einen Teller, in der anderen ein Glas mit etwas, das man sonst nie trinken würde, und hat zahlreiche sich aus dieser Position ergebende Probleme zu lösen. Womit bringt man zum Beispiel das Sandwich zum Munde? Wie führt man mit vollem Munde ein Gespräch, das man höchstens durch einen Wechsel vom Stand- aufs Spielbein unterstreichen kann? Wie beendet man es in vornehmer Weise, wenn man drüben beim Fenster jemanden sieht, mit dem man sich viel lieber unterhalten möchte? Wie balanciert man mit Glas und Teller halbwegs graziös durch das Gedränge? Und wo lädt man die leeren Teller und seine Zigarettenasche ab?

Einer meisterte diese vertrackte Situation mit unerreichbarer Nonchalance. Einer hatte mit sicherem Blick das einzige nicht von Meisterwerken zeitgenössischer österreichischer Kunst bedeckte Stück Wand entdeckt, an das er sich mit elegant gekreuzten Füßen bequem anlehnen konnte. Und wer mochte das sein? Wer hatte seinen Sandwichteller bequem auf dem obersten Kubus einer Wotruba-Plastik so abgestellt, daß er der wuchtigen, ja titanischen Figur einen fast schelmischen Akzent verlieh? Wer hatte sein Wermutglas so geschmackvoll auf den breiten Rahmen eines Rudolf-Hausner-Selbstporträts placiert, daß der konvexe Adamskopf darunter endlich erkennen ließ, wohin sein sehr sehnsuchtsvoller Blick gerichtet war? Und wer konnte sich infolgedessen mit freien Händen eine Zigarette anzünden, und wer hatte sich rechtzeitig des einzigen Aschenbechers im Raum bemächtigt, in den er sein Streichholz werfen konnte?

„Servus, Trotta!"

„Servus, Tuzzi. Du hier? Hast ja allerhand gesellschaftliche Ambitionen in letzter Zeit."

„Es hat eben seine Gründe, daß ich hier bin."

„Ich wollte nicht indiskret sein. Hast dich schon umgesehen?"

„Ich hab' versucht, die Gastgeberin zu finden – aber das Haus kommt mir etwas labyrinthisch vor."

„Was heißt: ‚kommt dir vor'? Es *ist* labyrinthisch. Es *soll* labyrinthisch sein. Die Tilde – eigentlich heißt sie ja Clothilde, aber nennen tut sie sich Tilde – hat ein ganzes Team von Hollein-Adepten drangesetzt, um diesen Effekt herauszuholen. Was übrigens diese Dame betrifft, so laß dir ein bissel Zeit. Sie ist momentan noch etwas von ihren Bewunderern umringt."

„Hoffentlich nicht zu lang. – Wie war's denn im Akademietheater?"

„Gar nicht. Der Sauerwein, du weißt schon, der Regisseur, ist knapp vor der Generalprobe krank geworden. Nierenkolik. Wahrscheinlich hat ihm die Atropijan in sein Regiekonzept dreingeredet. Das kann sie nämlich."

Tuzzi fiel die Wachspuppe in den Händen der Atropijan ein – hatte nicht der Sauerwein eine auffallend vorspringende Nase?

„Und so ist die Premiere im letzten Augenblick verschoben worden", sagte Trotta. „Ich bin halt statt dessen mit deiner Ulrike in den ‚Rauchfangkehrer' essen gegangen. Dir ist es doch hoffentlich recht, oder?"

„Natürlich. Ich hab' dir doch gesagt, daß ich dir direkt dankbar bin, wenn du dich um das Mädel ein bissel kümmerst. War's wenigstens halbwegs nett?"

„Überraschend nett. Das Mädel ist reizend. Und so angenehm unkompliziert. Bei diesen Deutschen weiß man immer gleich, wie man dran ist. Man tut sich so leicht mit ihnen. Schrecklich leicht. – Aber du solltest dich mehr um sie kümmern, Tuzzi, wirklich!"

„Ich weiß, ich weiß. Wenn ich nur erst diese G'schicht hinter mir hätte ... Kennst du die Leute hier?"

„Die meisten."

„Hätt' ich mir ja denken können. Also?"

„Ja, wo fang' ich an? Dort drüben, das ist der Doktor

Eisendle. Hat eine interessante Idee ausgeheckt, wie man den übermäßigen Bevölkerungszuwachs vermeiden könnt', ein Neomalthusianer, sozusagen."

„Und was schlägt er vor? Keuschheit? Oder Pille?"

„Nein, er ist radikaler – kommt ja auch aus Graz. Schlägt vor, man soll offiziell, auf Bundes- oder Landesebene, einen sogenannten ‚Suizid-Kasten‘ propagieren. Ein Serienprodukt in zwei Ausführungen, eine große Wiener Ausgabe und ein kleineres, natürlich auch billigeres Modell ‚Graz‘. Enthält alles, was man für einen hygienischen Selbstmord braucht – Giftflascherl, Skalpellerln fürs Pulsaufschneiden etceterapepe. Mit ausführlicher Gebrauchsanleitung."

„Hör auf, Trotta. Wer ist der Charakterkopf dort?"

„Ein gewisser Ossi Wimmer. Ein Genie, hör' ich. Hat auch ein interessantes Projekt ausgearbeitet. Den Bioadapter. Schon gehört?"

„Nein."

„Also, das geht so: Da läßt man sich so Sonden hineinstecken, ins Gehirn oder sonstwohin, und damit werden, elektrisch oder chemisch, deine diversen Sinneszentren gereizt. In der Hauptsache natürlich in Richtung Lustgewinn, klarerweise. Brauchst dich nicht mehr anzustrengen, brauchst überhaupt nix mehr zu tun, ein Muskelzucker genügt, und du kriegst eine LSD-Vision verpaßt oder einen Stromstoß ins Hirn, der dir einen Orgasmus verschafft undsoweiter halt – du verstehst das Prinzip? Natürlich erübrigt sich damit der Kontakt mit der Wirklichkeit, eine Röhre genügt, man legt sich hinein, wird angeschlossen, zugemacht und fertig. Auf die Art könnte man ganz rationell den größten Teil der Menschheit einerseits glücklich machen und zweitens platzsparend auf ein paar Lagerplätzen aufeinanderschlichten."

„Grauslich."

„Aber nicht unlogisch. Im Grunde doch nur eine auf der Hand liegende Kombination von neuester Gehirnphysiologie, Fernsehen und konsequent zu Ende gedachter sozialer Wohlfahrt. – Das dort ist ein Ingenieur Schulz. Baut Roboter. Oder vielmehr Androiden. Schlägt sich momentan mit dem Problem ihrer Liebesfähigkeit herum – was hat der schönste und funktionstüchtigste Maschinenmensch für einen Wert, meint er, solang er keinen Eros hat? Ich finde das richtig. – Der dort, der mit dem abwesenden Blick, der heißt Wolfgang Böhm. Schlägt vor, die Alpen grundsätzlich neu zu gestalten. Bergspitzen abtragen und aus den Dreitausendern oben Springbrunnen heraussprudeln lassen. Die Natur ein Totalkunstwerk. Du verstehst?"

„Ja, obzwar ich die Notwendigkeit nicht einseh'."

„Dort – den kennst ja wohl. Ist ja schließlich eine Prominenz."

„Was macht er denn jetzt?"

„Soviel ich weiß, beschäftigt er sich noch immer mit dem Projekt, auf den Großstadtdächern Wälder wachsen zu lassen und ganze Stadtviertel quasi zu neuen Almgebieten zu machen – ich denk', er arbeitet das Recycling aus, du weißt schon, in jedem Haus die Abwässer wieder sauber zu machen, damit's auf den Dächern, zwischen den Bäumen, auch klare Quellen gibt, an denen die Kinder spielen können . . . – Salve Domine!"

„Salve, amice, salve!" Ein freundlicher alter Herr winkte und verschwand hinter einer Spiegeltür.

„Wer war das?"

„Das war Karl Pötzl – beziehungsweise Carolus Pecelius, der Wiedererwecker der gräko-lateinischen Mischkultur, falls du dich erinnerst. Übrigens – der Festetics ist auch da, hat mir gerade erzählt, daß er umdisponiert und aus dem östlichen Ungarn, aus Teilen Rumäniens und einem Stückerl Rußland bis zur Krim hinüber ein Groß-Khanat projektiert. Der Computer wird bös werden auf mich, fürcht' ich, wenn ich ihm diese Variante auch zu kosten geb'! Komm, machen wir uns auf die Suche nach der Tilde Urdning – jetzt müßt's bald soweit sein. Das dort ist übrigens einer von diesen Jünglingen von der Technischen, die diese halbdurchsichtigen Plastikblasen erfunden haben, die man in jedem beliebigen Stockwerk zwecks Wohnraumvergrößerung aus dem Fenster heraushängen lassen kann. Oder ist er einer von der anderen Cooperative, die an diesen Astronautenanzügen herumbastelt, Bio-Anzügen, mit eingebauten Organverstärkern, damit man besser sieht, hört, fühlt ... interessanter Gedanke, nicht? Gib acht, jetzt hättest fast ein Meisterwerk vom Pichler umg'haut, das ist auch ein bemerkenswerter Kopf, beschäftigt sich im Augenblick neuerlich mit der Konstruktion von meditationsfördernden Sitzgruben, wo nur der Kopf herausschaut. Muß sehr merkwürdig wirken, wenn man neben sieben, acht anderen Leuten in einer solchen Grube hockt und nur Köpfe sieht, in gleicher Höhe wie der eigene, direkt am Horizont. Stell' ich mir enorm vor. Jetzt hab' ich mich selber verlaufen. Augenblick – geht's jetzt rechts oder da links? Eher da. Was sagst zu dem Bild? Das ist von einem gewissen Helmwein. Sehr begabt, nicht? Malt mit Leidenschaft nur schwachsinnige, verstümmelte und ähnlich arme Kinder, die sich grad umbringen – scheußlich, aber eindrucksvoll."

„Nicht gerade mein Genre, Trotta. Was spielen denn die Damen für eine Rolle in diesem Haus?"

„Gar keine. Wenigstens nicht im Geistigen. Von Künstlerinnen hält die Tilde nix. Was du da siehst, das sind nur so die ständigen Begleiterinnen der Genies. Und ein paar Journalistinnen wegen der Publizität. Man muß es ihr lassen, der Urdning-Tilde, sie tut das Möglichste für alle möglichen Talente. Hast den gesehn – den schwarzen Dürren mit der Messernasen?"

„Kommt mir bekannt vor ..."

„Das ist der Ururgroßenkel vom Banus Jellacic, Vizekönig von Kroatien, der im Achtundvierzigerjahr – 1848 natürlich – die Ungarn niedergeschlagen hat. War eine

Zeitlang Unterhaltungsmensch im Fernsehen, jetzt erforscht er, wie die Indianer nach Südamerika gekommen sind. Ein mehr düsterer Mensch. – Der Dicke hingegen, das ist der Nitsch, ein berühmter Aktionist der Wiener Schule, ist kürzlich aus Deutschland zurückgekommen und hat sich im Weinviertel von den Klosterneuburger Chorherren ein Barockschloß gekauft, in dem richtet er ein Blutorgienzentrum ein, mit einer zentralen Blutaufbereitungsanlage. Und ein Röhrensystem leitet den roten Saft dann in alle Badezimmer. Kommt mir ein bissel draculamäßig vor, aber die Tilde Urdning hält das, mir scheint, für eine grandiose Sache. Naja, über Geschmäcker läßt sich streiten. Der dort grad so lacht, heißt Erwin Puls und gibt sein ganzes Geld für entsetzenerregende Plakate aus, die er von der Gewista überall anpicken läßt. Du hast sicher auch schon welche gesehen – da war so ein Riesenplakat, zwei mal drei Meter, mit der Photographie eines sterbenden alten Mannes drauf, ohne weitere Erklärung. Der große Mann mit der Glatze und dem weißen Bart, das ist der Graf Keyserling – der junge, obzwar auch schon älteres Semester. Hat jahrzehntelang in Indien gelebt und verkündet jetzt in der Akademie am Stubenring die Weisheit des Ostens. Ich hab' mir einmal angehört, was er so vorträgt, bemerkenswert, sag' ich dir. Daß wir jetzt ins Jahr der Sonne eingetreten sind, zum Beispiel. Ein solches chinesisches Jahr dauert aber lang, X-Tausende von unseren Jahren. Die jetzige Hitze wär' ein Beweis dafür. Oder so. Genau hab' ich's nicht verstanden, die Chinesen sind eben die einzigen, die das verstehen. Außer dem Keyserling. Der Lange neben ihm ist ein Graf Schönborn. Ein Harmonikaler. Steht auf dem Standpunkt, das Heil der Welt hängt davon ab, daß alles im richtigen Farbton angestrichen wird. Draußen in Speising hat er eine Genossenschaftssiedlung nach seiner Methode angefärbelt – geht bis auf Pythagoras zurück, diese Methode – schaut aus wie ein Sonnenuntergang, die Siedlung, also wirklich hinreißend auffallend. – Ich glaub', wir müssen da in den Halbstock hinauf. Oder?"

Trotta biß auf die Unterlippe und überlegte. Tuzzi betrachtete indessen eine schöne Moldovan-Zeichnung, auf der Amazonen gegen riesige Krebse kämpften. Daneben hing ein Paul-Flora-Blatt, das vorgab, aus dem Katalog einer Gartenzwergmanufaktur zu stammen. Schräg gegenüber strahlte eine leuchtende Emailkomposition eine seltsam beunruhigende Irritation aus.

„Von einem Otto Beckmann", sagte Trotta. „Ein außergewöhnlicher Mann. Beschäftigt sich mit dem Nachweis, daß intelligentes Leben auch in einer zweidimensionalen Welt möglich ist. Ich weiß schon: wir müssen nicht hinauf, sondern hinunter. Interessant, auf was für Ideen die Leut' so kommen."

„Fragt sich nur, wozu. Und was soll daraus entstehen? Ist das närrisch? Oder?"

„Wer weiß? Die Tilde jedenfalls mag das. Sie zieht solche Typen direkt an, siehst ja selbst. Und ist eine Kunstfreundin ersten Ranges. Die Künstler selbst hat sie auch ganz gern. Und man weiß ja wirklich nie, wie aus was etwas wird, nicht wahr? Oder könntest du mit Sicherheit sagen, daß nicht in dem Augenblick, in dem das Buch, das grad über uns geschrieben wird, in Druck kommt, die eine oder andere von diesen Sachen gar nicht mehr Kunst, sondern schon ganz gewöhnliche Realität geworden ist?"

„Was meinst du mit dem Buch?"

„Ach, das ist nur so eine von meinen Marotten. Manchmal bild' ich mir ein, ich leb' gar nicht, sondern bin nur eine Figur aus einem nicht fertig geschriebenen Buch."

„Trotta, du fängst an, mir Sorgen zu machen. Solche Gedankengänge – du, das grenzt schon ein bissel ans Krankhafte!"

„Geh, bitt' dich! Das liegt mehr an dem Haus hier. Bei den Parties von der Clothilde kommt man halt auf solche

Ideen. Da drüben ist sie endlich. Komm, laß dich vorstellen."

Frau Clothilde Steinach-Urdning saß auf einem vermutlich von Erich Brauer entworfenen und mit seltsam qualligen Figuren bemalten Möbel und sah aus wie eine jüdische Kaiserin Elisabeth, nur etwas dicker. Ikonenhaft starre Augen, schneeweiße Haut, blauschwarze Haare, grellroter Mund, alles glänzend wie Lack. Eine schwarzgoldene Tunika. Erstaunlich kleine Füße, zierliche Fessel. In jeder Hinsicht geöffnete Lippen. Ein gewaltiges, pompöses Weib, das mit jeder Hebung der stattlichen Brust einen betäubenden Schwaden „Rêve" vom Stapel ließ. Eine Aufsaugerin. Eine Verschlingerin.

„Tuzzi?" sagte sie mit träger und gezierter Stimme. „Tuzzi? Nein, wirklich?"

„Doch, gnädige Frau", sagte Tuzzi, den angesichts dieser majestätischen Weiblichkeit beträchtliche Beklemmung befiel. „Legationsrat Tuzzi. Warum auch nicht, wenn ich fragen darf?"

„Tuzzi ... Ich habe einen Tuzzi gekannt, als ich zwanzig Jahre jünger war. Doch wohl ein Verwandter von Ihnen?"

Oh, Onkel! dachte Tuzzi. Schon wieder kreuze ich deine Spuren! Auf welcher Suche hast denn du dich zeit deines Lebens befunden?

„Ich nehme an, gnädige Frau, daß es sich um meinen Onkel gehandelt hat."

„Sie sehen ihm ähnlich. Obwohl er damals etwas älter war. Ein sehr attraktiver Mann, Ihr Onkel! Und sehr kultiviert. Sie sehen ihm wirklich sehr ähnlich."

Eine neue Wolke „Rêve" schwebte auf Tuzzi zu.

„Frau von Atropijan", setzte der Legationsrat mühsam an, „– war so freundlich, mich Ihnen ..."

„Ja, ja. Natürlich. Aber Sie haben es doch nicht so eilig? – Lieber Trotta, es war reizend, Sie gesehen zu haben."

„Ich küss' die Hände", sagte Trotta, tat dieses aber nicht,

sondern machte eine seiner vornehmen Verbeugungen, nickte mit sehr nachdenklichem Lächeln seinem benommenen Freunde zu und verschwand.

In Tuzzis Ohren verebbte der Lärm, den die im Hause massierten Genies verursachten. Aus der Höhle eines weiten schwarzen Ärmels kroch langsam eine kleine bleiche Hand mit lackroten Spitzen, legte sich auf Tuzzis Schenkel, und oben, über dem Parfüm, sagte eine faule Stimme: „Kommen Sie näher, lieber Freund. Plaudern wir von Ihrem Onkel."

An das Folgende erinnerte sich der Legationsrat Dr. Tuzzi später nur ungenau, was zum Teil damit zusammenhing, daß er sich daran auch gar nicht so genau erinnern wollte. Es waren Tage und Nächte (vor allem Nächte!), in denen er mit einer riesigen Masse schwerduftenden Fleisches ringen mußte, manchmal wütend sich in es hineinbohrend, meistens aber verzweifelt, wie erstickend, es abwehrend. Dazwischen Pausen mehr des Lauerns als des Ruhens, in denen die Urdning haufenweise Bonbons aß und Golowin-Platten spielte, ehe sie sich wieder langsam und genießerisch über Tuzzi hermachte, ihm zufrieden versichernd, daß er seiner Familie durchaus keine Schande bereite. Einmal meldete sich am Telephon der junge Trotta, aber sie gab den Hörer nicht an Tuzzi weiter, sondern vertröstete Trotta auf den nächsten Donnerstag.

In dieser ganzen Woche versuchte Tuzzi tapfer und erfolglos, den eigentlichen Zweck seines Hierseins zu verfolgen, aber die Urdning (er brachte es nicht fertig, diesen Wollustkoloß Tilde zu nennen) murmelte dann regelmäßig etwas von Geduld, die man in solchen Sachen haben müsse. Sowas sei nicht von heute auf morgen – und schon senkte sie sich wieder über ihn und verschlang ihn.

Dennoch sollte man lieber nicht glauben, daß diese Tage für Tuzzi eine Qual gewesen seien und daß er sie nur aus

Pflichtgefühl durchgestanden hätte. Das hieße Frau Clothilde Steinach-Urdning Unrecht tun und ihm auch. Vielleicht hätte er versagt, wenn die Hitze, der Wohlgeruch an der Dame des Hauses und ihre außerordentlichen Künste ihn nicht in einer dauernden Betäubung gehalten hätten; aber just dieser nicht unangenehme Zustand förderte aus ihm ein ihn selbst erstaunendes Quantum an Animalischem zutage, von dem wohl jeder Mann, der sich an seine Knabenzeit erinnert, weiß, daß er es in sich hat, das er aber normalerweise – ein Wort, das man in solchem Zusammenhang nicht ohne Ironie gebrauchen wird – niemals an die Frau bringt, sofern er nicht gerade einer Steinach-Urdning in die Arme läuft. Und in den wenigen Minuten halbwegs klaren Denkens war Tuzzi sogar recht einverstanden damit, die diesbezüglichen Dimensionen seines Ichs einmal so gründlich auszumessen.

Dennoch, am Ende war es schwierig und der Legationsrat in der Verfassung eines Menschen, der sich durch den Hirsebreiberg zum Schlaraffenland durchfrißt und kurz vor seinem Ziel bemerkt, daß er nun doch schon ziemlich satt ist. Sieben Tage später, nach einem ausgiebigen Abschied, auf den die Urdning bestanden hatte, war er nicht nur ziemlich erschöpft, sondern auch heilfroh, als er, während er sich anzog, die Brandungsgeräusche der neuen Donnerstagparty durchs Haus heranrollen hörte.

„Schönen Dank, lieber Freund", sagte die Urdning mit leichtem Gähnen, „du warst wirklich reizend. Der ganze Onkel. Und sogar ein bissel mehr. Und was deine komischen Zwerge betrifft . . ."

Der Legationsrat spitzte die Ohren.

„. . . wendest du dich am besten an eine alte Freundin von mir, die Ida Lachesitsch. Hat ein paar Kilometer hinter Mariazell eine Villa. In der Ötschergegend. Mitten im Wald. Wird dir gefallen. Sehr erholsam dort. Scheinst es brauchen zu können, lieber Freund."

„Bei Gott", sagte Tuzzi. „Und das hast du nicht früher gewußt?"

„Doch. Natürlich. Warum hätte ich es nicht wissen sollen?"

„Weil du nichts davon gesagt hast."

„Wir sind halt nicht zum Reden gekommen, lieber Freund. Aber mach dir nichts draus. Solche Dinge brauchen ihre Zeit, glaub mir. Und du wirst sehen, die Lachesitsch, die verschafft dir, was du willst. Geh jetzt dort hinaus und komm dann rechts durch die Tür ins Studio. Das schaut dann so aus, als ob du auch grad von draußen gekommen bist. – Ein bissel muß man die Konvention schon wahren. Geh jetzt, bevor die Buben da auftauchen."

Im großen und ganzen war es dieselbe Gesellschaft wie am letzten Donnerstag, wenn auch einige Charakterköpfe fehlten und andere ihren Platz einnahmen.

Trotta war nicht zu finden.

Instinktiv holte Tuzzi tief Atem, als er auf die Straße hinaustrat – aber die Luft war hier eher noch stickiger als im Haus. Und roch nicht nach „Rêve", sondern nach schwefelstoffhaltiger Realität. Die Fliederbüsche links und rechts von der Gartentür ließen die neuen Zweige, die sie in verzweifelter Anstrengung doch noch einmal herausgetrieben hatten, kraftlos hängen.

Tuzzi fand ein Taxi – wozu man in jenen Tagen eine Portion Glück brauchte – und nannte dem Fahrer seine Adresse. Unterwegs aber fiel ihm Trotta ein, und also hieß er den Chauffeur einen Umweg in die Burggasse machen. Das Haustor war noch offen, aber es brannte in keinem Fenster Licht. Tuzzi läutete eine Weile an Trottas Tür, doch meldete sich niemand.

Das Taxi setzte seine Fahrt zu Tuzzis Adresse fort, aber als es vor seinem Haus hielt, überlegte sich's der Legationsrat noch einmal und fuhr weiter in die Bräunerstraße.

Aber auch Ulrike war nicht zu Hause.

Und so verbrachte Tuzzi, der sich nichts sehnlicher gewünscht hatte, als endlich einmal in Ruhe und allein schlafen zu können, wieder eine ziemlich schlaflose Nacht, in der er abwechselnd Ulrikes und Trottas Nummern wählte, ohne daß da oder dort der Hörer abgehoben wurde.

Der nächste Tag, ein Freitag, war ein einziger Albtraum. Trotta war nicht zu finden, Ulrike verschwunden. Tuzzi rief in ihrem Büro an, aber auch dort kümmerte man sich kaum noch um die Absenzen im Personal und wußte von nichts.

Der Untere Wind benahm sich an diesem Freitag wie verrückt und brachte es fertig, die gewohnte fahle Dunstschicht über der Stadt in eine grellbraune Decke zu verwandeln, unter der bei unverminderten Temperaturen Dämmerung herrschte.

Tuzzi entdeckte, daß in den Fugen seines kleinen Empirebücherkastens Ohrwürmer nisteten. Die Campanulae waren abgewelkt und hingen schlaff über den Rand ihrer Hängetöpfe. Als Tuzzi daran zog, schlüpfte der Erdballen mit aus dem Gefäß heraus. Er wimmelte von Maden, und der Legationsrat verschwendete eine Vierteltagesration Wasser zum Händewaschen. Nur die Stanhopea hielt tapfer aus.

Die Herren des Sonderkomitees waren samt und sonders nicht zur Arbeit erschienen. Nur der Portier Karneval sah drein, als hörte er fernen Posaunenton.

Eine würgende Angst packte Tuzzi. Nach einer neuerlichen Nacht des Herzklopfens und der Übelkeit setzte er sich in sein Auto und floh in Richtung Mariazell.

ACHTES KAPITEL: SCHWIERIGE WALLFAHRT NACH MARIAZELL.

Wenn man auf der Westautobahn etwa vierzig Kilometer von Wien (Zentrum) zurückgelegt hat, glaubt man zur Rechten die Außenbezirke von Chattanooga zu sehen. Es handelt sich aber, wie ein Blick auf die Hinweistafeln des Autobahnabzweigers lehrt, natürlich nicht um Chattanooga, sondern um Sankt Pölten.

Sankt Pöltens ragende Wohntürme, überbreite Einfallsstraßen und pompöse Tankstellen sind treffliche Beispiele für die titanischen Leistungen, deren gekränkte Eitelkeit fähig ist. Viele Jahrzehnte lang hat der Name dieser niederösterreichischen Stadt dem Bundesvolk als Synonym für tiefste Provinz und als Zielscheibe vieler Witze gedient. Der Schüttelreim „Dem Mutigen bangt selten – warum bangt dir vor Sankt Pölten?" mag als Kostprobe dieser vielfach äußerst geschmacklosen Scherze gelten. Die Sankt Pöltner reagierten auf diese Herausforderung mit der Entsendung vieler Politiker auf die Bundesebene hinauf, so daß alsbald der Schreckensruf „Willst was gelten, kommst aus Sankt Pölten!" die Runde machte. Aber auch diese zum Teil sehr tüchtigen Politiker vermochten das Image ihrer dem heiligen Hippolyt geweihten Stadt nicht wirklich aufzupolieren. So griffen denn die Stadtväter Sankt Pöltens zu fürchterlichen Mitteln und pflanzten nahe der Autobahn weithin sichtbare, vom trotzigen Zorn und dem ungebrochenen Stolz der Sankt Pöltner kündende Mahnmale.

Und in der Tat lächeln Vorüberfahrende nicht mehr, wenn sie dieser ragenden Betonburgen ansichtig werden, die mit nachdrücklicher Sinnlosigkeit gerade dort hingepflanzt worden sind, wo genug Platz auch für Ebenerdiges vorhanden wäre, sondern sie grausen sich. Und wenn sie Wiener sind, dann beschleicht sie entsetzensvolle Ahnung, daß der Zorn der Sankt Pöltner auf noch Größeres zielt und vielleicht nichts anderes im Sinn hat, als hier, wenn nur einmal genug Hochhäuser und Tankstellen vorhanden sind, dem Bundeslande Niederösterreich, dessen Landtag bisher in Wien residiert, endlich eine eigene Hauptstadt zu präsentieren. Bekanntlich hat Hitler den Hochmut Wiens durch die Aufplusterung von Linz brechen wollen; planen die Sankt Pöltner nun am Ende ähnliches? Wollen sie Wien den Rang der Metropole streitig machen? Als Wiener kann man solche Befürchtungen nicht einfach wegwischen.

„Es mag, in tieferen Zusammenhängen gesehen", sagte Dr. Tuzzi, während er mit seinem bescheidenen Volkswagen die lange Abfahrt der Autobahn hinunterrutschte und in Richtung Sankt Pölten – Stadtmitte steuerte, „kein Zufall sein, daß einer von den dynamischen Bürgermeistern, die an diesen relativen Wolkenkratzern schuld sind, Schickelgruber heißt. Das gibt zu denken."

Zu wem sagte der Legationsrat diese an sich nicht weiter bedeutenden Worte? Er sagte sie zu einer jungen Frau – oder war es ein Mädchen? –, die an seiner Seite in Sankt Pölten Einzug hielt und die weder wir, die wir doch mit bedachter Akribie ein umfangreiches Register der Tuzzischen Beziehungen zum Weibe verfaßt haben, noch auch er bisher kannten.

Die Vermutung, daß hier ein kleines Geheimnis obwaltet, ist nicht gänzlich falsch, denn folgendes hatte sich ereignet: Tuzzi war an dem heißen Morgen dieses unterdessen noch heißer werdenden Tages wütend und verzweifelt nach Mariazell aufgebrochen, um dort den landwirtschaftsministeriellen Auftrag samt der Twarochschen Hypothese als einen wirren Hitzetraum in der Begegnung mit der Realität endgültig platzen zu lassen. Der Verkehr auf der Autobahn war schwach gewesen, lustlos hatte sich Tuzzi entlang vergilbter Bäume durch den Wienerwald gequält. Auch dem Motor hatte die dicke, stickige Luft nicht behagt; er gab unregelmäßiges Fehlzündungsgeknatter von sich, und einmal hatte er sogar ganz ausgesetzt, war dann aber glücklicherweise doch wieder angesprungen.

Und knapp hinter der großen Überfahrungsbrücke von Sankt Christophen war sie gestanden, sie, die eben jetzt neben Tuzzi saß, war einfach am Rande des Betonbandes gestanden und hatte mit lustig ausschweifendem Winken gebeten, mitgenommen zu werden, als wäre es ganz natürlich, am Rande eines von allen Seiten teils von Felsabhängen, teils von Abgründen abgeschlossenen Autobahnabschnitts zu stehen und zu winken.

Und sie war mit ihrem Sommerkittel und dem wirren Schopf ein leuchtendes Stück grün und gelber Farbe vor dem faden Hintergrund der verdurstenden Bäume gewesen, hatte ausgesehen wie eine Sonnenblume vor einer trübseligen Feuermauer, wie ein frisches Spiegelei neben frischem Spinat, wenn man gerade Appetit darauf hat – sie war einfach nicht zu übersehen gewesen.

Tuzzi hatte gebremst, trotz aller Verblüffung glücklicherweise auf den Abstellstreifen ausweichend, denn sonst hätte ihn um ein Haar ein schwarzer Mercedes mit deutschem Kennzeichen gerammt, war ein paar Meter vor dem Mädchen zu stehen gekommen, hatte sich angeschickt zurückzurollen, aber da war sie schon da gewesen, flink auf den Beifahrersitz geschlüpft und hatte gesagt:

„Danke schön. Ich möcht' nach Mariazell."

„Ich auch", hatte Tuzzi verblüfft gesagt und so ungeschickt gestartet, daß er auch diesmal wieder nur um Haaresbreite einem allzufrühen Tode entgangen war.

Er hatte im Laufe der nächsten zwanzig Kilometer keine Klarheit gewonnen, wie dieses Geschöpf – sie nannte sich Maria, der Familienname blieb vermurmelt – an den Rand der Autobahn geraten war (anscheinend stand da irgendwo ein Auto, das nicht mehr funktionierte, oder ein verpaßter Autobus, mit dem ein Betriebsausflug unterwegs war?). Aber das war dem Legationsrat auch sehr egal, ihm wär's ebenso recht oder auch lieber gewesen, wenn dieser komische Engel geradewegs vom Himmel an den Abstellstreifen gefallen oder wie Leinkraut einfach aus der Erde geschossen wäre. Denn Tuzzi hatte innerhalb der folgenden fünf Minuten eine Überflutung mit Glücksgefühlen erlebt, die aber eigentlich überhaupt nichts mit Liebe zu tun hatten – obwohl das Ganze natürlich in Liebe enden wird, das darf getrost schon jetzt gesagt werden –, sondern weil dies der erste Mensch seit Jahren war, der Frische und Munterkeit an sich hatte.

Ja – Frische war hier das einzig treffende Wort zur Charakterisierung dieses mit auffallend blanken Augen ausgestatteten Geschöpfs: erfrischend war der Duft schweißloser Haut, der leicht an Tuzzis Nase vorbeiwehte und ihn an irgend etwas sehr Sympathisches oder Vertrautes erinnerte, was ihm im Augenblick nicht einfiel, weil er intensiv dem Geplauder seiner Mitfahrerin zuhörte, und das Wort „Frische" paßte sehr gut auch für das, was sie sagte, obwohl Tuzzi nicht genau verstand, was sie eigentlich sagte, weil er zu sehr damit befaßt war, aufzupassen, wie sie es sagte, mit beträchtlichem Tempo nämlich und unbekümmert von einer Dialektebene in die andere hinunterpurzelnd oder zu einer anderen emporturnend.

Jeder Österreicher, insbesondere aber jeder Wiener, verfügt über wenigstens drei Dialekte, nämlich den seiner eigenen Klasse sowie den der nächsthöheren und -tieferen Klasse, zudem meistens auch über eine Art austriakischer Umgangssprache, deren er sich in neutralen Zusammenhängen bedient. Leicht erkennt also ein Österreicher am anderen, wes Art und Stand er ist. Hier aber war das nicht so leicht, denn da ging's je nach Thema gleich fünf oder sechs oder noch mehr Stufen hinauf und hinunter. So war sie imstande, bei der Charakterdarstellung eines Kollegen (oder Vorgesetzten? oder Bekannten?) einen Satz zu prägen wie: „... und wann ihm z' fad wird, greift er sich ans Hirn – gotichkeit: der Kasperl druckt mi, glei holt mi der Quiqui" – (wozu man wissen muß, daß „gotichkeit" soviel besagt wie das lateinische „quod dicat" und daß der Kasperl und gleich darauf der anonyme „Quisquid" ein und derselbe sind, nämlich der Tod); einen Satz aus der saftigen Bilderwelt eines barocken Volkstheaters also, den sie mit der Feststellung abrundete: „und dann verschwind't er als a verwelkte Primel, und wann er die Tür hinter sich zumacht, is er g'sund wia a Goldfisch", deren präzise Bildvergleiche offenbar eigener Fechsung entstammten. Sie brachte es aber auch fertig, die Chattanooga-Kulisse Sankt Pöltens als „das Scheußlichesteste" zu kritisieren, was sie seit langem gesehen habe – und Tuzzi mußte innerlich zugeben, daß diese in jedem anderen Fall unzulässige Superlativierung den objektiven Tatbestand so haargenau traf, daß er innerlich zu hören vermeinte, wie die Verbundglasfenster in den Schickelgruberischen Monumentalklötzen zersprangen.

Es gibt jedoch glücklicherweise noch ein anderes, nämlich das alte Sankt Pölten, ein behäbiges und gemütliches Durcheinander von bürgerlichen und bischöflichen Barockhäusern, und in diesem von keinem falschen Ehrgeiz lädierten Ensemble findet man, wenn man sich auskennt, ein Gasthaus Haselgruber (gleichfalls ein Name, der einen Zug zum Großen ahnen läßt) und in diesem wiederum Semmelknödel, groß wie Kanonenkugeln und flaumig wie Frühlingswolken, die zum Hervorragendsten gehören, was das österreichische Barock aus seinem unerschöpflichen Füllhorn ausgeteilt hat.

Zudem wurde hier – ein Indiz dafür, daß Sankt Pölten halt trotz seiner titanischen Anstrengungen immer noch seitab der Straße liegengeblieben war – je Gast ein kleines Glas Bier ausgeschenkt, etwas, was in Wien schon seit langem nur zu wahnwitzigen Schleichhandelspreisen erhältlich war.

Da saß also nun der Legationsrat und fühlte sich durch Auge und Ohr zunehmend erfrischt, aber auch durch die Nase, denn wenn sie sich ein bißchen vorbeugte, wehte ein Hauch vom Duft ihrer Haut herüber und erinnerte Tuzzi weiterhin an etwas, was ihm nicht einfiel. Ein zufälliger Blick auf die umsitzenden anderen Gäste jedoch und ein von selbst sich ergebender Vergleich mit diesem saftigen Geschöpf machte Tuzzi erst bewußt, wie sehr sie, die Welt nämlich, dem Prozeß des fortschreitenden Verwelkens, des Vergilbens und Erschlaffens, des Verstaubens und Verschwitztseins schon anheimgefallen war und wie sehr die Große Hitze schon die Farben dezimiert und nur mehr das Fade und Fahle übriggelassen hatte, eine schattenhafte Welt, aus der einzig und allein dieses unermüdlich, jedoch nicht rücksichtslos drauflos (*frisch* drauflos!) redende Wesen in angenehmer Plastizität – denn dieses zu konstatieren, enthielt sich der Legationsrat keineswegs – hervorstach oder herausknallte, daß es in der Tuzzischen Seele nur so donnerte.

Es war kurz nach Mittag, als sie weiterfuhren, wieder an den Schickelgruber-Kolossen vorbei, unter der Autobahn hindurch und dann die Mariazeller Bundesstraße entlang, die erst breit und brutal in den Horizont vorstößt, plötzlich aber ihren Impetus verliert und sich fürderhin eng und mit vielen Kurven in die Voralpenlandschaft hineinzwängt, an zahllosen Stellen mit Schleudergefahr bei Nässe und Glatteis drohend. Von beidem war der herrschenden Temperaturen wegen natürlich nichts zu befürchten, wohl aber erforderten andere Schwierigkeiten die ungeteilte Aufmerksamkeit des Mannes am Volant, denn anders als die Autobahn war diese Bundesstraße durch einen ganz ungewöhnlich regen Verkehr strapaziert: ein dieselölstinkender Großraumautobus kroch da hinter dem anderen her, kilometerlang oft nur im Schrittempo, weil langsame Traktoren, deren Anhänger mit Kirchenlieder singenden Dorfschaften überladen waren, die

Vorfahrt behinderten oder weil vom Gebet und der Hitze halb betäubte Pilgerzüge stumpfsinnig die Ausweichschritte zum Straßenrand hin verweigerten.

Der Prälat in der Wiener Erzdiözese hatte nicht übertrieben: Die Große Hitze hatte wirklich das Volk zu neuer Frömmigkeit veranlaßt – oder auch die vielleicht immer noch vorhandene Gläubigkeit wieder freigelegt. Hier sah man's. Aus jeder Seitenstraße heraus quoll ein neuer Wallfahrtszug, Männer in dunklen Sonntagsanzügen, Frauen im Feiertagsstaat, Rosenkränze über die Knöchel geschlungen, verschossene alte Prozessionsfahnen über den gebeugten Köpfen, langsam durch die drückende Hitze dahinschlurfend, auf Mariazell zu, den alten, nun wieder zu Ehren gekommenen Gnadenort.

So kam Tuzzi also nur langsam vorwärts, mußte häufig bremsen, manchmal auch mit laufendem Motor eine Weile warten, weshalb er auch weiterhin ein einsilbiger Gesprächspartner blieb, nur darauf bedacht, das vokalreiche Gesprudel an seiner Seite in Gang zu halten, was auch leicht gelang.

Hinter Wienerbruck, noch reichliche zwanzig Kilometer vor Mariazell, gab es einen ersten längeren Aufenthalt, denn ein Traktor war von seinem in der Hitze eingedösten Fahrer halb über den Straßenrand hinausgelenkt worden, so daß er nun in bedenklicher Neigung über dem Graben hing. Der offene Anhänger hatte sich quer über die Straße gestellt, seine Verkupplung mit dem Zuggefährt war aber augenscheinlich so verbogen, daß er nicht leicht aus dem Weg geräumt werden konnte, um so weniger, als die auf ihm zusammengepreßten Dorfweiber nicht absteigen wollten, sondern unter der Anleitung eines würdigen Greises, der unter einem an die Stirnwand des Ladens angenagelten Kruzifix saß, den Schmerzhaften Rosenkranz zu beten begannen und alsbald in fromme Trance verfielen, somit zu einer vernünftigen Reaktion bis auf weiteres unfähig schienen.

Männer krochen aus dem alsbald entstehenden Verkehrsstau hervor und machten sich mißmutig daran, das ausgebrochene Vehikel wieder auf die Straße zu stellen. Auch Tuzzi, der sich dazu verpflichtet glaubte, beteiligte sich an dieser Gemeinschaftsaktion, die unter vielen Ho-Rucks und zusätzlichen Schweißausbrüchen endlich zum Erfolg führte.

Mit Flecken im hellen Sommeranzug, schmierfettverklebten Händen und auch sonst ziemlich mitgenommen setzte Tuzzi sich wieder ins Auto.

Das Mädchen holte aus seiner Umhängetasche ein kostbares Naßtuch hervor und machte sich daran, Tuzzis Hände zu säubern, während vorn der Traktor samt den unermüdlich die Muttergottes benedeienden Steirerinnen langsam anruckte und hinten die ersten nervösen Huptöne Tuzzi aufforderten, desgleichen zu tun. Intensiver denn je nahm Tuzzi den leichten Duft wahr, der von dem über seine Hände gebeugten, mit kleinen blonden Härchen bestandenen Nacken aufstieg, und fast war er schon daran, zu erkennen, was dieser hauchfeine, sozusagen nur mit jedem dritten Atemzug wahrnehmbare Geruch bedeutete, schemenhaft stiegen in ihm die Umrisse einer bestimmten Szene aus seiner Kindheit auf, und alle späteren Erfahrungen und Einsichten bekamen plötzlich Sprünge und drohten das freizugeben, was unter ihnen noch verborgen lag, wie eine Lawine knapp vor dem Abgang.

Aber dazu kam es noch nicht, denn das Hupkonzert hinter ihm trieb Tuzzi zum Gasgeben und Weiterfahren an oder vielmehr zum Weiterschleichen im ersten Gang. Stotternd bewältigten sie den Josefsberg, aber dann hatte es der geplagte Motor endgültig satt, der Wagen rollte zwar noch bergab bis an den Ortsrand von Mitterbach, war aber dort durch die dilettantischen Versuche des Legationsrates nicht mehr zu bewegen, wieder anzuspringen. Und das hätte ohnehin nicht viel genützt, denn hier, gerade an der Grenze zwischen der Steiermark und dem Niederösterreichischen, war die Straße endgültig verstopft. Also stiegen Tuzzi und das Mädchen aus, schoben den Wagen an den Straßenrand und machten sich auf, weiter zu Fuß nach Mariazell zu pilgern.

Fünf Kilometer wandern zu müssen ist das Schlimmste nicht, wenn man Lust dazu hat und das Wetter danach ist. Aber auch wenn diese Voraussetzungen nicht gegeben sind und man seelische Bewegungen zu verarbeiten hat, müßten die fünf Kilometer von Mitterbach nach Mariazell in guten sechzig oder, weils dazwischen auch wieder bergauf geht, in neunzig Minuten zu bewältigen sein.

Solche Maße gelten jedoch nicht unter Bedingungen, in die Tuzzi und das Mädchen nun hineingerieten. Je näher sie an Mariazell herankamen, um so langsamer ging's vorwärts, denn immer enger verkeilten hin- und wieder heimziehende Pilgerscharen die Straße, schoben sich die Menschen in langsamem Schritt an hoffnungslos eingekeilten Autobussen und Traktoren vorbei und kümmerten sich nicht um die zahlreichen Gendarmen, die schimpfend ein bißchen Ordnung in diesen Heereswurm verzweifelter Gläubigkeit zu bringen suchten.

Manchmal gelang es Tuzzi und dem Mädchen, einige Dutzend Meter in noch halbwegs zügigem Tempo hinter sich zu bringen, manchmal mußten sie stehenbleiben, einige Male versuchten sie, im Laufschritt um eine Häusergruppe herum eine dahinschleichende Wallfahrerkolonne zu überholen. Dem Mädchen machte diese Anstrengung gar nichts aus, es schwatzte weiterhin munter drauflos, sang gelegentlich eine fromme Melodie mit – nicht immer mit dem dazugehörigen frommen Text –, tauschte im Vorübergehen mit unzähligen Leuten Bemerkungen, schlängelte sich frisch wie ein Goldfisch durch den düsteren Zug und fand an der Situation überhaupt ein Vergnügen, das dem Legationsrat ziemlich unverständlich war. Er hatte sich ja, wie man weiß, schon in Wien in keiner sehr günstigen Verfassung befunden, und die war durch den langen Hitzetag und die Arbeit am entgleisten Traktor noch schlechter geworden; über seiner linken Schläfe brach die Migräne aus, die das Auge darunter fast erblinden ließ, das Atmen in der benzingesättigten und von saurem Schweißgeruch erfüllten Luft wurde zur Qual, und nach und nach befiel ihn inmitten der sich drängenden und vorwärtsschiebenden, immer kompakteren Menschenmenge eine ihm bisher nicht bekannte Platzangst.

Das ganze kleine Volk des Landes schien sich da auf den Weg gemacht zu haben. Gläubig und abergläubisch, hoffnungslos und vertrauensselig, nach Trost und Wasser lechzend, zerknittert und fett, gebückt und krummbeinig, zum Stumpfsinn abgearbeitet und mit hängenden Schultern schlurfte es dahin, geschlagen und verdrossen, von Schweiß, Tränen und seinen einfachen und brutalen Lastern gezeichnet, hervorgekommen aus Siedlungshäusern, Zinshäusern und Gemeindebauten, aus dem Staub der Büros und aus zugigen Fabrikhallen, von Wirbelschäden und Krampfadern und eingewachsenen Zehennägeln geplagt, die irgendwo Angestellten und mühselig sich fortbringenden Gewerbetreibenden, die irgend etwas bearbeitenden niedrigen Beamten. Verkäuferinnen, die auf unpraktischen Stöckeln dahinhumpelten, junge Männer mit roten Pusteln im Gesicht, alte in Anzügen von undefinierbarer Farbe. Tuzzi sah verwitterte dunkle Gesichter aus dem Ausseer Land, rotangelaufene Schädel aus dem Innviertel, scharfe Dinariernasen aus dem Gebirge – er hatte gar nicht gewußt, daß es in diesem Land noch so viel Bäuerliches gab – und wiederum, Ellbogen an Ellbogen, unansehnliches Großstadtvolk, Männer mit Eisenbahnermützen, kommunale Musikergruppen, Vorstadtpfarrer in speckigen schwarzen Röcken, aufgedunsene Kleinbürgerinnen, plärrende Kinder hinter sich herziehend. Das, was immer vorhanden ist, aber nie wirklich zur Kenntnis genommen wird, das Volk nämlich: hier hatte es sich versammelt und zog langsam dahin.

Die Gerüche wurden immer schlimmer. Es stank nach Schweiß, nach Urin, nach monatlichem Blut, nach Käse und Kot. Da und dort, immer häufiger, fiel einer zusammen, andere stolperten über ihn hinweg, bis sich endlich genug Energie sammelte und den Ohnmächtigen aus dem Gedränge herausschaffte.

Aber irgendwie erreichten die beiden, umringt von Kroaten aus dem Burgenland, die mit seltsam hochkehligen Stimmen ein unverständliches Marienlied sangen, Stunden später doch den Fuß des Mariazeller Kirchenberges.

Dort war endlich eine Ordnungsmacht am Werk, die ihre Organisationskunst in vielen Jahrhunderten erlernt und, wie sich nun erwies, auch in den Jahrzehnten des Unglaubens nicht verloren hatte – die Kirche nämlich, in der Gestalt von rudelweise auftretenden Priestern oder Ordensleuten, die mit sanfter Entschlossenheit die herandrängenden Massen in halbwegs ordentliche Grüppchen teilten – Männer rechts, Frauen und Mädchen bitte links! –, dann in Kolonnen von je etwa fünfzig oder sechzig Leuten auf offenem Wiesengelände aufstellten, von wo sie hierauf nacheinander in die Straße zur Kirche hinauf geschleust wurden.

Und so fand sich Tuzzi, dem die bohrenden Kopfschmerzen jegliche Entschlußkraft geraubt hatten und der willenlos alles geschehen ließ, als Wallfahrer in eine solche Gruppe eingereiht und eigentlich nur mehr des Gedankens fähig, das Mädchen nicht aus den Augen zu verlieren, das jetzt, wie ein Grünspecht weithin sichtbar, drüben in einer Frauenriege stand und aus voller Kehle einen Bittgesang mitsang.

Die Kolonne rückte schneller vor, als er gefürchtet hatte, und passierte etwas Triumphbogenartiges, das mit bunten Papierblumen und gelblichen Fichtenzweigen garniert war. Weißbeschürzte Mönche verteilten dort aus dem kirchlichen Gnadenschatz ein Viertel Wein pro Mann, ein wohlüberlegter Akt der Nächstenliebe, der nicht nur Dankbarkeit in die Herzen der Dürstenden senkte, sondern auch jene leichte gehirnliche Schwummerlichkeit verursachte, die ein fruchtbarer Nährboden kollektiver Glaubensbereitschaft ist. Zugleich tauchten Ministranten mit Weihrauchfässern in der Hand und ein Vorbeter auf, und schon setzte sich der Zug in Bewegung, nicht mit andächtiger Langsamkeit, sondern fast im Laufschritt den Berg hinauf, unter immer schneller werdenden, rhythmisch gekeuchten Anrufungen aller möglichen Heiligen – bitt für uns, heiliger Sowieso, bitt für uns!

Und Tuzzi, der Erschöpfung schon zum Opfer gefallen, stolperte blindlings mit, Seite an Seite mit einem Mann, der ständig krampfhaft mit den Kinnbacken mahlte, und einem anderen, hinkenden, der mit unregelmäßigem Gehüpfe das Tempo des Zugs zu halten versuchte.

Dann ging's eilig um die Basilika herum, schnell an der Gnadenquelle vorbei, die aber auch versiegt war, und schließlich unter den unproportionierten drei Fronttürmen hinein zum Gnadenbild.

Und hier,

... unter wühlendem, gewaltig auf- und abschwellendem Orgelgebraus und dem inbrünstig-hysterischen Bittfüruns-Murmeln verzückter Beter,

... berauscht vom Klosterwein, von Müdigkeit, von den Schwaden des Schweißes und des Weihrauchs,

... halbblind von Kopfschmerzen und hypnotisiert von den flimmernden Kerzenreflexen im Gold und Silber des Gnadenaltars,

... inmitten des wirklichen Volkes von Österreich, des seit Jahrtausenden von allen Plagen Heimgesuchten, von Mäusen und Römern, von Germanen und der Pest, von Kuruzzen, Preußen, Mongolen und der Industrialisierung, von Russen und Hungersnöten, von Kriegen und vom Fernsehen,

... inmitten dieses geknechteten, von Beamten und Steuereintreibern gequälten, von Herrschern und Politikern nur undeutlich wahrgenommenen, dieses von seinen Dichtern und Literaten bespuckten und verhöhnten, von seinen Intellektuellen im Stich gelassenen kleinen Volkes, das aus einer endlosen Geschichte nur gelernt hat, wie man sich unter ihr krümmen muß, wenn man sich davonbringen will unter den Feuerstrahlen und den Seuchen eines ewig währenden Jüngsten Gerichts,

... unter diesem hassenswerten und verratenen, liebenswürdigen, miserablen, unzuverlässigen, aber beständigen Volk also ...

... und im Anblick des starren Muttergottesbildes, dem man ein steifes pyramidenförmiges Festgewand aus dunkelgrünem Brokat und goldenen Spitzen umgehängt hatte ...

... hier also und unter solchen Umständen überkam den Legationsrat Dr. Tuzzi der Geist – aber nicht der Heilige – und trat ihn so kräftig in die Kniekehlen, daß der sonst so selbstbeherrschte Mensch in die Knie sank und zu seinem eigenen hilflosen Staunen wie alle anderen auch ein Bittfüruns nach dem anderen hervorstieß. Und aus irgendeiner phylogenetischen Unterbewußtseinsfalte stieg ihm etwas Ungeheures auf, etwas, das ein Mittelding zwischen einem Gefühl und einer Erkenntnis war, und hieb ihn aus dem Bauch heraus von hinten kräftig auf den Solarplexus, daß ihm die Luft wegblieb und die Tränen in die Augen traten. Und zwischen Waldviertler Kleinhäuslern, die sich in tiefer Trance hin und her wiegten, und einer Trachtenkapelle aus dem Lungau, die das gleiche tat, löste sich in der Tuzzischen Brust eine Lawine und donnerte ins Tal der Unwesentlichkeit. Und im selben Augenblick überschritt leicht schwebend sein Ich die Grenze zwischen Wirklichkeit und dem Phantastischen, denn das hölzerne Gesicht des Gnadenbildes hatte zu leben begonnen und Tuzzi durch die Weihrauchwolken hindurch angeblickt, aber es war nicht nur einfach das Gesicht einer gotischen Madonna, sondern auch das der fruchtbaren Göttin, die schon vordem auf diesem Berg von längst vergessenen Illyrern oder Kelten verehrt worden war, das erhabene und zugleich fröhliche, das lachende, aber anbetungswürdige Antlitz der Magna Mater Austriae (et Hungariae et Bohemiae etc.), und darüber schob sich das Bildnis der Generalswitwe, wie sie am Klavier gesessen und das Lied vom Tannengrün und Ährengold gesungen hatte, und jetzt wußte Tuzzi, an was ihn der Duft eines gewissen anderen Menschen den ganzen Tag über erinnert hatte, nämlich an eben das: an Nadelwald und reifendes Getreide. Und das dazugehörige Gesicht war auch in dem der Großen Mutter enthalten und lachte ihn an oder aus.

Und in diesem Augenblick war die Bitt- und Bußpredigt irgendeines Priesters zu Ende, und die Menge erhob sich wankend auf die Beine und schob sich vor, um das Gitter vor dem Bild der Großen Mutter zu küssen, und so taumelte er betäubt in das schwüle Tageslicht hinaus und muß ziemlich erschreckend ausgesehen haben, denn das Mädchen, das den Besuch der Basilika offenbar schon absolviert hatte und in unvermindertem Einverständnis mit sich und der Welt im Halbschatten einer Devotionalienbude auf ihn wartete, sprang auf, faßte ihn unter dem Arm und rief:

„Jessas, Sie schaun ja lieb aus!"

Und da nach der hintersinnigen Logik österreichischen Sprachdenkens diese Formel vom „lieb ausschaun" nur auf den angewendet wird, der nahe am Verenden ist, kann man sich vorstellen, wie sehr ramponiert von all den Emotionen der letzten Wochen der Legationsrat Tuzzi wirklich war.

Woraus klar erhellt, daß das Überschreiten der Wirklichkeitsgrenze kein Dreivierteltaktg'spaß, sondern eine für den Äußeren wie sowohl den Inneren Menschen recht strapaziöse Angelegenheit ist, deren halbwegs präzise Beschreibung uns auch nicht gerade leichtgefallen ist.

Aber jetzt ist er Drüben, der Legationsrat. Und man wird ja sehen, wie's Drüben weitergeht.

NEUNTES KAPITEL: WIR LERNEN MIT TUZZI DIE UNTERE SEITE DER DINGE KENNEN.

Das Mädchen entfaltete mit Hilfe eines kleinen älteren Mannes, den sie als „Herr Broneder" ansprach, eine energische Tätigkeit, indem sie gemeinsam mit diesem Tuzzi hinter einer Verkaufsbude auf zufällig vorhandene leere Säcke bettete und etwas angenehm Kühles über seine Stirn breitete. Da lag er also nun und sah schräg hinauf in einen Verhau von Kerzen, Kunststoffheiligen und Rosenkränzen; auch Glaskugeln waren zu sehen, in denen Miniatur-Mariazells darauf warteten, auf den Kopf gestellt zu werden, damit Plastikschneeflocken auf sie fielen. Und wenn ihm nicht so schlecht gewesen wäre, wäre er ungemein glücklich gewesen.

Eine Weile danach erschien Herrn Broneders runzliges Gesicht zwischen den Devotionalien und blickte überlegend aus sehr hellen, fast pupillenlosen Augen auf ihn herunter, dann setzten sich unter dem Budentisch stämmige Broneder-Beine in Bewegung, der ganze Herr Broneder kam um den Tisch herum, nahm Tuzzi so leicht auf die Arme, als wäre er ein Kind, trug ihn durch ein Spalier mäßig neugieriger Wallfahrer zur Stirnseite des Kirchplatzes hinauf, wo ein geländegängiges Erzeugnis heimischer Wertarbeit stand, legte dort den Legationsrat auf die winzige Verladefläche, setzte sich selbst ans Steuer und startete den Motor. Grünblondes schwang sich vor Tuzzis Gesicht, worüber er sich aus irgendeinem nicht mehr begreifbaren Grund freute, denn denken konnte er jetzt überhaupt nicht mehr, und gern hätte er sich in die erste Ohnmacht seines Lebens fallen lassen, aber das verhinderten die Kopfschmerzen, deren glühende Nägel sich bei jedem Holpern des Puch-Haflingers ein Stück tiefer in sein Hirn bohrten.

Broneder fuhr zwischen allen menschlichen und sonstigen Hindernissen einen geschickten Slalom den Berg hinunter, manövrierte über hartgewordenen Ackergrund eine Weile parallel zur übervölkerten Straße entlang, fand dann einen ins Hügelland abzweigenden Karrenweg, verließ auch diesen wiederum, schaltete in den ersten Gang zurück und kletterte langsam einen verdorrten Grasabhang hinauf. Oben fand sich ein einsamer Forstweg, der schräg hinein in den Wald führte.

In den Fahrtwind, der über das offene Gefährt strich, mischte sich eine Ahnung von Kühle. Tuzzi machte sekundenlang die Augen auf, aber die schnell an ihm vorüberrutschende Reihe hoher Baumstämme rief neue Übelkeit hervor. Immerhin, leise regte sich in ihm die Hoffnung, daß er für heute das Schlimmste überstanden hätte.

Nach einiger Zeit hielt der Haflinger. Der erstaunlich kräftige Herr Broneder stemmte Tuzzi mit dem dicken Muskelpaket seines rechten Arms unter der Achselhöhle empor, und Tuzzi sah, daß er sich einer Villa zubewegte, einem hübsch weißgekalkten und mit grünem Fachwerk versehenen Gebäude aus Urgroßvatertagen, und daß eine Dame mit glattem weißem Scheitel und besorgtem Gesichtsausdruck eine Tür offenhielt. Weiters nahm er wahr, daß man ihn in einen Sessel gleiten ließ und daß das Atmen plötzlich auffällig leichtfiel, so leicht, daß sich die Blutgefäße mit Sauerstoff vollsogen, die Migräne fast sekundenschnell verschwand und einer Euphorie Platz machte, die einer alkoholischen Beschwipstheit sehr ähnlich war.

Vor ihm standen und sahen ihn aufmerksam an: das Mädchen, der Herr Broneder und die weißhaarige Dame, die mit ihrem Altdamengesicht, ihrer kerzengeraden Haltung und dem graugrünen Dirndlkleid ziemlich genau den Typus jener sympathischen Provinzaristokratinnen repräsentierte, die vielfach auch heute noch ein matriarchal-feudalistisches Regiment über Gutsangestellte und die Paying guests ihrer

Schlösser führen und jedem Mann unweigerlich die Besorgnis einflößen, daß er sich vielleicht die Fingernägel nicht ordentlich genug geputzt haben könnte.

Diese bemerkenswerte Dame wandte endlich die Augen von dem Legationsrat ab und den anderen zu, wobei sie die im dritten Jahr der Großen Hitze geradezu ungeheuerlichen Worte sprach:

„Der arme Mensch braucht ein Bad!"

Worauf sie samt dem Mädchen in einen Nebenraum abging, aus dem gleich darauf das auch schon fast vergessene Geräusch eines in die Wanne platschenden Wasserstrahls hörbar wurde.

Der schweigsame Herr Broneder machte sich ohne weitere Umstände daran, dem Legationsrat die Schuhe von den angeschwollenen Füßen und die Kleidungsstücke vom Leibe zu ziehen; er verfuhr dabei mit einer Geschicklichkeit, die um so merkwürdiger war, als jeder einzelne seiner Finger gut und gern einen kräftigen Kleinkinder-Armknochen abgegeben hätte.

Und dann fand sich Tuzzi wirklich und wahrhaftig in einer Wanne voll klaren und kalten Wassers wieder, und was er darin empfand, kann nur von dem nachgefühlt werden, der sich aus eigener Erfahrung an sein erstes Bad nach der Großen Hitze erinnert.

Noch in der Badewanne fielen Tuzzi die Augen zu.
Langsam hinabsinkend
Dahintreibend zwischen den Träumen
Manchmal um seine Achse sich drehend
Schwerelos leicht, schattenhaft schwebend
schlief er.

Das Zeitgefühl kam dem Legationsrat in den folgenden Tagen ziemlich abhanden.

Er wachte irgendwann auf, nahm halbschlafend etwas

Essen zu sich, das man neben sein Bett gestellt hatte, schlief wieder ein, wachte wieder auf und fühlte Schmerzen in allen Muskeln, weil die krampfhafte Verspannung der letzten Wochen zu plötzlich nachgelassen hatte. Die aristokratische Hausfrau betrachtete ihn nachdenklich, kam dann mit dem schweigsamen Herrn Broneder wieder, der Tuzzi mit einer stark nach Heu duftenden Salbe einrieb und so vortrefflich zu massieren begann, als sähe er jede Verknotung in den feinsten Fibern der Sehnen und Muskeln vor sich. Tuzzi schlief ihm unter den Händen ein, erwachte wieder und schlief wieder ein.

In den kurzen Minuten des Wachseins erschien ihm die Welt hauptsächlich angenehm graugrün und gelegentlich von mattem Silber unterlegt: So der Blick durch ein großes Fenster auf einen Bergrücken, der wohl zum Massiv des Ötschers gehörte, so auch die Vorhänge davor, die Tapeten, die Kleider, selbst die Augen der alten Dame, die manchmal neben seinem Bett saß und ihn ruhig beobachtete. Auch die kurzen Nächte waren nicht viel anders, oder jedenfalls empfand Tuzzi das so. Das Mädchen bekam er in all dieser Zeit nicht zu Gesicht, aber sein angeborener und durch berufliche Erfahrung geschärfter Instinkt für die Logik schicksalhafter Abläufe sagte ihm, daß er sich deswegen keine Sorgen machen müsse.

Langsam stellte sich in seinem Geist der Zusammenhang der Dinge wieder her. Und allmählich wuchs in ihm das dringende Bedürfnis, seine Gastgeberin zu fragen, der Wievielte denn heute sei.

„Der Wievielte? Broneder – den Wievielten haben wir?"

„Sechzehnter Juni", sagte Broneder, dessen merkwürdig singende Stimme Tuzzi bei dieser Gelegenheit zum ersten Mal hörte.

Tuzzi überfiel der blanke Schrecken: Sechzehnter Juni! Das hieß, daß er vier – nein, noch mehr Wochen hier im Graugrünen verbracht hatte! Sechs Wochen! Die Wirklichkeit brach über ihn herein: der nicht erfüllte Auftrag, das verdurstende Land, die verweinte Ulrike, die Angst in den Augen des Ministers, der schwerfällige Haberditzl, der verschwundene Trotta, der tobende Kanzler, die bleichen Gesichter der Wallfahrer, die eigene Unfähigkeit und Ohnmacht.

Von Panik erfaßt, versuchte er aus dem Bett zu springen, aber die gelockerten Muskeln spielten nicht mit und erlaubten ihm nur, schweißüberströmt auf der Bettkante sitzenzubleiben. Die Hausherrin und Broneder halfen ihm nicht, obwohl sie ihn nicht aus den hellen Augen ließen. Sie sprachen leise miteinander, auch die Frau in dem singenden Tonfall, der Tuzzi kürzlich an Broneder aufgefallen war, aber er verstand nicht, was sie sagten, denn sie unterhielten sich in einer fremden Sprache.

„Kann ich eine Zeitung haben?" fragte Tuzzi hilflos.

„Leider nein", sagte die alte Dame, „wir lesen hier keine Zeitungen. Ich weiß auch gar nicht, ob man in Mariazell eine bekommen könnte. Die Situation scheint sich ziemlich verschlechtert zu haben in den letzten Wochen."

„O Gott", sagte Tuzzi und stand schwankend auf. „Haben Sie Telephon?"

„Nein. Und wenn wir eines hätten, würde es jetzt wohl nicht mehr funktionieren ... Broneder!"

Broneder sprang vor und erwischte den Legationsrat gerade noch, ehe er ganz umkippte.

„Nein", sagte die Lachesitsch. „Nicht ihn wieder hinlegen. Sehen Sie zu, daß Sie ihn wieder auf die Beine bringen, lieber Broneder."

„Aber verstehen Sie doch bitte, gnädige Frau", sagte Tuzzi schwach. „Ich bin Ihnen für Ihre liebenswürdige Gastfreundschaft unendlich verbunden. Aber ich muß ... ich will ... gnädige Frau, ist Ihnen der Name Lachesitsch bekannt?"

„Doch", sagte die Dame, „ich heiße nämlich so."

„... ich habe es mir fast schon gedacht", sagte Tuzzi. Broneder hatte sich seinen Arm um die Schulter gelegt und führte ihn langsam hin und her; der Legationsrat spürte, wie sich Schritt um Schritt die Sehnen wieder zu spannen begannen.

„Dann wissen Sie vermutlich auch", sagte Tuzzi, „warum beziehungsweise in welcher Absicht ich hierhergekommen oder vielmehr geraten bin, nicht wahr?"

„Aber sicher weiß ich das. Das Lieserl und das Tildchen haben mich gründlich informiert."

Sieh da! dachte der Legationsrat verdutzt. Und ich hatte gedacht, daß die Atropijan und die Urdning (nicht einmal in Gedanken brachte er es fertig, die Urdning als „Tildchen" zu bezeichnen) sich um meine eigentlichen Interessen so gut wie gar nicht gekümmert hätten. Es gibt also doch mehr Dinge im Himmel und auf Erden, Tuzzi, als du glaubst.

Er war jetzt mit Broneders freundlicher Unterstützung wieder am Kopfende seines Bettes angelangt.

„Dann, gnädige Frau, wissen Sie vermutlich auch, was ich wirklich suche?"

„Was suchen Sie denn wirklich?"

„Etwas, was es ja wohl nicht gibt: Zwerge nämlich."

„Warum soll es die nicht geben, lieber Legationsrat?"

„Ja, gibt es die denn wirklich?"

„Aber freilich", sagte Frau Lachesitsch lächelnd, während Broneder Tuzzi behutsam auf das Bett legte. „Sehen Sie sich doch unseren lieben Herrn Broneder an. Der ist zum Beispiel einer."

(Da wir in der Fortsetzung des neunten Kapitels eine sehr viel dauerhaftere Welt betreten, als es die unsere ist, wird im Präsens weitererzählt.)

Tuzzi geht an der harten und trockenen Hand Broneders, wenn die Breite des Stollens es erlaubt, manchmal auch, wenn dieser enger wird, hinter ihm, die Hand auf der Schulter des anderen, einige Male auch an dessen rechtem Knöchel, wenn sie über Schuttstrecken kriechen müssen und mit dem Rücken fast die Decke des Stollens streifen. Tuzzi glaubt, irgendwann einmal gehört zu haben, daß es in dieser Gegend uralte, längst verlassene Bergwerke gibt.

Tuzzi hat anfänglich Angst, weil er eine solche vollkommene Dunkelheit zum ersten Mal erfährt. Jedoch verschwindet diese Angst durch die Berührung mit den zuverlässigen Broneder-Muskeln überraschend schnell, und nach einer Weile empfindet er die Finsternis nicht mehr als bedrükkend.

Broneder bewegt sich sicher, wiewohl nicht ungestüm vorwärts, wie einer, der sich eines vertrauten, jedoch lange nicht begangenen Weges erinnert. Er wirkt aber selbst in dieser Finsternis so konzentriert, daß Tuzzi ihn nicht durch Fragen zu stören wagt. Manchmal stößt er einen Ruf aus und horcht dem Echo nach, ehe er sich für die eine oder andere Richtung entscheidet. Gelegentlich erteilt er kurze, mehr als Ratschläge denn als Kommandos klingende Anweisungen. Er sagt: „Es wäre besser, daß wir jetzt hintereinander gehen", oder: „Noch ein paar Minuten, dann könnten wir rasten."

Das tun sie dann auch. Sie sitzen auf trockenem Geröll, essen Speckbrote und trinken den Kräutertee, den ihnen die Lachesitsch in einer Thermosflasche mitgegeben hat. In der außerordentlichen Stille hört Tuzzi nur das langsame Atmen Broneders. Er bemüht sich, gleichfalls so ruhig zu atmen.

„Es wird jetzt etwas schwieriger", sagt Broneder, und das wird es auch. Sicherlich haben sie jetzt die alten Bergwerksanlagen verlassen, denn sie müssen, Tuzzis Hand am Broneder-Knöchel, auf und ab, meistens jedoch abwärts kriechen und klettern.

Zwei- oder dreimal sagt Broneder: „Bitte bleiben Sie stehen!" und kurz darauf: „Strecken Sie die Hand in die

Höhe!", und dann wird Tuzzi an dieser Hand mit einem kurzen und kraftvollen Zug in die Höhe gerissen, und die Wanderung setzt sich in einer neuen Windung des unterirdischen Weges fort. Auch nimmt Broneder den Legationsrat auf den Rücken und läßt sich solcherart mit ihm kürzere oder längere Strecken ohne Seil senkrecht in die Tiefe hinunter. Tuzzi glaubt an der Regelmäßigkeit der Bewegung zu erkennen, daß Broneder sich irgendwelcher in den Fels eingelassener Griffe oder, gelegentlich, auch steiler Stufen bedient. Des Legationsrats ohnehin überanstrengtes Zeitgefühl gewinnt keinen Begriff von der Länge des zurückgelegten Weges.

Sie rasten abermals. Broneder empfiehlt Tuzzi, ein wenig zu schlafen. Zwar habe man, sagt Broneder, den schwierigeren Teil des Weges bereits hinter, aber doch noch eine ganz schöne Strecke vor sich. Wie sich der Legationsrat fühle?

Der Legationsrat fühlt sich ganz gut. Zwischen den Widrigkeiten der letzten Wochen und der Neugier auf das Kommende, zwischen dem Erstaunen über das Geschehene und der Absicht, über das Kommende nicht mehr erstaunt zu sein, zwischen der wiederkehrenden Kraft seines Körpers und dem Vertrauen auf die Bronedersche Zuverlässigkeit ergibt sich ein mittleres Gleichgewicht, das dem Zustand guter Laune nahekommt.

Er sitzt auf einem Stein und lehnt sich gegen den Fels. Stein und Fels sind kühl, aber nicht kalt. Tuzzi kann nicht beurteilen, ob sie behauen sind oder nicht, jedenfalls schmiegen sie sich seinem Körper – oder er sich an sie? – ohne Härte an.

Tuzzi hat die Angst vor der Finsternis völlig vergessen. Er glaubt zu spüren, wie sich seine Augäpfel und seine Augennerven von einer lebenslänglichen Anstrengung erholen; er weiß, daß dies wahrscheinlich nur Einbildung ist, aber dennoch fühlt er hinter dem Nasensattel, in der Mitte zwischen den Augen, wohlige Erleichterung.

Tuzzi hört auf die leisen Atemzüge seines schlafenden Gefährten. Nach einer Weile bemerkt er, daß dies nicht das einzige Anzeichen von Leben ist. Vielmehr durchzieht allerlei Bewegung die ruhige Finsternis. In Abständen streicht Luft über sein Gesicht, kleine, gemächlich hauchende Winde, die von verschiedenen Seiten zu kommen scheinen und je nachdem kühler oder wärmer sind. Aus einer Ferne dringt ein Geräusch wie von einem Stein, der zwischen den Wänden eines engen Schachtes in die Tiefe prellt. Auch glaubt Tuzzi einmal Wasserstürzen zu hören, das aber rasch wieder verstummt. Wiederum eine Weile später wird er eines leisen Knisterns gewahr, das nicht mehr verstummt, sondern um so vielfältiger und in immer komplizierteren Modulationen durch die Dunkelheit rieselt, je aufmerksamer er sich ihm zuwendet. Lange grübelt er über die Herkunft dieser Laute nach, bis er in einer Art von sanftem Erschrecken begreift, daß er nun die Sprache des Gesteins vernimmt, das Gespräch der Felsen und das Flüstern ihrer Schichtungen, die sich in Geduld über- und durcheinanderschieben.

Tuzzi tastet seine Taschen ab und findet Zündhölzer und ein verdrücktes Zigarettenpäckchen. Im Schein des Zündhölzchens stellt er fest, daß er sich in einer kleinen Halle befindet. Zu seiner Rechten liegt ein Schuttkegel, dahinter eine unregelmäßige Öffnung, aus der sie wohl in die Halle hereingekommen sind. Links tut sich ein Gang auf, dessen regelmäßige Rundung auf künstliche Bearbeitung schließen läßt. Broneder liegt zu Tuzzis Füßen und schläft.

Tuzzi raucht mit Genuß und hört dem Geschwätz der Felsen zu.

Broneder erwacht mitten in einem Atemzug und ist im nächsten schon ganz munter.

Sie gehen weiter, der Legationsrat wieder an der Hand seines Führers.

Sie wandern lange, auf einem Boden, der den Füßen nicht

weh tut und auf dem die Schritte nicht hallen. Der Gang führt in gleichmäßiger Schräge bergab – oder vielmehr bergein, wie sich der Legationsrat in Gedanken korrigiert. Die Luft ist sauber und geruchlos, nur an zwei oder drei Stellen meint Tuzzi etwas Stickiges oder Gasiges aus ihr herauszuschmecken; diese Stellen passieren sie mit schnelleren Schritten.

Vergnügt wie einer, der eben schwimmen gelernt hat und sich nun mit einem fremden, aber nicht mehr feindlichen Element vertraut macht, streckt der Legationsrat seinen linken Arm aus und fühlt die Fingerspitzen eine glatte Wand entlangstreifen. Er berechnet im Kopf, daß der Gang also etwa drei Meter breit sein dürfte. Er streckt den Arm in die Höhe und erschrickt ein bißchen, denn die Decke befindet sich nur wenige Zentimeter über seinem Kopf, den er hinfort etwas einzieht. Broneder bemerkt jedoch auf eine diesbezügliche Frage, daß Tuzzi nicht ängstlich sein müsse, denn die Höhe der Decke werde sich nicht verändern.

„Früher einmal", fügte Broneder hinzu, „war das hier eine Straße nach draußen. Jetzt wird sie nur selten benützt. Aber Sie können sich darauf verlassen, daß sie immer noch in Ordnung ist."

Das ist, denkt Tuzzi, das Aufschlußreichste, was ich bisher über die Situation hier unten gehört habe. Also hat Twaroch auch in diesem Punkt recht: Es hat einmal Beziehungen zwischen uns und den Zwergen gegeben.

Der Weg wird nun wieder komplizierter. Zugluft und gelegentliches Nachhallen des Schrittgeräusches lassen darauf schließen, daß sich zu beiden Seiten Abzweigungen öffnen. Broneder bleibt wieder öfter stehen, ruft sein „Prà – re – à!" und entscheidet sich dann nach dem Echo für diese oder jene Abzweigung. Die Straße führt aber immer noch in die Tiefe.

Übrigens wird es allmählich wärmer, doch ist die Luft weiterhin angenehm zu atmen.

Tuzzi schätzt, daß sie nun an die fünf bis sechs Stunden unterwegs sind. Sie müssen also, wenn man die Verzögerung durch mühsame Kletterei und die beiden Rastpausen einrechnet, mindestens zwölf oder fünfzehn Kilometer zurückgelegt haben. Er rechnet sich aus, daß er und Broneder sich nun schon drei oder vier Kilometer unter der Erdoberfläche befinden. Aber er ist nicht müde, sondern im Gegenteil wach und sieht dem Kommenden mit steigender Neugier entgegen.

Einmal hören sie unter sich tosendes Wasser, auch steigt und fällt der Weg über eine kurze Strecke hin bogenförmig an und ab. Offenbar überschreiten sie auf einer Brücke einen unterirdischen Strom.

Dann hat Tuzzi den zunächst unbestimmten Eindruck, als würde die Finsternis geringer und sozusagen durchsichtiger; erst allmählich begreift er, daß er wieder zu sehen beginnt, wenn auch vorderhand noch nichts wirklich Sichtbares; dieser Eindruck verstärkt sich, und schließlich erkennt er, daß es die Wände oder Teile der Wände des Ganges sind, die aus sich heraus in verschiedenen Goldtönen aufglimmen. Dieses Glimmen verstärkt sich allmählich zu einem gedämpften Leuchten, so daß nun Tuzzi auch die Umrisse seines Gefährten wahrnehmen kann.

Weiterhin ist zu erkennen, daß der schmelzartige Charakter der Farben irgendwie den Schichtungen des Gesteins entspricht, zwischen denen sie hindurchschreiten; je nach deren Art spielt der goldene Grundton ins Grünliche oder Kupferfarbene hinüber; gewisse Einsprengsel glühen aber auch in einem Goldviolett oder Goldrot auf, wie Tuzzi sie bisher noch nie gesehen hat. Dieses Glühen, Glimmen und Leuchten nimmt weiterhin zu und bleibt dann auf einer gewissen Helligkeitsstufe konstant; es herrscht nun in den Gängen – denn in der Tat vervielfacht und verzweigt sich der Weg nun sehr häufig, auch weiten sich die Gänge gelegentlich zu kleinen Hallen – ein gleichmäßiges, gedämpftes, blendungsfreies Licht, in dem Tuzzi beispielsweise die Gesichtszüge Broneders deutlich erkennen kann.

Der Legationsrat überlegt, ob er nun mit Broneder eine Unterhaltung anknüpfen soll, um ihn nach diesem oder jenem, beispielsweise nach dem Ziel ihrer Wanderung, zu befragen. Aber er unterläßt es, weil er weiß, daß die Dinge seit geraumer Zeit ohnehin (endlich!) auf ihn zukommen und er ihnen nicht weiter stolpernd und schweißbedeckt nachlaufen muß. Auch ist das sowieso große Verständnis Tuzzis für den Wert des geduldigen Abwartens, seit er der Unterhaltung der Steine zugehört hat, gewaltig gewachsen.

Dennoch erschrickt er, als er mit Broneder nicht mehr allein ist. Der Weg nämlich mündet in einen Raum, der wie das Innere einer Halbkugel geformt ist, und hier stehen zwei Männer, die Broneder ziemlich ähnlich sehen, wenngleich einer wesentlich jünger und der andere noch älter zu sein scheint. Die Wände der Halbkugel sind von galerieartig angeordneten Öffnungen umgeben. Auch aus einigen dieser sehr dekorativ angeordneten Öffnungen oder Fenster blicken Gesichter auf Tuzzi herab.

Broneder und die beiden Fremden begrüßen einander mit Verbeugungen und freundlichen Umarmungen. Tuzzi faßt sich und verbeugt sich ebenfalls, und die Männer, die, wie Broneder um einen guten Kopf kleiner als der Legationsrat, also wohl ebenfalls Zwerge sind, verneigen sich, wenngleich etwas zurückhaltender als ihrem Artgenossen gegenüber, noch einmal. Sie sehen Tuzzi aus hellen Augen und mit jener Neugierlosigkeit an, der er seit den Tagen des Besuchs bei der Atropijan nun schon mehrfach begegnet ist.

Die drei unterhalten sich kurz in der dem Legationsrat unbekannten Sprache, die reich an Doppelkonsonanten und gesättigt mit Diphthongen ist.

Die beiden fremden Zwerge tragen gamaschenähnliche Beinkleider aus einem Material, das sehr dünnes Leder zu sein scheint, ferner lose, ärmellose Jacken aus einer Art von

Leinwand, welche sowohl die muskelbepackten Arme und einen Teil der breiten und langsam atmenden Brustkästen sichtbar bleiben lassen. Sie haben Schmuck angelegt, an Handgelenken und Oberarmen breite, mit Edelsteinen besetzte Goldbänder, die nach Tuzzis Vermutung sehr kostbar sein müssen; der ältere trägt außerdem eine Kette aus grünen Steinen, die vermutlich Smaragde sind.

„Dies ist mein Geehrter Vater Brion", sagt Broneder, und schon diese wenigen Worte lassen Tuzzi vermuten, daß sich sein Begleiter nun unwillkürlich nicht mehr der Diktion der Ober- und Außenwelt bedient, sondern aus seiner eigenen Sprache heraus dolmetscht: „Und dies ist mein Lieber Neffe Bron." Tuzzi verbeugt sich noch einmal und die Zwerge auch. Dann bittet Broneder Tuzzi mit einem Kopfnicken, ihm zu folgen. Bron, der seinem Onkel das Gepäck abgenommen hat, geht links, Broneder in der Mitte und rechts von ihm sein Vater. Sie halten einander an den Händen und sprechen leise aufeinander ein. Es ist Broneder anzusehen, daß er glücklich ist, wieder zu Hause zu sein.

Etwas Großes und Glitzerndes gleitet auf sie zu, ein aus Silber getriebener und mit bunten Steinen dekorierter Drachenkopf. In Tuzzi blitzt bei diesem Anblick eine Kindheitserinnerung auf: Ähnliche, wenn auch nicht so schöne Drachenköpfe haben früher einmal im Wurstelprater mit Kindern besetzte Wägelchen in das Wachsfiguren-Märchenreich der Grottenbahnen gezogen. Und tatsächlich ist auch dieser viel schönere Drachenkopf nichts anderes als der Vorderteil oder die Kühlerhaube eines offenen Gefährts, auf dem sie nun Platz nehmen, der Neffe vorn an einem einfachen Steuergerät, hinter ihm Vater Brion und Sohn Broneder, die einander noch immer bei den Händen halten, und dazwischen der Legationsrat, den diese schimmernde Duplik einer verblaßten Kindheitserinnerung heiter stimmt.

Das Drachenwägelchen gleitet geräuschlos und nicht schneller als in raschem Schrittempo dahin, durch Gänge und Stollen, durch Hallen, die so hoch sind, daß man ihre Decke nicht mehr sehen kann, es überquert Flüsse, deren Ufer sorgfältig mit grün-goldenen Steinplatten verkleidet sind, und fährt durch Felsgalerien, von denen zahlreiche kleinere Stollen abzweigen. Die Szenerien werden zusehends belebter. Der Drachenkopf überholt dahinwandernde Zwerge und begegnet anderen. Manchmal hält sich einer an der niedrigen Bordwand des Wägelchens fest und beschleunigt seinen Schritt, um mit dem Lieben Neffen Bron ein paar Worte zu wechseln, die wohl immer auf eine Erkundigung nach Art und Herkunft des Legationsrats hinauslaufen, den man ohne Zudringlichkeit, jedoch auch mit merklicher Distanziertheit betrachtet. Tuzzi gewöhnt sich schnell daran und läßt sich von dem Unvermeidlichen nicht weiter stören. Auch ist er vollauf damit beschäftigt, zu betrachten, Schlüsse zu ziehen und seine Eindrücke zu ordnen. Es fällt ihm auf, daß das Händehalten und leichte Einanderberühren nicht nur einer Sitte, sondern vielleicht sogar einem Bedürfnis entspringen, denn wann immer mehrere von ihnen zusammen sind, halten sie einander an den Händen, und auch der Liebe Neffe oder der Verehrte Vater versäumen es nie, den gelegentlichen Fragern oder Begleitern wenigstens die Hand auf die Schulter zu legen.

Soweit Tuzzi das jetzt schon beurteilen kann, herrscht der Typ des alten oder älteren Zwerges, wie ihn Broneder und sein Verehrter Vater repräsentieren, in dieser unterirdischen Population vor. Doch gibt es auch junge Leute, und davon wiederum sind einige überraschend zartgliedrig; Tuzzi begreift, daß es sich bei diesen bisweilen sehr hübschen Geschöpfen um weibliche Zwerge handelt, die er nur deshalb nicht gleich als solche agnosziert hat, weil sie, abgesehen von den etwas ausgiebigeren Oberjäckchen, fast dieselbe Kleidung wie die Männer tragen. Leider halten sie sich vom Drachenwagen fern.

Allmählich lernt Tuzzi auch in der Geographie dieser

Örtlichkeiten dieses und jenes zu unterscheiden. So stellen Kombinationen kleinerer Höhlen am Rande der Fahrstraßen ohne Zweifel Geschäfte oder Läden dar, in denen Gefäße, Lederrollen, Gerätschaften verkauft oder gehandelt werden und anderes, das Tuzzi nicht genau erkennen kann.

Es leben nicht nur Menschen – oder Zwerge – hier unten. Der Drachenwagen rollt nämlich mehrere Male durch Riesenhöhlen, deren Wände und schwerlastende Decken von herabhängenden Flechten und Moos verhangen sind. In diesen grünen Schleiern, durch die das Licht der Wände wie durch dichtes Gebüsch sickert, weiden seltsame Tiere, Reptilien, rundlich wie Schafe, aber kurzbeinig wie Schildkröten, gute Kletterer offenbar, denn sie hocken auch hoch oben in den Wänden, und sogar in den Vorsprüngen der Felsdecken sitzen welche, langsam grüne Flechtenbündel kauend und schluckend. Ob das wohl, denkt Tuzzi, die sagenhaften Tatzelwürmer sind, von deren gelegentlichem Auftauchen in der Oberwelt hartnäckig Alpensagen bis in unsere Tage hinein berichten?

Am Ufer eines der Gewässer liegen Netze, woraus zu folgern ist, daß die Zwerge Fischzucht betreiben. Einmal trägt eine Frau einen Korb vorbei, in dem etwas hockt, das nur eine Henne sein kann. Hie und da, aber nicht öfter als fünf- oder sechsmal, taucht ein anderer Drachenwagen auf, bescheidener und viel weniger kunstvoll dekoriert als der, in dem Tuzzi sitzt.

Tuzzi kann sich des Gedankens nicht enthalten, daß er wohl in einer Art von Dienstwagen transportiert wird, was wiederum die Konklusion nach sich zieht, daß es auch hier unten, kilometertief unter der Ötscherspitze, Beamte gibt. Er fühlt sich durch diese Schlußfolgerung ermutigt.

Schließlich fährt der Drache in eine Nische ein und bleibt dort stehen. Tuzzi wird von Broneder, Brion und Bron höflich in einige Räume geleitet, die ihm offenbar als Quartier zugedacht sind. Man hat sie kunstvoll und gleichsam als eine negative Plastik aus dem Gestein herausgeschnitten, einige Sitzgelegenheiten, Tische und ein mit Polstern und schönen Decken ausstaffierter Alkoven sind ebenfalls nichts anderes als gewachsener Fels. Die leuchtenden Wände und die Decke sind mit einem ruhigen geometrischen Ornament geschmückt, einige Flächen, so auch der Tisch, mit kunstvollen Intarsien versehen. Es ist ein Nebenraum vorhanden, der eine ovale Vertiefung aus grüngesprenkeltem, weich anmutendem Stein besitzt, in die klares Wasser fließt. Ein Bad also oder ein Badebecken.

Broneder bemerkt zufrieden, daß Tuzzi von diesen Dingen entzückt ist. Er stellt dem Legationsrat eine zierliche Zwergin in mittlerem Alter vor, sie heißt Braiona und ist seine Liebe Enkelin. Sie sieht Tuzzi aus ihren hellgrauen Augen unbewegt an und wird um sein Wohl besorgt sein.

Tuzzi fragt, ob man von ihm erwarte, daß er in diesen Räumen verbleibe. Broneder erwidert höflich, daß der geehrte Herr Legationsrat – er sagt wirklich: der geehrte Legationsrat; offenbar übersetzt er wieder aus dem Sprachgebrauch seines Volkes – sich selbstverständlich völlig frei bewegen könne, doch gebe er ihm den Rat, lieber eine Weile zu ruhen; erfahrungsgemäß reagiere der Körper auf den schnellen Abstieg in eine immerhin beträchtliche Tiefe mit Unlust, wenn man ihm nicht etwas Zeit zur Umstellung auf die veränderten Verhältnisse lasse. Die Helligkeit des Raumes sei mit einer einfachen Vorrichtung nach Belieben zu regulieren. Alles Weitere werde sich ergeben, doch sei der geehrte Legationsrat um Geduld ersucht.

Die Zwerge, die einander mit Einschluß Braionas wieder an den Händen halten, machen ihre Verbeugung, Tuzzi tut desgleichen und streckt dann, nicht ganz unwillkürlich, die Hand aus. Aber nur Broneder nimmt sie und schüttelt sie, während sich die anderen schon zurückziehen. Tuzzi glaubt in ihren unbewegten Gesichtern eine Spur von Widerwillen gesehen zu haben.

Braiona bringt auf einer durchscheinenden Platte Eß- und Trinkbares. Tuzzi fühlt sich jetzt in der Tat müde, aber auch sehr hungrig. Die Teller, ein Pokal und eine Flasche sind aus rötlichem Halbedelstein geschnitten. Tuzzi ißt einige Schnitten eines weißen und sehr zarten Fleisches, erst mißtrauisch, weil er vermutet, daß es Fleisch von Reptilien ist, wie er sie vorhin gesehen hat, aber dann mit großem Genuß, denn es schmeckt vorzüglich; dazu ißt er etwas, das wie konzentriertes Brot schmeckt und sehr sättigend ist. Die Flüssigkeit in der Flasche ist goldgrün, schäumt ein wenig und rinnt die Kehle wie starkes, süßes Bier hinab. Der Alkoven ist für Tuzzis Beine zu kurz, aber er schläft dennoch auch heute wieder ganz ausgezeichnet.

Da es hier unten nicht Tag und Nacht gibt, sondern nur den leuchtenden Stein, und Tuzzi seine Uhr auf dem Nachtkästchen im Lachesitsch-Zimmer hat liegenlassen, weiß er nicht, wieviel Stunden oder Tage vergehen, ehe diese Geschichte wieder in Bewegung gerät und ihre Handlung (sofern man von einer solchen überhaupt sprechen kann; denn diese Geschichte handelt ja von etwas anderem als sich selbst und ist nichts als der zufällige Mittelpunkt eines Geschehens) sich fortsetzt oder vielmehr fortgesetzt wird.

Wie dem auch sein mag, es vergeht auch hier unten die Zeit, aber irgendwie scheint irgend etwas nicht zu stimmen. Broneder, nun auch in der Tracht dieser Welt gekleidet, kommt bisweilen auf dem Wege von irgendwo nach irgendwohin vorbei und läßt sich Spuren von Nervosität anmerken; er bittet Tuzzi, auch weiterhin Geduld zu haben und verstehen zu wollen, daß er sich in einer Region befinde, in der man die Zeit nach etwas anderen Maßstäben bemesse, als Tuzzi es gewöhnt sei. Jedoch gibt Broneder auf Tuzzis Ersuchen nach genaueren Mitteilungen keine Auskünfte oder vermag auch keine zu geben, sondern bittet den Legationsrat nur, zu verzeihen, daß auch er, Broneder, sich nicht mehr und häufiger um den Gast kümmere. Aber es seien eben vielerlei Überlegungen im Gange, an denen mitzuwirken im Interesse gerade des geehrten Gastes ihm, Broneder, Pflicht sei.

Mit Braiona ist auch nicht viel anzufangen, Tuzzi versucht sie zu bewegen, ihn ein paar Wörter der hier gepflogenen Sprache zu lehren; aber Braiona versteht ihn nicht oder will ihn nicht verstehen. Sie bedient ihn höflich und pünktlich, aber ohne Lächeln; auch vermeidet sie sorgfältig jede noch so flüchtige Berührung mit ihm.

Einmal taucht der Liebe Neffe Bron in Begleitung mehrerer ebenfalls jüngerer Freunde auf. Sie verbeugen sich, sehen den Legationsrat mit ganz winzigen Pupillen an (Tuzzi hat gerade aus Langeweile das Licht auf die höchste Helligkeitsstufe eingestellt), verbeugen sich wieder und verschwinden wortlos.

Tuzzi erinnert sich, daß man ihm Freizügigkeit der Bewegung eingeräumt hat, und verläßt sein Appartement, um sich in dieser fremden Welt umzutun. Er spaziert die Höhlenstraße entlang, auf der ihn der Drachenwagen hergebracht hat, und kommt bis zu der Reptilienweide, wo einige Männer eben mit Netzen Jagd auf einige besonders große Tiere machen, die jedoch mit verblüffender Flinkheit zu entwischen versuchen. Tuzzi lächelt den Männern, die bei seinem Anblick ihre Netze sinken lassen, höflich zu. Sie erwidern dieses Lächeln aber nicht, sondern sehen Tuzzi aus ihren übermäßig geweiteten Pupillen (denn in dieser Höhle ist es eher dunkel) nur unverwandt und mit jenem steinernen Ausdruck, den er nun schon zur Genüge kennt, so lange an, bis er zornig kehrtmacht und in seine Behausung zurückgeht, die er nun nicht wieder verläßt.

Dieses zeitlose Warten in einer zwar nicht unbequemen, aber nicht für ihn geschaffenen Umgebung, die Schweigsamkeit und Stille dieser Welt, vor allem aber das Fehlen aller Orientierungspunkte machen Tuzzi allmählich schwer zu schaffen. Er ist sich im klaren darüber, daß er im Augenblick nichts anderes tun kann, als zu warten, bis etwas auf ihn zukommt, und daß seine Aktivität erst dann beginnen kann, wenn es auf ihn zugekommen ist. Aber er weiß, daß jede Stunde dieses Abwartens für die Obere Welt eine Stunde Fegefeuer mehr bedeutet. Neuerlich packen ihn Schwindelgefühle und spürt er den Augenblick kommen, in dem er sich vor der Schwere der über ihm lastenden Gesteinsmassen fürchten wird. Braiona bemerkt seine Nervosität und stellt eines dieser sonderbaren bierähnlichen Getränke vor ihn hin, nach dessen Genuß sich der Legationsrat beruhigt und gleichmütiger fühlt; jedoch weiß er, daß dieser Zustand nicht lange anhalten wird.

Zum Glück für den Legationsrat setzt sich aber diese Geschichte langsam doch wieder in Bewegung, denn Broneder kommt endlich wieder, und der Liebe Neffe Bron läßt den Dienstdrachenwagen heranrollen. Broneder kann eine augenscheinliche Bedrücktheit nicht verbergen und unterrichtet Tuzzi, daß man ihn zu einem Gespräch mit einem wichtigen Manne bringen werde. Tuzzi erkundigt sich nach der näheren Funktion dieser Prominenz, erfährt jedoch wieder einmal nichts Genaues; Vergleiche zwischen den irdischen und den unterirdischen Verhältnissen anzustellen scheint in jeder Hinsicht schwierig zu sein.

Der Liebe Neffe läßt das Vehikel in eine Gegend gleiten, die Tuzzi noch nicht kennengelernt hat. Hier liegen nämlich die Gänge, Stollen und Höhlen, die Hallen und Gewölbe und Abzweigungen so nah neben- und hintereinander, daß der massive Fels den Charakter einer Wabe angenommen hat. Es ist sehr viel Kunst angewendet worden, um diese Wabe zu dekorieren. Tuzzi sieht Silber und grüne Platten, die er als burgenländischen Serpentin identifiziert; eine andere Wabe ist mit Ammonitenquerschnitten in rotem Salzburger Marmor inkrustiert.

Aus verschiedenen Anzeichen erkennt Tuzzi, daß er sich allmählich einem zentralen Punkt dieser unterirdischen Welt nähert. Das Röhrensystem wird engmaschiger, seine Ausstattung immer kostbarer.

Gelegentlich kann Tuzzi durch eine seitliche Öffnung in Nebenräume blicken, in denen sehr alte Zwerge sehr intensiv mit Dingen beschäftigt sind, die Tuzzi nicht erkennt. Manche beugen sich grübelnd über einen Gegenstand, andere flüstern leise miteinander, wieder andere sitzen oder liegen in steinernen Stühlen und blicken mit halbgeschlossenen Augen unverwandt vor sich hin. Obwohl Tuzzi das Detail nicht begreift, versteht er doch das Ganze, nämlich daß er sich radial durch die immer enger werdenden Kreise einer beachtlichen Bürokratie auf deren Mittelpunkt zu bewegt. Trotz aller Fremdartigkeit haben diese Röhren in Tuzzis Augen Ähnlichkeit mit den labyrinthischen Gängen des Bundeskanzleramtes oder des Regierungsgebäudes am Stubenring.

Der Liebe Neffe hält das Fahrzeug an, Broneder und der Legationsrat steigen ab und befinden sich nun in einem kleinen, kugelförmigen Raum, von dem verschiedene Röhren nach verschiedenen Seiten führen. Zwischen den Mündungen dieser Röhren befinden sich Fenster oder lukenartige Öffnungen. Tuzzi tritt an eine solche und blickt hinaus. Was er sieht, erfüllt ihn mit außerordentlicher Bewunderung: Man hat nämlich, sicher im Laufe sehr langer Zeiten und mit hohem technischem Verstand, die Felsen zwischen den Röhren hinweggeräumt, so daß diese nun, Strängen ähnlich, von einem kugelförmigen Knotenpunkt wie jenem, in dem Tuzzi sich gerade befindet, zum anderen führend, frei in einem matt leuchtenden und scheinbar unbegrenzten Raum zu schweben scheinen. Hier ist der ungeheure Druck, der Tuzzi auf dieser Welt zu lasten schien, verschwunden, ja in sein Gegenteil verkehrt worden, und tief unter der Erdoberfläche stellt sich unerwartet auch ein Gefühl der Leichtigkeit ein.

Tuzzi geht zu anderen Luken und gewinnt Ausblicke auf

andere Überschneidungen und Raumbildungen, aber Broneder drängt höflich zum Weitergehen.

„Sie sollten mir aber doch", sagt Tuzzi, „ein bißchen über den Mann erzählen, geehrter Herr Broneder, mit dem ich jetzt zusammentreffen werde. Ein Beamter wie ich ist stets etwas hilflos, wenn er nicht weiß, mit wem er es zu tun hat."

„Das verstehe ich schon", sagt Broneder. „Es ist aber nicht Geheimnistuerei, daß wir Ihnen nichts Genaueres mitteilen, sondern eher Angst, Ihnen etwas Falsches mitzuteilen. Unsere Sprache ist sehr verschieden von der Ihren, und Ihre wiederum wird hier unten nur von wenigen verstanden."

Sie gehen nun auf breiten und niedrigen Stufen einen Gang hinauf, dessen bauchige Wandung mit einem Mosaik aus violetten Granaten und flimmerndem Quarz inkrustiert ist.

„Unsere Sprachen", setzt Broneder fort, „enthalten vieles, was der jeweils anderen unbekannt oder aber unbedeutend vorkommen muß. Ich könnte Ihnen ja sagen, daß der Sehr Geehrte Braons, der Mann, zu dem ich Sie jetzt führe, etwas darstellt, was Sie vielleicht als ‚Kanzler' bezeichnen würden, aber..."

„Das ist immerhin ein Hinweis", sagt Tuzzi. „Wie, sagten Sie, heißt der Sehr Geehrte?"

„Braons. – Aber es stimmt auch diese Bezeichnung nicht, weil nach Ihren Gebräuchen dieses Wort den obersten Beamten bezeichnet, wir aber Beamte eigentlich gar nicht haben."

„Das muß ein Irrtum sein", sagt Tuzzi mit großer Festigkeit. „Wo mehrere Wesen der gleichen Art zusammenleben, dort gibt es augenblicks auch schon Beamte. Selbst eine Schimpansenhorde hat neueren Forschungen zufolge Beamte, die für jenes Maß an Ordnung sorgen, ohne das eine Gemeinschaft nicht leben kann. Wie sollte Ihr Volk, das doch offensichtlich ganz hervorragender Leistungen fähig ist, ohne Leute auskommen, deren Amt es ist, die Dinge zu planen, zu ordnen, zu verteilen, zu prüfen und am Ende zu bestätigen? Der Beamte ist etwas Naturgesetzliches, Herr Broneder."

„Ja und nein", sagte Broneder unsicher, „für uns sind das alles eher Fragen des Prinzips, wenn Sie mich recht verstehen."

„Nein, ich verstehe Sie nicht. Welchen Prinzips?"

„Das kann ich Ihnen nicht begreiflich machen", sagt Broneder unglücklich. „Unsere Sprachen sind zu sehr verschieden. Und ich bin nicht klug genug, um über diese Verschiedenartigkeit hinwegzukommen."

„Verzeihen Sie", sagt Tuzzi betreten, weil er spürt, daß er einen Taktfehler nach dem anderen begeht. „Aber erlauben Sie mir immerhin eine letzte Frage. Dieser Braons – besitzt er die Kompetenz, um meine Fragen zu beantworten?"

„Ich weiß nicht, was Kompetenz bedeutet", sagt Broneder. „Aber er steht dem Prinzip sicherlich sehr viel näher als ich."

Sie treten in eine neue Hohlkugel ein. Mehrere alte Männer erheben sich von ihren Sitzen und verbeugen sich. Einer der Zwerge verschwindet hinter einem silberbestickten Ledervorhang, erscheint jedoch gleich wieder und bittet den Legationsrat mit einer Handbewegung einzutreten. Dazu sagt er etwas, das bei aller Sprachverschiedenheit unmöglich etwas anderes bedeuten kann als „Der Sehr Geehrte Braons erwartet Sie".

Tuzzi blickt sich hilfesuchend nach Broneder um, weil er diesen wenn auch unzureichenden Dolmetsch nicht verlieren will. Aber Broneder, der schon wieder Hand in Hand mit den anderen Zwergen dasteht, schüttelt nur den Kopf und weist mit einer Bewegung seines Kinns ebenfalls auf den Vorhang.

Tuzzi zuckt ärgerlich die Achseln, streift den Vorhang zurück und tritt ein in das Innere eines Dodekaeders, der aus halbdurchsichtigem Glas zu bestehen scheint und verhältnismäßig dunkel ist, so daß man durch die großen Fünfeckplatten hindurch die Stränge und Knoten der großen unterirdischen Wabe ahnt.

Auf der untersten Fünfeckplatte steht zwischen zwei Sitzgelegenheiten etwas, das auch in Anbetracht fehlender Vergleichsmaßstäbe zwischen Ober- und Unterwelt nicht viel anderes sein kann als der Schreibtisch eines hohen Beamten. Aus einem der Stühle erhebt sich der in einen sehr vornehmen und reichen Umhang gehüllte Sehr Geehrte und dem Prinzip Besonders Nahestehende Braons und verbeugt sich.

„Der Kuckuck soll mich holen", sagt Tuzzi verblüfft, „wenn Sie nicht der Herr Brauneis aus dem Interministeriellen sind!"

„Allerdings", sagt Braons oder Brauneis, „ich bin der Amtsgehilfe Brauneis. Oder vielmehr war ich es. Wie man's nimmt. Nehmen Sie bitte Platz, Herr Legationsrat."

„Nichts von alledem", sagt Tuzzi nachdenklich, während er sich niedersetzt, „war also Zufall?"

„Nichts."

„Nicht der anonyme Anrufer, der mich an die Atropijan verwiesen hat?"

„Nein."

„Und nicht die, hm, Begegnungen mit den Damen Atropijan und Urdning? Und nicht mit der jungen Dame, die mich zur Frau Lachesitsch gebracht hat?"

„Nichts davon. Außer vielleicht die Indisposition, die Sie in Mariazell befallen hat."

„Merkwürdig. Gerade die scheint mir ganz logisch und in gewissem Sinn sogar notwendig gewesen zu sein."

„Das ist im Prinzip natürlich möglich", sagt Braons.

„Seltsam, das alles. Sehr seltsam, Herr Brauneis. Man würde mir dort oben kein Wort glauben, wenn ich darüber berichten würde.

„Richtig, richtig", sagt der Sehr Geehrte Braons und lächelt. Tuzzi erkennt bestürzt, daß er in eine außerordentlich schwierige Situation hineingeraten ist. Was ist nun zu tun? Was zu sagen? Worüber ist zu sprechen? Ich bin hier, denkt Tuzzi, und habe kein Mandat. Ich bin nicht verhandlungsberechtigt. Und selbst wenn ich berechtigt wäre, worüber sollte ich verhandeln?

„Es gibt nichts zu verhandeln", sagt Braons. Tuzzi wundert sich nicht, daß sein Gesprächspartner Gedanken lesen kann; jeder geschulte Diplomatenverstand bringt das von Zeit zu Zeit zuwege. „Es gibt nur eine Entscheidung: Sollen wir euch helfen oder nicht?"

„Und wovon hängt diese Entscheidung ab?" fragt Tuzzi.

„Vom Prinzip", sagt Braons.

Tuzzi beherrscht seine Ungeduld und fragt, von was für einem Prinzip denn, bitte schön, hier eigentlich die Rede sei.

Das zu erklären, sagt Braons, sei äußerst schwierig und werde, wie leicht vorauszusehen, an der Verschiedenartigkeit der beiden Sprachen, die ihrerseits nur eine Folge des höchst differenten Denkens sei, scheitern.

Tuzzi, leicht gereizt, weil in dieser Auskunft eine Spur von herablassender Geringschätzung steckt, bittet Braons, wenigstens versuchen zu wollen, ihm das Wesen des Prinzips verständlich zu machen.

Braons, der jetzt deutlich so dreinsieht wie ein Erwachsener, den ein Kind mit verworrenen Fragen belästigt, sagt: „Sie müssen zunächst verstehen, daß das Wort Prinzip nur ungenau das widergibt, was wir Zwerge darunter eigentlich verstehen. Es deckt sich zu einem Bruchteil mit Ihrem Begriff ‚Leben', zu einem anderen Bruchteil mit dem, was Sie ‚Überleben' nennen würden, der größere Rest an Begreiflichem ist nicht übersetzbar; er bezieht sich, grob gesagt, auf die Richtung, in die sich das Leben vermutlich bewegt, und die Möglichkeit, die Tendenz zu bestimmen, auf Grund deren die Mittel des Überlebens anzuwenden sind. Können Sie mir folgen, Herr Legationsrat?"

„Nein", sagt Tuzzi, „aber sprechen Sie bitte weiter."

Braons zuckt die Schultern und fährt fort: „Die besonderen Schwierigkeiten für Ihresgleichen werden jedoch erst deutlich, wenn ich Ihnen sage, daß sich uns dieses Prinzip aus Gründen, die mit unserer sehr langen und von der Ihren völlig verschiedenen Geschichte zusammenhängen, nicht nur abstrakt, sondern in einer wenn auch vielleicht nicht ganz vollkommenen Verkörperung darstellt, was zur Folge hat, daß es bisweilen unberechenbar ist."

„Natürlich werden Sie mir, sehr geehrter Herr Brauneis", sagt Tuzzi, „in Anbetracht der großen Übersetzungsschwierigkeiten auch nicht sagen können, wozu das alles – das Prinzip, Ihr Leben und Überleben – eigentlich hinführen wird oder soll?"

„Diese Frage", sagt Braons gelassen, „ist im Gegenteil sogar sehr leicht zu beantworten. Auch unser Leben, Herr Legationsrat, läuft offenbar jenem Punkte zu, an dem es sich selbst zu begreifen beginnen wird."

Es bleibt eine Weile stumm in dem Tetraeder. Dann beginnt Tuzzi von neuem:

„Sie wissen, Herr – äh – Brauneis, was mich hierhergeführt hat?"

„Gewiß. Ein Bürodiener hat es nicht schwer, Auskünfte zu erlangen, die er haben will. Man freut sich, wenn er die Akten hübsch einordnet, nicht wahr, man plaudert wohl auch ein bißchen mit ihm..."

„Ich werde es mir merken. Ich hoffe, daß Sie sich von mir immer ordentlich behandelt gefühlt haben."

„Ich kann mich nicht beklagen", sagt Braons. „Die paar Jahre im Interministeriellen waren soweit erträglich. Andernfalls säßen wir vielleicht nicht so friedlich hier zusammen."

Tuzzi erinnert sich, daß er Brauneis nie besonders hat

leiden können, und verläßt das Thema mit der Frage, ob denn noch andere seinesgleichen auf der Oberfläche lebten.

„Etliche schon", meint Braons, „doch wechselt ihre Zahl von Zeit zu Zeit. Allerdings kümmert man sich ständig um Vorgänge, die unsere eigenen Interessen berühren – wie eben diese hier. Leider muß ich, um endlich wieder zur Sache zu kommen, Ihnen mitteilen, daß die Dinge nicht zum besten für Sie stehen."

„Was meinen Sie damit?"

„Daß die Neigung, Ihnen, das heißt also: den Menschen, Wasser zu verschaffen, hier unten äußerst gering ist."

„Und die Gründe dafür?"

„Unsere eigenen Wasserreserven sind nicht unbeschränkt. Die Große Hitze wirkt sich selbst auf unseren Bereich aus; auch unsere Quellen sind nicht mehr das, was sie vor der Großen Hitze waren. Und dann..."

„... und dann?"

„Und dann... Ihr Kollege Twaroch hat mit seiner Hypothese so ziemlich recht: Wir haben nicht immer dauernd unter der Erde und zwischen den Felsen gelebt. Seither ist viel Zeit vergangen, aber wir haben den Gedanken an eine Rückkehr nie wirklich aufgegeben. Nie."

„Und dieser Traum erfüllt sich nicht, solange wir dort oben leben, meinen Sie?"

„Sie verstehen, was ich sagen wollte."

„Also ist es Ihnen oder Ihrem Volk nur recht, wenn wir verdursten?"

„Recht nicht, aber gleichgültig – sagen manche von uns."

„Ist diese Meinung nicht erst in den letzten Tagen die bestimmende geworden? Und hat vorher in dieser Frage nicht eher Unsicherheit geherrscht? Ich schließe das aus der Bedrücktheit, die der Geehrte Broneder von einem Mal zum anderen gezeigt hat. Auch aus den Mienen, die man anfangs und später bei meinem Anblick gemacht hat."

„Auch bei uns bilden sich Meinungen nur langsam."

„Aber ihr habt doch nichts davon, wenn wir zugrunde gehen", sagt Tuzzi verzweifelt. „Ein paar Millionen mehr oder weniger – das bedeutet, so schrecklich das auch klingt, für eure Situation doch gar nichts."

„Wir haben auch nichts davon, wenn ihr nicht zugrunde geht", sagt der Zwerg unbeirrt. „Das werden Sie wohl zugeben?"

„Ich gebe es zu", sagt der Legationsrat, „obwohl ich Ihr Argument schrecklich finde; denn nach allem, was ich bis jetzt weiß, ist der Unterschied zwischen euch und uns ein geringer. Beide sind wir Menschen. Und es sollte also eine andere Lösung geben als den Tod."

„Sie irren", sagt der Kanzler der Zwerge, Braons, „in einem entscheidenden Punkt. Zwar mögen wir beide Menschen sein, aber der Unterschied zwischen uns ist dennoch groß, und auch daran seid ihr schuld: Je tiefer ihr uns vor Zeiten in die Erde hineingetrieben habt, je nachhaltiger hat sich unsere Natur geändert, dergestalt, daß eure Lebenszeit immer noch siebzig Jahre währt, während ich, so wie Sie mich hier sehen, mit meinen rund dreihundertfünfzig Jahren noch ein ziemlich rüstiger, wenn auch gewiß nicht mehr junger Mann bin."

Tuzzi ist sehr verwirrt und versucht, die Konsequenzen dieser überraschenden Mitteilung zu überdenken, womit er aber begreiflicherweise nicht viel Glück hat.

„Auf der einen Seite", fährt der Zwerg fort, „eine kurzlebige Menschheit, die sich insektenhaft vermehrt und die Erde bis in ihre letzten Winkel hinein überschwemmt – auf der unteren Seite eine andere, die sich nur spärlich fortzeugt, dafür aber ein langsames und langes Leben führt: Glauben Sie wirklich, daß sich die je vereinen lassen? Oder ist es nicht sehr viel wahrscheinlicher, daß wir, wagten wir uns wieder unter euch, wiederum verfolgt und diesmal für immer vertilgt würden?"

„Ich werde mich", sagt Tuzzi, „hüten, Ihnen darauf eine

Antwort zu geben, und ich lasse mich von Ihnen, Herr Braons oder Brauneis, auch nicht dazu verleiten, im Namen der Menschheit zu sprechen. Dazu habe ich kein Mandat. Ich habe mich aus purem Pflichtgefühl aufgemacht, um einen Verhandlungspartner aufzutreiben, an dessen Existenz ich nicht glaube. Wider jegliches Erwarten habe ich ihn gefunden – oder er mich, was in diesem Fall aufs gleiche hinauskommt. Und nun stellt sich heraus, daß es offenbar nichts zu verhandeln gibt. Ich bin also in eine ziemlich scheußliche Situation hineingeraten, und ich durchschaue natürlich auch die Absicht, in der Sie mir alle diese unglaublichen und trauervollen Dinge erzählen: Je mehr Sie mir nämlich davon erzählen, um so sicherer können Sie, Sie haben es ja vorhin selbst angedeutet, damit rechnen, daß ich darüber schweigen werde, um nicht für verrückt erklärt zu werden; habe ich doch den Kollegen Twaroch seiner viel unbestimmteren Hypothesen wegen für einen wenn auch sympathischen Irren gehalten. Natürlich werde ich, auch wenn ich wieder genügend Zeit zum Nachdenken habe, nicht dahin kommen, zu glauben, daß meine Menschheit untergehen wird, noch auch, daß dies die einzige Lösung zur Erfüllung Ihrer Träume sein kann. Ich bemerke zwischendurch, sehr geehrter Herr Brauneis, daß dieser erstaunliche Dodekaeder, in dem wir uns hier befinden, seit geraumer Zeit immer heller wird und daß Sie nervös auf Ihrem Sitz hin- und herzurutschen beginnen. Beides deutet auf eine Veränderung unserer augenblicklichen Situation hin. Also erlauben Sie mir gefälligst die für mich nicht unwichtige Frage zu wiederholen: Wenn es, wie Sie vorhin sagten, nichts mit mir zu verhandeln gibt und nur eine Entscheidung zu fällen ist, offenbar aber schon klar ist, in welche Richtung sie fallen wird – warum sitze ich dann hier? Als Zeuge, der weder jetzt noch später irgend etwas bezeugen kann, also eine Funktion ohne Sinn ausübt? Mein lieber Herr Brauneis, oder auch sehr geehrter Herr Braons, das Denken und die Sprache unserer Menschheiten mögen in der Tat so außerordentlich voneinander entfernt sein, daß eine Verständigung kaum möglich ist. Aber daß in dem Vorgang oder den Überlegungen, die mich hierhergebracht haben, ein Fehler gemacht wurde oder eine starke Inkonsequenz unterlaufen ist, das ist ja mit Händen zu greifen. Oder bestreiten Sie mir das?"

Braons steht auf und ersucht Tuzzi mit einer Handbewegung, dasselbe zu tun. Eine Fünfeckplatte verschwindet und gibt einen bisher unsichtbaren Ausgang frei.

„Das bestreite ich nicht", sagt Braons, „von Konsequenz kann hier allerdings nicht die Rede sein."

„Sie sagen das mit einem sehr sonderbaren Unterton, Herr Brauneis. Es klingt so, als wäre Ihnen etwas an dem, was mit mir passiert ist, gar nicht angenehm. Es ist Ihnen, so kann ich nur vermuten, vielleicht höchst zuwider, daß ich überhaupt hier bin. Natürlich, das muß es sein, denn wenn ich nicht hier wäre, könnten Sie sich die ganz offenbar doch nicht so einfache Antwort auf die Frage sparen, wozu Sie und Ihr Volk sich entscheiden sollen. Daß ich hier bin, ist also nicht Ihr Wunsch, sondern etwas anderes hat mich hierhergebracht. Vielleicht das geheimnisvolle Prinzip, von dem ich nichts verstehe?"

„Gehen wir", sagt Braons.

Zwerge sind, das hat Tuzzi bereits zur Genüge erfahren, im Ausdruck ihrer Emotionen ziemlich zurückhaltend, aber daß aus der Miene des Kanzlers Braons Haß und Verwirrung herausfunkeln, ist einfach nicht zu übersehen.

„Und das heißt", fährt der Legationsrat fort, „daß meine Rolle noch nicht zu Ende ist und daß wir doch noch eine Chance haben, von euch Wasser zu bekommen."

„Es ist dies –", sagt Braons, „dies alles am Ende eine Frage, die das Prinzip entscheiden muß. Und die Konsequenzen, die das Prinzip zieht, sind auch für uns nicht immer vorherzusehen und oft leider auch nicht einsehbar. – Gehen wir endlich."

Der größte Saal, den Tuzzi je gesehen hat, eine Arena in der Form eines schräg in den Felsen gehauenen Eies, dessen stumpfes Ende sich tiefer und im Dunkeln rundet, während die schmälere Spitze hoch über Tuzzis Augen liegt. Riesige Bergkristalle ragen aus der Wand und verwandeln das Innere des Eies in eine gewaltige Druse. Wo immer sie Halt finden, stehen, sitzen, liegen und kauern Zwerge und starren hinauf zur Spitze des Raumes. Dort herrscht gleißendes Licht, das von den Flächen der Bergkristalle in vielfacher Brechung widergespiegelt wird, so daß selbst im tiefsten Punkt des Raumes noch ein gelegentlicher schwacher Reflex aufblitzt. Dort oben thront das Prinzip, und Tuzzi gesteht sich ein, daß es wirklich ungeheuer und überwältigend schön wirkt. Es ist in einen starren dreieckigen oder auch pyramidenförmigen Mantel aus dunkelgrünen Smaragden gehüllt, der in kunstvoller Weise bis weit in die tiefer liegenden Raumwölbungen herabfließt. Die Hand, die aus der Mitte dieses edelsteinernen Mantels hervorragt, muß aus Marmor sein, denn sie könnte sonst nicht den gewaltigen rotgelbleuchtenden Edelstein von der Form und Größe eines Straußeneies so reglos halten. Das Gesicht des Prinzips scheint, soweit Tuzzi das beurteilen kann, menschlich zu sein, denn es bewegt die Augen. Aber man kann das nicht genau sehen, weil über diesem Antlitz eine mehrere Meter hohe tiaraähnliche Krone aus Diamanten aufragt, deren kaltes Glitzern Tuzzi das Wasser in die Augen treibt. Trotz allen Überwältigtseins vor dieser beispiellosen Pracht kann er sich der nüchternen Überlegung nicht enthalten, daß diese Krone wohl nicht direkt auf dem Kopfe des Prinzips ruht, sondern in der Wand über und neben ihm befestigt ist, denn sie muß zentnerschwer sein. Und ähnliches gilt sicher auch für den Smaragdmantel, der mehr Kulisse als Kleidung ist. Aber diese Gedankengänge verhindern nicht, daß er von der fremdartigen Schönheit dieses Bildes wie betäubt ist, sie spielen sich gleichsam nebenher oder automatisch ab, denn was besagen sie schon neben dem Gefühl, das Tuzzi hat, nämlich im innersten Inneren, im Schoße der Mutter Erde zu sein? Allmählich, sehr allmählich erholt er sich von seiner Betäubung und nimmt einzelnes wahr, nicht an der ragenden Figur des verkörperten Prinzips, denn daran behindert ihn nach wie vor das diamantene Licht, wohl aber sieht und hört er, daß zu ihren Füßen, auf einer Monumentalfalte des starren Smaragdmantels, Bewegungen vor sich gehen.

Tuzzis Position ist seinem Wunsch nach genauer Beobachtung und besserem Verständnis der Vorgänge allerdings nicht eben förderlich. Broneder hat ihn zu einem Sitzfelsen an einem tiefgelegenen Punkt des Eies hingeleitet. Um zu dieser Stelle zu gelangen, haben sie eine durch keine Brüstung abgesicherte Schachtöffnung von gut fünf oder sechs Metern Durchmesser umgehen müssen, aus der ein Strom warmer Luft aufsteigt, um in einer ebensolchen Öffnung in der Deckenwölbung zu verschwinden. Tuzzi spürt diese durchsichtig-flimmernde und leise zischende Luftsäule in seinem Rücken, und der Gedanke, daß er nur wenige Schritte von dem großen Loch und seiner unermeßlichen Tiefe entfernt ist, macht ihn im Zusammenhang mit der Erinnerung an den Haß im Gesicht des ehemaligen Amtsgehilfen Brauneis denn doch unruhig. Andererseits muß er den Kopf weit in den Nacken legen und die Augen halb zusammenkneifen, wenn er die durch das zugleich blendende und oszillierende Licht in eine verzerrte Perspektive gerückten Vorgänge zu Füßen des Prinzips verfolgen will; er beneidet Broneder, der sich neben ihn flach auf den Rücken gelegt hat und also sehr viel bessere Sicht hat. Er wagt aber nicht, das gleiche zu tun, denn er fühlt sich von allen Seiten beobachtet und ist auch, als er Broneder flüsternd um Erklärungen gebeten hat, durch böses Zischen zum Schweigen gebracht worden.

Dennoch ist der Legationsrat nicht verzweifelt. Der Aufwand um seine Person, so denkt er, ist zu groß und die

Kausalkette, die sich um ihn wickelt, bereits viel zu lang, um dem Schicksal noch die Möglichkeit offenzulassen, diese Causa mit einem gemütlichen „Sag'n ma, es war nix!" abzuschließen; wenn die Berge kreißen und am Ende nur eine Maus gebären, ist das eher ein Wunder, gewiß nicht aber der Regelfall der Natur. Er konzentriert sich und versucht zu erfassen, was sich zu Füßen des gewaltig thronenden, majestätisch schweigenden Prinzips abspielt. Es geht dort nämlich wirklich ein Spiel vor sich, kein heiteres freilich, sondern ein sehr feierliches, offenbar hoch ritualisiertes, hauptsächlich aus getragenen Monologen bestehendes Spiel, das (sofern es überhaupt an etwas erinnert) allenfalls Assoziationen an frühe griechische Tragödien zuläßt. Abwechselnd treten aus den Kristallwinkeln beiderseits des smaragdenen Mantelsaums langsamen Schrittes würdevolle Zwerge hervor, verbeugen sich vor dem Prinzip und halten sodann lange, von Pausen durchsetzte und durch viele Doppelkonsonanten und Diphthonge angereicherte Monologe. Hie und da entwickelt sich zwischen den Rednern ein langsames Responsorium, in das von Zeit zu Zeit auch im Ei-Innenraum verteilte Zuhörer einstimmen. Auch Brauneis beteiligt sich zweimal an einem Wechselgesang.

Das Prinzip bleibt stumm und verharrt in edelsteinerner Unbeweglichkeit.

Dies alles dauert stundenlang und ist ebenso eindrucksvoll wie allmählich langweilig – nicht für die Zwerge freilich, die mit unverminderter Aufmerksamkeit und verengten Pupillen in die gleißende Helligkeit starren, wohl aber für Tuzzi, der kein Wort versteht, auch nicht beurteilen kann, ob über, für oder wider ihn und seine Sache gesprochen wird, jedoch stets gewärtig sein muß, daß einer der subterrestrischen Tragöden unvermittelt mit ausdrucksvoller Gebärde auf ihn weist und unzählige Augenpaare auf ihn richtet, was er natürlich als Repräsentant der irdischen Menschheit in guter Haltung über sich ergehen lassen muß.

Irgendwann einmal schiebt sich eine träge Masse an Tuzzis Knien vorbei, eines der rundlichen Reptile, das sich offenbar verlaufen hat, denn es dreht seinen ungefügen Kopf in hilflos-suchender Bewegung hin und her, während es langsam an Tuzzi vorbeikriecht. Sich halb umwendend, sieht der Legationsrat, wie das Tier an dem glatten, leicht abschüssigen Rand des großen Schachtes hinter ihm ins Gleiten gerät, verzweifelt mit seinen Fingern Halt sucht und endlich in das Dunkel abstürzt, wobei es einen durchdringenden Schrei ausstößt, der an das Schluchzen eines Kindes erinnert.

Nach diesem Zwischenfall scheinen sich die Dinge zum Unguten zu entwickeln. Immer häufiger wird Tuzzi zur Zielscheibe ausgestreckter Zeigefinger und düsterer Blicke. Und die respondierenden und monologisierenden Stimmen nehmen einen ziemlich unverkennbaren Ton der Verachtung oder sogar der Anklage an.

Tuzzi ist ratloser denn je, seine unbestimmten Hoffnungen auf einen irgendwie gütlichen Ausgang der Geschichte zerrinnen zu nichts. Nie zuvor war ihm so sehr bewußt, daß er ja Eminentes zu verantworten hat und, da er nun schon einmal in diese beispiellose Situation geraten ist, sein Bestes zu tun hätte, um ein Land – sein Land! – vor dem Verdursten zu retten*. Aber wie die Dinge stehen, kann

---

* Tatsächlich erreichte in den Wochen, die der dem Interministeriellen Sonderkomitee zugeteilte Legationsrat Erster Klasse Dr. Tuzzi unbekannten Aufenthalts war, die Große Hitze ihren Kulminationspunkt. Da die Klimakatastrophe in dieser Zeit auch in den Nachbarstaaten, insbesondere den beiden Deutschland, ihre volle Auswirkung erlangte und auch dort die letzten Wasserressourcen trockenlegte – wodurch die lebensnotwendigen Importe versiegten –, nahm die allgemeine Lage die Dimension des Entsetzlichen an. – Leider (oder gottlob) können wir hier nichts weiteres darüber berichten, weil unser Augenmerk auf den Legationsrat Tuzzi gerichtet war bzw. ist.

Tuzzi gar nichts tun, geschweige denn sein Bestes. Verzweifelt gesteht er sich ein, versagt zu haben. Er hätte aktiver sein müssen. Er hätte der Urdning, der Lachesitsch den wahren Sachverhalt entreißen müssen. Er hätte versuchen müssen, Brauneis zu Verhandlungen zu zwingen. Und nun? Soll er aufspringen und eine Rede halten, die nur der bescheidene Broneder und der unerfreuliche Brauneis verstehen können? Soll er vorstürzen und versuchen, sich direkt an das Prinzip zu wenden? Beides scheint sinnlos. Dennoch steht Tuzzi auf, denn das ist unter den gegebenen Bedingungen das einzige, was er überhaupt tun kann. Vermutlich ist aber auch das falsch, denn er ist sofort von sehr vielen und sehr kräftigen Zwergen umgeben, die einen immer enger werdenden Ring um ihn bilden und ihn bedrohlich ansehen. Der Liebe Neffe Bron und seine Freunde sind auch darunter. Broneder, der einzige, der Tuzzi vielleicht eine gewisse Sympathie entgegengebracht hat – hat er sich nicht als einziger überwunden, Tuzzi sogar zu berühren? –, stellt sich schützend vor den Legationsrat, aber es müssen schon Hunderte sein, die langsam herandrängen. Tuzzi weicht ein, zwei Schritte zurück und bleibt erstarrt stehen, denn an seinem Hinterkopf spürt er die Wärme der Luftsäule, und der schwarze Schlund fällt ihm ein, von dem seine Fersen wohl nur mehr einen halben Meter entfernt sein können. Er spannt seine Muskeln an. Er hat sich aus den Tagen vor der Großen Hitze, als man noch schwimmen und Ski laufen konnte, eine gewisse Spannkraft bewahrt und als Student Judo betrieben. Er wird also auf die nächsten Zwerge losspringen und versuchen, diese lebende Mauer zu durchbrechen, obzwar er nicht weiß, was er, falls das wirklich gelingen sollte, in weiterer Folge tun soll. (Übrigens findet er diese Überlegungen gräßlich albern, hat aber keine Ahnung, wie er sonst Würde beweisen sollte – in einer Situation, in der ihm die Bezeigung von Würde wichtiger ist als je zuvor in seinem Leben!)

Er vergewissert sich mit einem schnellen Aufblick, daß oben, zu Füßen des Prinzips, das große Argumentieren und Fingerzeigen noch immer fortgesetzt wird, sucht sich die nächsten verhältnismäßig schwächsten Zwerge aus – zufällig sieht er Brons Freunde – duckt sich ... und verharrt in dieser Stellung.

Denn in dieser Sekunde wird das Kristall-Ei von einem Ton erfüllt, der trotz seiner Tiefe und seines Halls der einer menschlichen Stimme ist. Das Prinzip hat zu sprechen begonnen.

Die Zwerge lassen die Schultern sinken und drehen sich langsam um, so daß Tuzzi nicht mehr Gesichter, sondern nur runde Rücken vor sich sieht. Droben auf dem smaragdenen Saum sind die Rhetoren und Respondeure niedergesunken, beugen die Köpfe auf die Knie und halten sich mit den Händen die Ohren zu. Einer purzelt, wahrscheinlich ohnmächtig geworden unter den gewaltigen Tönen, seitwärts herunter und verschwindet hinter einem Kristallgefüge.

Das Prinzip spricht.

Tuzzi holt tief Atem und rückt vorsichtshalber einen kleinen Schritt vor. Abermals versucht er das Gesicht zu sehen, aus dem die gewaltige Stimme kommt, und wiederum hindert ihn das Licht daran; er sieht nichts als einen weißen Fleck, der umgeben ist von dem kalten Blitzen der Diamanten und Smaragde. Jedoch begreift er, daß das Volumen der volltönenden Stimme seine Ursache in der Form des Raumes hat: Die Eiform und der Punkt, von dem aus das Prinzip spricht, nämlich die höchste und entfernteste Stelle im schmalen Ende des Eies, wirken wie ein riesiger Schalltrichter, der jeden Ton vervielfacht und vertieft. Vermutlich, denkt Tuzzi, wäre diese Stimme ohne diesen akustischen, der fortgeschrittenen Technologie der Zwerge ein hervorragendes Zeugnis ausstellenden Trick nicht anders und nicht lauter als jede andere menschliche Stimme.

Tuzzi versucht, sie genauer zu spezifizieren, doch kann er

nicht einmal heraushören, ob es sich um eine männliche oder weibliche Stimme handelt. Dazu ist sie zu laut und zu voll.

Das Prinzip spricht, und seine Rede scheint dem größeren Teil der Zuhörer keine Freude zu bereiten. Die Köpfe sinken tiefer, die Rücken runden sich noch mehr, und da und dort bemerkt Tuzzi einen Zwerg, der es den Würdenträgern auf der Mantelestrade nachtut und die Ohren zwischen die Ellbogen preßt. Niemand nimmt mehr von Tuzzi Notiz.

Einige der Vorredner richten sich aus ihrer kauernden Haltung auf (es ist zu sehen, daß sie das eine bedeutende Anstrengung kostet) und fallen dem Prinzip mit kläglich klingendem Protest oder Widerspruch in die Rede.

Das Prinzip schweigt daraufhin einige Sekunden lang. Zwischen den Kristalldrusen heben sich etliche Köpfe hervor, als wäre mit dem Verstummen der Stimme ein schwerer Druck von ihnen genommen worden.

Doch dann verschwinden diese Köpfe wieder, und die Rhetoren oben rollen sich wieder ein. Denn abermals spricht das Prinzip, und seine Stimme klingt noch lauter als vorhin; auch in Tuzzis Ohren gellt es jetzt. Denn das Gesicht unter dem funkelnden Helm, das bisher starr nach vorn gerichtet war, wendet sich jetzt nach links und rechts und manchmal in die Tiefe, und das hat jedesmal mark- und beindurchdringende Echo-Überlagerungen zur Folge.

Es besteht kein Zweifel, daß das Prinzip sich verletzt fühlt und nun nicht mehr nur spricht, sondern ins Schimpfen geraten ist. Und wiewohl Tuzzi auch jetzt kein Wort versteht, begreift er doch, daß dieses Schimpfen ein sehr saftiges, sehr ausdrucksstarkes und überdies sehr zielsicheres sein muß, denn an den Stellen, an denen die Stimme mit voller Wucht auftrifft – und es ist deutlich, daß sich das Prinzip diese Stellen aussucht –, bewirkt sie Verheerendes. Buchstäblich brechen ganze Gruppen von Zwergen leise stöhnend und vielfach unter Tränen zusammen. Das sind verblüffende Phänomene, die in Tuzzi beträchtliche Erheiterung auslösen. Nach einer Weile ist er der einzige in dem großen Raum, der noch aufrecht dasitzt. Die Stimme schimpft noch ein bißchen weiter und verstummt dann.

Die Zwerge richten sich mühsam auf. Einige klettern zur Estrade hinauf und schleppen die ohnmächtig gewordenen Rhetoren fort; Tuzzi sieht, daß auch Brauneis in dieser Weise weggetragen wird.

Und noch einmal erhebt das Prinzip seine Stimme. Sie schimpft nicht mehr, sondern klingt – verhältnismäßig – leise und höflich. Gleichwohl sind diese kurzen, von Pausen getrennten Sätze nichts anderes als Befehle: Nach jedem Satz erheben sich Scharen und verschwinden wortlos in verborgenen Ausgängen. Tuzzi sieht erst jetzt, daß tatsächlich Tausende an dem Schauspiel teilgenommen haben.

Er steht auf und steigt zum Prinzip hinauf. Nur er bewegt sich in diese Richtung, aber niemand hindert ihn daran. Die Zwerge, die ihm entgegenkommen, weichen aus, keiner blickt ihn an. Er umgeht einige Kristalle und findet eine steile Stiege.

Sie endet auf grünem Smaragd, dem zur Bühne gewordenen Mantelsaum des Prinzips.

Hier steht Tuzzi nun, blickt empor und ist enttäuscht. Denn er sieht nichts als die Bögen der Knie und die steinerne Hand des Prinzips, die unbeweglich den gelbfunkelnden eiförmigen Stein hält.

Unter ihm verschwinden die letzten Zwerge. Tuzzi hält Ausschau nach einer anderen Stiege, die ihn noch höher führen könnte.

„Halloh!" sagt jemand über ihm. „Fang mich auf, bitte!"

Jäh braust in des Legationsrats Seele die feierliche Melodie vom Ährengold auf. Zwischen den Smaragdbögen tauchen zwei braungebrannte Beine, ein verrutschtes Kittelkleid und am Ende ein gelber Kopf auf, und das Ganze rutscht zwischen den Knien des Prinzips herunter und direkt in Tuzzis Arme.

„Du bist also das Prinzip?" fragte Tuzzi.

„No natürlich", sagt die Nichte der Frau Lachesitsch. „Hast du mich denn nicht erkannt?"

„Nein", sagt Tuzzi, „oder ... nein, ich weiß es nicht. Und ich verstehe überhaupt nichts."

„Es gibt ja auch weiter nichts zu verstehen", sagt das Mädchen. „Prinzip ist Prinzip, und damit basta. Manchmal ist es allerdings höchst anstrengend. Mi-mi-mi ... morgen werde ich heiser sein, glaube ich."

„Aber die Zwerge ...?" sagt Tuzzi. „Was geschieht jetzt? Was tun sie? Was soll ich tun?"

„Ach, die Zwerge!" sagt das Prinzip und schüttelt den verrutschten Kittel zurecht. „Die sind unterwegs und machen ein paar Quellen auf. Wenn's wahr ist, was sie sagen – aber es wird schon wahr sein, denn sie sind sehr, sehr gescheit, weißt du –, dann genügt schon ein bissel Wasser, um da oben das Wetter wieder in Ordnung zu bringen."

„Aber sie wollten doch offenbar nicht!"

„Aber sie müssen. Man kann euch doch nicht zugrunde gehen lassen."

„Warum eigentlich nicht?"

„Das, mein Lieber, ist eine Frage des Prinzips. Und das Prinzip hat entschieden. – Willst du mich nicht endlich umarmen?"

„Aber natürlich", sagt der Legationsrat und tut es. „Was allerdings meine Rolle in diesem erstaunlichen und für mich leider nicht ganz verständlichen Spiel betrifft ..."

„Die hast du sehr gut gespielt", sagt das Mädchen ernsthaft, „und wenn du auch keinen Applaus dafür kriegen wirst, kannst du am Ende doch ganz zufrieden mit dir sein."

„Ist sie denn zu Ende?"

„Aber wo. Komm."

Sie gehen die Wölbung des Eies hinunter, an vielen Kristallpfeilern und dem unheimlichen schwarzen Schlund vorbei, aus dem der Odem des Erdmittelpunkts aufsteigt.

Tuzzi wirft noch einen Blick zurück. Hoch über sich sieht er den Smaragdmantel, die unbewegliche Hand mit dem großen Karfunkel; doch die Stelle zwischen dem grünen Kragen und der kalt blitzenden Krone, an der sich vorher ein lebendes Gesicht befand, aus dem die Stimme des Prinzips erklang, diese Stelle ist jetzt leer.

EINE WICHTIGE ZWISCHENBEMERKUNG, IN WELCHER DER AUTOR LEIDER GEZWUNGEN IST, UNTER SEIN NIVEAU ZU GEHEN, WEIL ER SICH SELBST KOMMENTIEREN MUSS.

Wir, der Verfasser dieser Tuzzischen Bio- oder Monographie (in diesem einen Punkt ist der Autor, sonst ein armer, an sein Thema gefesselter und atemlos den Bocksprüngen seiner Figuren folgender Teufel, Königen gleich: er darf den Pluralis majestatis verwenden), gestehen freiweg, daß Wir das vorhergehende Kapitel selbst nicht vollends verstanden haben, weil es einer Logik folgt, die Uns nicht einsichtig sein kann – der Logik der Zwerge nämlich, die eben, wie mehrfach bemerkt, nicht dieselbe ist wie die Unsere. Andererseits versteht ein Autor gewöhnlich auch nicht sehr viel mehr als sein Held – und so mag dieser Umstand, nämlich daß der Legationsrat Tuzzi durchaus nicht alles begriffen hat, was ihm da widerfahren ist, als weitere Entschuldigung für Unser Versagen in dieser Hinsicht dienen.

Schwieriger aber verhält sich's mit dem nun Folgenden, das zwar Wir (und der Legationsrat), nicht aber die meisten Unserer Leser verstehen werden, es sei denn, sie lesen vorher die Werke des Raimundus Lullus, des Agrippa von Nettesheimb, verschaffen sich einige Kenntnisse über die trismegistischen Lehrsätze und den sehr merkwürdigen Begriff der „chymischen Hochzeit" und fundieren die so gewonnenen Auskünfte mit dem Studium der bisher erschienenen Werke des Professors Eliade. Da Wir das aber von Unseren ohnehin schon ziemlich strapazierten Lesern wirklich nicht verlangen können, bleibt Uns und ihnen nur der Hinweis, daß man das folgende Kapitel auch unter dem Gesichtspunkt eines ästhetisch-erotischen Lustgewinns konsumieren kann, was zwar nicht seiner vollen Bedeutung, wohl aber Unserer Pflicht Unseren Lesern gegenüber einigermaßen gerecht wird.

WEITERE FORTSETZUNG UND ENDE DES NEUNTEN KAPITELS, ENTHALTEND DIE CHYMISCHE HOCHZEIT DES LEGATIONSRATES DR. TUZZI. ODER: „WAS UNTEN IST, IST AUCH OBEN".

Mattgoldenes Licht sickert durch graugrüne Flechten, die wie flauschige, an den Rändern sich kräuselnde Vorhänge von Grottenwölbungen herunterhängen; zwischen ihren Schlitzen sieht man hinaus in andere Räume oder Hallen. Es ist feucht und warm, aber wenn man sich auf den Moospolstern ein wenig aufrichtet, reicht man mit dem Oberkörper in einen milden Strom kühlerer Luft hinein, der wahrscheinlich aus jenem Hintergrund kommt, von wo man das Plätschern eines Wasserfalls hört.

Tuzzi, der endlich Gelegenheit findet, sein Bestes zu tun (und Gelegenheit, es mit außerordentlichem Vergnügen zu tun), läßt seine Hand so leicht über die Haut ihrer Hüfte gleiten, daß er nur die Spitzen der Härchen berührt (flüchtig, doch dankbar gedenkt er des diplomatischen Onkels und der lieblichen Mitsuko-san, deren liebenswürdige Liberalität sein Können und Wissen zur rechten Zeit erweitert haben).

„Wo sind wir eigentlich?"

„Wir sind", sagt sie mit geschlossenen Augen, „im Herzen des Herzens, mein Herz."

„Das klingt reizend", sagt er. „Verstehen tu' ich's aber nicht."

„Spielt das eine Rolle?"

„Natürlich nicht. Leg dich auf den Bauch, mein Schatz."

„Mhm."

Kleine goldene Härchen finden sich auf den Waden, den Schenkeln, einem hübschen runden Hintern und besonders zahlreich in der Gegend oberhalb des Steißbeins.

Vom Wasserfall her kommt nicht nur der lindernde Wind, sondern auch ein geschwinder und flacher Bach, der um das Moosbett herumfließt wie um eine Halbinsel. Tuzzi findet, daß das eine luxuriöse Sache ist, und überlegt, ob man sich nicht in dieses Wasser legen sollte.

„... freilich können wir das, mein Lieber. Später. Wir haben ja Zeit."

„Wenn man so lange Zeit kein fließendes Wasser gesehen hat..."

„Das ist vorbei. Sie haben die Seen vollaufen lassen. Dieses Wasser wird natürlich verdunsten. Aber diese Verdunstung wieder wird genügen, um das Wetter aus dem Gleichgewicht zu bringen, sagen sie. Und sie haben sicher recht, denn sie sind sehr klug. Wer weiß, vielleicht tröpfelt's da oben schon. – Kratz mich bitte am Rücken."

Unter den Vorhängen kommen manchmal lautlos Tiere hervor und blicken forschend auf das Bett, ehe sie den Kopf ins Wasser legen, um zu trinken. Es sind das Tiere von anderer Art, als Tuzzi sie hier unten schon gesehen hat, Reptilien auch sie, aber schlankere und elegantere, mit grüngoldenen Schuppen besetzt. Ihre Augen sind leuchtendblau und verraten Intelligenz. Tuzzi verspürt keinen Widerwillen gegen sie. Leider weichen sie vor seiner Hand zurück, während sie dem Mädchen gern den Kopf hinhalten, um sich unter dem Kinn kraulen zu lassen.

„Dreh dich zu mir herüber."

„Gern. Aber laß dir Zeit."

Hinter den Flechtenvorhängen stimmt ein unsichtbares Streichquartett Haydns Opus 76, Nr 3 an. Tuzzis linke Hand prüft den Unterschied zwischen warmfeuchtem Moos und feuchtwarmem, unter weichem Haar verborgenem Fleisch. Der Unterschied ist nicht sehr groß, entzückt ihn aber sehr. Das Geräusch des Wasserfalls rückt in die Ferne.

„Ich liebe dich", sagt Tuzzi, „und es ist wohl im Augenblick alles so, wie es sein muß."

„Ja. Aber laß dir Zeit."
Leise plätschert das Wasser über die Steine. Tuzzi legt seinen Kopf in das warme Moos und kostet mit der Zunge eine silbrigglänzende Feuchtigkeit. Sie schmeckt ein wenig salzig und ein bißchen süß.
„... das ist gut, sehr gut, mein Geliebter. Laß dir Zeit."
Von irgendwoher dringen tiefe, lange nachhallende Geräusche, als würde ein ungeheurer Gong angeschlagen. Die goldenen Echsen heben ihre Köpfe aus dem Wasser und lauschen.
„Jetzt haben sie wieder eine Quelle aufgemacht... Das ist gut."
Das Licht hinter den lebenden Vorhängen nimmt einen rötlichen Schimmer an.
„Küß mich."
„Ich tu' es ja."
„Komm und küß mich auf den Mund."
„Gerne."
Über ihre Köpfe gleitet lautlos ein kleines Tier mit langen Flügeln. In steilen Kurven sucht es sich einen umständlichen Weg zwischen den Zotten und Falten der Flechten.
Tuzzi faßt mit zwei Fingernägeln vorsichtig ein Stück atmenden Bernsteins an. Seine Trommelfelle dröhnen von innen; dort steigen die Quellen auch schon und drängen nach einem Ausgang.
„Ist Liebe das Prinzip, meine Liebe?"
„Nein."
„Was dann?"
„Freundlichkeit, mein Lieber. Und jetzt frage mich nicht mehr."
Tuzzi fragt nicht mehr, sondern läßt die Quellen schießen, und gierig seufzend, leise schluchzend, zufrieden stöhnend werden sie aufgenommen und aufgesogen, in Liebe sowohl wie in Freundlichkeit.
Wahrhaftig, es leistet der Legationsrat Dr. Tuzzi sein

Bestes, gestärkt von den inbrünstigen Fürbitten und Stoßgebeten des kleinen Volks von Österreich, das hoch oben über dem unterirdischen Hochzeitsraum in Massen durch die schweiß- und weihrauchdunstende Basilika von Mariazell zieht und das starre kleine Bildnis der Magna Mater im grüngoldenen Kleid in Hoffnung und Verzweiflung um die Gnade bittet, die vereinzelt fallenden Tropfen nicht versiegen zu lassen, sondern zu vermehren ins Unzählbare.

„Frage, wenn du zu fragen hast."
 „Nur zwei Dinge. Woher kommst du?"
 „Ich weiß es nicht. Meine Mutter ist bei meiner Geburt gestorben, meinen Vater habe ich nie gesehen. Meine Ziehmutter ist die Lachesitsch, mein Volk lebt hier unten. Die zweite Frage?"
 „Wie alt bist du?"
 „So alt wie jung, so jung wie alt."
 „Was heißt das?"
 „Daß ich sehr jung und sehr alt bin."
Sie liegen jetzt im Bach, aufgestützt auf die Ellbogen, und sehen in die kleinen Wirbel, die sich in der Höhle zwischen den Knien und dem Bauch bilden.
 „Sage mir noch..."
 „Das ist schon die dritte oder vierte Frage. Aber frage."
 „Werde ich dich wiedersehen?"
 „Die Mutter oder die Tochter. Vielleicht."
 „Was soll nun das wieder heißen?"
 „Du hast genug gefragt. Du bist müde, und ich bin's auch. Laß uns jetzt schlafen. Du hast dir's redlich verdient, und ich wohl auch."

Über Tuzzis Gesicht fließen Tränen glückseliger Müdigkeit. Sie sammeln sich in den Augenhöhlen, bilden dort kleine

Teiche; deren Überschuß rinnt links und rechts an den Nasenflügeln vorbei zu den Mundwinkeln und über das Kinn hinab in die Drosselgrube und weiter hinab zur Brust.

Tuzzi öffnet die Augen, hebt den Kopf und läßt das Wasser abfließen. Über sich sieht er nicht Finsternis oder goldenes Höhlenlicht, sondern etwas Dunkelgraues, nämlich die Wolken eines Regenhimmels.

Er setzt sich auf und blickt um sich.

Er sitzt im gelben, frühverdorrten Gras am oberen Rand einer Waldschneise, die schräg hinunter läuft bis zu einem Tal, in dem hinter Regenschleiern undeutlich Häuser zu erkennen sind. Eisengerüste, von denen die Farbe abgeblättert ist, in Betonsockeln, deren Oberfläche zerbröckelt, stehen am Rande der Schneise: häßliche Teilstücke eines Skilifts, der jahrelang nicht in Betrieb gewesen ist.

Tuzzi steht auf. Er ist klatschnaß, aber das kümmert ihn nicht, und es macht auch nichts aus, denn der schwer und stetig fallende Regen ist wärmer als die Haut, und es weht nicht der Hauch eines Windes, so daß der Nebel aus dem Wald unbeirrt aufsteigen kann.

Es regnet. Es regnet beharrlich, sanft und schwer. Es regnet, und ein zugleich klagender und doch wollüstiger Ton liegt in der Luft, der Tuzzi bekannt vorkommt. Es ist aber die Erde, die so gierig seufzt, so zufrieden stöhnt und schmatzt und leise schluchzend den Regen in sich aufnimmt, aufsaugt mit unzähligen Poren und Rissen, Schlitzen und Löchern, aufschwillt und sich dehnt nach langer, langer Unfruchtbarkeit.

Tuzzi steht da, der Regen rinnt in Strömen über ihn hinweg, und hie und da schmeckt er einen salzigen Tropfen und zieht daraus den Schluß, daß er weint.

Ein mächtiges Brausen wird hörbar. Tuzzi dreht sich halb um und sieht aus einer Felskluft des Ötscher ein gewaltiges schwarzes Vogelhaupt auftauchen, fast so groß wie die Kuppe des Berges selbst, und gleich danach gesellt sich diesem mit einer schönen, langsam einholenden Bewegung ein zweites großes Haupt. Schwere Lider öffnen sich, vier goldene Augen blicken Tuzzi gleichgültig an und an ihm vorbei in den Himmel hinauf. Ein paar Sekunden lang steht die Welt lautlos still . . .

. . . dann erhebt sich ein ungeheures Rauschen und riesengroß und schwarz wie die Nacht und wunderschön steigt in melancholischer Majestät der Doppeladler zum Himmel empor, steigt und steigt . . .

. . . und in der dunklen Regendecke bildet sich, wie es sich für eine solche Apotheose gehört, eine sonnenerfüllte himmelblaue Öffnung, und durch die hindurch steigt der Doppeladler, steigt und steigt weiter, bis die Erde so klein geworden ist, daß er sie endlich wieder in seine behutsamen Fänge nehmen kann.

Denn natürlich war diese ganze Geschichte, so merkwürdig sie immerhin gewesen sein mag, nichts als ein kleiner Abschnitt, eine winzige Phase nur in dem viel größeren und wichtigeren Prozeß der Verösterreicherung der ganzen Welt.

DAS ZEHNTE UND FAST LETZTE KAPITEL: DIE VERÖSTERREICHERUNG DER WELT.

Die Verösterreicherung der Welt schreitet unaufhaltsam vorwärts. Es wird möglicherweise noch Jahrhunderte dauern, bis dieser Prozeß abgeschlossen ist; aber in österreichischen Zusammenhängen spielt ja die Frage nach der Zeit keine große Rolle.

Vielleicht sollten wir uns korrigieren und das Wort „vorwärts" als mißverständlich streichen; „vorwärts" deutet eine Richtung an, ein Ziel oder eine Absicht, der Prozeß der Verösterreicherung jedoch wird gerade durch seine gänzliche Unbestimmtheit und Ziellosigkeit charakterisiert. Besser wäre es also, zu sagen: Die Verösterreicherung breitet sich unaufhaltsam aus.

Man hat diesen Prozeß zu betrachten als einen Vorgang lustvoller Demoralisierung, der mit zunehmender Schnelligkeit ein seit zwei Jahrtausenden bis zum Irrsinn hochgezüchtetes Problembewußtsein ruiniert beziehungsweise allen im Laufe dieser Zeit entwickelten sogenannten Wahrheiten die Thronsessel unter den Hintern wegzieht, so daß sie klatschend auf den Boden des gesunden Menschenverstandes fallen und sich als das entpuppen, was sie sind: als bloße zeitbedingte Vorurteile.

Die Verösterreicherung beginnt also (und endet!) mit der plötzlichen und beglückenden Erkenntnis, daß nichts mehr wichtig oder vielmehr: daß alles gleich wichtig oder gleich unwichtig ist.

Wo aber relativiert wird, entsteht Freiheit. Und die Relativierung, diese höchste aller Künste, ist das Mittel, mit dem sich die Verösterreicherung unaufhaltsam ausbreitet.

Wie aber soll ein Österreicher den, der es nicht ist, vor

falscher Interpretation des eben Gesagten bewahren? Er findet es schon schwierig genug, ein Österreicher zu sein; wie schwer, so denkt er voller Mitleid, doch ohne Selbstüberhebung, muß sich da erst ein Nichtösterreicher tun!

Versuchen wir es dennoch, letzterem die Sachlage genauer zu erläutern.

Zunächst: Die Demontage der kategorischen Imperative und die Relativierung des Seienden sind weder Ausdruck noch Erlaubnis zu Bequemlichkeit, Nichtstun und lethargischer Gleichgültigkeit. Auch sind sie nicht Äußerungen eines puren Zynismus. Nichts wäre falscher als das. Bequemlichkeit, Faulheit und Dickfelligkeit sind uns Österreichern in angemessener, aber keineswegs übertriebener Weise eigen. Zynismus mag bei uns freilich etwas häufiger auftreten als anderswo, doch ließe sich das allenfalls als Beweis dafür werten, daß wir aus dem Lauf der Geschichte ein bißchen was gelernt haben. Gleichgültigkeit aber darf unseren Leuten schon gar nicht nachgesagt werden – dazu lieben sie viel zu sehr den grundsätzlichen und jederzeitigen Widerspruch gegen alles und jedes und am meisten gegen sich selbst. Und überhaupt geht es uns (wenn es uns überhaupt um etwas geht!) um weitaus Höheres (oder Tieferes) als um Bezüge zur Gegenwart oder gar zur Zukunft. – Gegenwart und Zukunft sind immer mies.

Unser ganzes Interesse gilt der Vergangenheit. Und zwar einer Vergangenheit, die es nie gegeben hat und die nur ein Mythos ist, eine Legende von Heiterkeit und Würde, von Nichtunterscheidung zwischen Menschlichem und Göttlichem. Ja, wir wollen jene nie vorhanden gewesene Vergangenheit wiederherstellen, in der zwischen Traum und Wirklichkeit, zwischen Tat und Wort, zwischen Märchen und Sachbericht, zwischen Phantasie und Logik keine Trennung bestand.

Oder vielmehr: wir wollen es gar nicht einmal, aber es treibt uns dahin.

Die Verösterreicherung bezweckt also (sofern man ihr einen „Zweck" überhaupt unterlegen kann) die in die Zukunft projizierte Wiederherstellung nichtgewesener Vergangenheit. Sie stellt gleichsam eine Progression zu antikischen Zuständen dar. Immerhin ist ja Österreich, wie jeder Geschichtskundige weiß, der legitime Erbe des alten Griechentums. Man sollte sich daher nicht wundern, wenn es aus dieser Tatsache endlich auch gewisse Konsequenzen zieht.

Und so sehen wir denn allerorten Landsleute die Verösterreicherung der Welt kräftig vorantreiben. Mit unerbittlicher Liebenswürdigkeit entziehen sie sich der Konfrontation mit scheinbar unlösbaren Problemen, um sich ihnen von hinten zu nähern, welche Position ihnen sodann Gelegenheit zu meisterhaft ausgenützter Dissimulation*, das heißt zur Problemauflösung und Prinzipiendemontage, gibt.

* Dieser Begriff bedarf einiger Erklärungen: „Konflikte sind zu dissimulieren" – hat Kaiser Maximilian II. im Hinblick auf den Konflikt zwischen Protestanten und Katholiken geäußert. Ein überaus weiser, wahrhaft kaiserlicher Imperativ, der nicht nur den Gegebenheiten des späten 16. Jahrhunderts, sondern offenbar auch der Mentalität der vorwiegend tschechischen Beamten des Kaisers entgegenkam, die ja schon durch die Eigenheit ihrer Sprache in hohem Maße disponiert waren, vorhandene Konflikte in Mißverständnissen und Übersetzungsschwierigkeiten zu ersticken. Diese besondere Technik, große Probleme in kleine Schwierigkeiten aufzulösen, um das harsche Gegeneinander gegensätzlicher Standpunkte in ein besänftigendes Netz verwirrender Verfahrensmodalitäten, Rückfragen und hinauszögernder Stellungnahmen zu verstricken, bis am Ende von der ursprünglichen Konfliktsituation nichts mehr übriggeblieben ist als eine Summe von Lästigkeiten, deren man sich dann durch verzweifeltes Nachgeben entledigen kann – diese Methodik ist der österreichischen Bürokratie und Diplomatie bis zum heutigen Tag eigentümlich geblieben.
Es ist wichtig zu wissen, daß sich auch die anderen Teile der Bevölkerung dieser Haltungen im Umgang mit nördlichen und westlichen Ausländern mit Erfolg befleißigen.

Da der Österreicher keinerlei Wert auf den Erfolg dessen legt, was er betreibt;

da er es aus der (vermutlich in der Antike wurzelnden) Tradition seines Landes gewohnt ist, aussichtsreiche Schlachten aus Taktgefühl, vielleicht auch aus Unlust, zu verlieren, die aussichtslosen aber mit einiger Regelmäßigkeit zu gewinnen;

da er als Angehöriger eines machtlosen Landes seine Anpassungsfähigkeit besonders zu steigern gezwungen war und dabei gewisse Eigenschaften – wie zum Beispiel einen sowohl aggressiv wie auch defensiv verwendbaren Charme – produziert hat, gegen die, soweit wir es beobachten konnten, kein Kraut gewachsen ist;

da er ein tiefes Verständnis für das Wesen und die Bedeutung des Bürokratischen hegt und das, was anderen Nationalitäten zu langweilig oder zu unbehaglich ist, nämlich das Administrieren, mit einer Art von Wollust zu betreiben imstande ist;

und endlich, weil er sich all dieser Voraussetzungen und Eigenschaften rücksichtslos (doch ohne bestimmte Absicht) zu bedienen weiß, reüssiert er im Ausland gewöhnlich sehr rasch – meistens zur Verblüffung seiner Landsleute. In Österreich gibt es halt viele Österreicher, die nicht aufeinander hineinfallen und daher für außerösterreichische Erfolge bestens vorbereitet und trainiert sind.

Es verhält sich somit das Österreichische zur Welt ungefähr so wie ein heißes Messer zu einem Butterbatzen: es rutscht widerstandslos mitten durch ihn hindurch.

Man mag die Veösterreicherung der Welt begrüßen oder beklagen, aufzuhalten ist sie nicht mehr. Aus unserer Prinzipienlosigkeit werden Rosenranken hervorwachsen und mit keineswegs naiver Unschuld die Mechanismen der Computer durcheinanderbringen. Heerscharen bekehrter Marxisten werden vor den Standbildern des heiligen Konrad Lorenz anbetend in die Knie sinken, der die Welt gelehrt hat, daß das Böse nur eben so genannt wird (das Gute natürlich auch); aus den Betonmauern des späten 20. Jahrhunderts wird hellenischer Akanthus sprießen, der Geist des Herrn (Sir) Karl Popper leichthin über den des Herrn Marcuse triumphieren, und hinter allen wichtigen Schreibtischen dieser Welt werden fleißige österreichische Beamte sitzen und selbst die Flammen der Hölle mit dem doppelkohlensauren Natron ihrer Akten auf erträgliches Sodbrennen herabmildern. Lächelnd werden sich die Völker unter das sanfte Joch des österreichischen Prinzips beugen und „Ja, ja, ja!" schreien, wenn der große Kasperl auftritt und sein „Seid ihr alle da?" ruft. Und siehe da, in Wirklichkeit wird es Dionysos sein, der sich nur eine lange Kasperlnase umgebunden hat. Aber dann werden hinter der Bühne auch schon all die anderen Götter stehen und auf ihren Auftritt warten: der wolkenversammelnde Zeus, der fast so aussieht wie Professor Freud, und die kuhäugige Hera, die interessanterweise der Frau Pluhar ähnelt, und der höflich lächelnde Hermes – ei, gleicht er nicht einem nackichten Herrn Waldheim, wenn man von den Flügeln an seinen Füßen und einem im ganzen doch marmorneren Gesamteindruck absieht? Wenig überzeugend wirkt freilich Ares in der Uniform eines Bundesheerbrigadiers, aber er spielt weiter keine Rolle, denn nun tritt im Ephebenkostüm à la Herzmanovsky Artemis hervor, leuchten die Eulen-Iris der unvergleichlichen Athene auf, taucht sieghaft aus dem trüben Schaum vergangener Gegenwarten Aphrodite empor und erscheint endlich der Herrlichste von allen, Apollo, schüttelt dem Kasperl brüderlich die Hand und zupft auf seiner Kithara so lange träumerisch die Melodie des Menuetts aus „Così fan tutte", bis die Chinesen Tarock zu spielen anfangen.

Und spätestens der übernächste Papst wird auch ein Österreicher sein und kraft seines Amts in Sankt Peter das grandiose Kunterbunt, sprich: Paradies auf Erden, einläuten.

NACHTRÄGE

Das Verschwinden Ulrikes und des jungen Trotta erklärte sich in einem Brief, den der Legationsrat Tuzzi infolge von durch Überschwemmungen, Vermurungen etc. bewirkten postalischen Verzögerungen erst geraume Zeit nach den geschilderten Ereignissen erhielt.

„Lieber Tuzzi!

Du wirst Dir schon gedacht haben, was passiert ist, nämlich, daß ich mit der Ulrike durchgegangen bin. Vielleicht ist sie aber auch mit mir durchgegangen, ich weiß das nicht so genau. Ich weiß auch nicht, ob ich unehrenhaft gehandelt habe, indem ich dies tat, oder ob ich Dir nicht eigentlich einen Freundschaftsdienst erwiesen habe, obwohl ich mit meinem Vorgehen natürlich jede Freundschaftspflicht verletzt habe. Was Dich betrifft, so wirst Du wahrscheinlich erleichtert sein, daß Ulrike Dich verlassen hat, und unglücklich, weil sie es mit mir getan hat. Es ist das ein sehr schwieriges moralisches Problem, und ich glaube nicht, daß ich es je werde lösen können. (Innerlich, meine ich.)

Sonst geht es mir, falls Dich das noch interessiert, sehr gut. Die Deutschen sind überraschend liebe Leute. Nach spätestens zwei Minuten weiß ich bei jedem, woran ich mit ihm bin. Das ist ein sehr interessantes Gefühl und für mich sehr positiv, denn es gelingt mir hier viel leichter, mich so zu benehmen, daß keiner auf mich draufkommt. Mein Schwiegervater in spe – denn ich werde Ulrike vermutlich heiraten – hat mir sogar einen sehr schönen und aussichtsreichen Posten als Public-Relations-Manager angeboten, weil ich so gut mit Leuten umgehen kann. Was sagst Du dazu? Aber ich kann Dich ja nicht um Deine Meinung fragen, weil ich mich Dir gegenüber so miserabel und ehrlos verhalten habe, obwohl Du Dich Deinerseits stets so besorgt und wahrhaft freundschaftlich erwiesen hast.

Leider fängt es jetzt auch hier an, sehr heiß zu werden, aber das hat für mich gegenüber den Hiesigen den Vorteil, daß ich es schon gewohnt bin.

Ulrike läßt Dich grüßen und bittet Dich, ihr zu verzeihen. Dasselbe tu' auch ich, obwohl ich weiß, daß Du mir nicht verzeihen kannst, weil es teils nichts zu verzeihen gibt, teils halt leider Unverzeihliches geschehen ist.

Servus, Dein Trotta.

PS: Betrifft Sisyphus. Wenn dieser Mann tatsächlich zumindest in der Zeit, in der er den Stein in Bewegung hielt, Freude gehabt hat, dann bedeutet das, daß es eine wirklich vollkommene Strafe nicht gibt. Infolgedessen gibt es auch keine ewige Verdammnis und keine Hölle. Findest Du nicht?"

Die Gefühle, die der Legationsrat bei der Lektüre dieses Briefes empfand, waren exakt jene, die der junge Trotta beschrieben hatte. Am Ende legte Tuzzi ihn seufzend weg und entschloß sich, Trotta wie Ulrike als für ihn, wie man so sagt, gestorben zu betrachten, womit die Prophezeiung der Atropijan in gewisser Weise in Erfüllung gegangen ist.

Nach wie vor wird in der sogenannten Kleinen Sitzung unermüdlich an der Verifizierung des Papstwortes gearbeitet. Die Herren sind eben im Begriffe, aus rund hundertzwanzig verschiedenen Definitionen des Begriffes „Österreich" den passendsten herauszuklauben. Man kann also, was das betrifft, beruhigt sein.

Nicht vergessen soll sein, daß, als Tuzzi nach längerer Abwesenheit sein Zimmer wieder betrat, die *Stanhopea coazonte coxoahitl bednar.* in voller Blüte stand und gewaltig nach Schokolade, Vanille, Zimt und Blume an sich duftete.

Der Ministerialrat Twaroch gesundet allmählich, leidet aber unter Gedächtnisschwäche.

Ein neuer Amtsdiener trägt jetzt die Akten von Schreibtisch zu Schreibtisch. Seine Augen sind so trübe, wie es sich für diesen Dienstrang gehört.

Die Transkription der Ministerratsprotokolle ins Geschichtswürdige besorgt Tuzzi an jedem Mittwoch mit unverminderter Akribie. Im letzten Protokoll war ausdrücklich vermerkt, daß der nun seit Monaten anhaltende Regen noch keinen Anlaß zur Besorgnis gebe.

Im übrigen wartet er auf die nächste Begegnung mit dem Prinzip. Aber das ist eine andere Geschichte, die ein anderes Mal erzählt werden könnte.